铁路科技图书出版基金资助出版

高原多年冻土隧道工程研究

王星华　江亦元　汤国璋　滕　冲　金守华　著

中国铁道出版社

2007年·北京

内 容 简 介

青藏铁路作为我国的重大基础工程受到了世界各国人民的普遍关注，其高原缺氧、多年冻土与恶劣的环境气候条件给青藏铁路的修建带来了很大的困难，而多年冻土问题更是青藏铁路修建的三大关键技术难题之一。青藏铁路格尔木至拉萨段，全长 1 118 km，多年冻土区长度为 632 km，其中连续多年冻土区长度约 550 km、岛状不连续多年冻土区长度 82 km，全线海拔 4 000 m 以上地段约为 965 km。昆仑山隧道位于青藏高原海拔 4 642 m 以上的多年冻土区，是目前世界上在高原多年冻土层这一特殊围岩环境条件下修建的最长隧道工程。本书以铁道部多个重点科研项目和昆仑山隧道工程实际为依托，针对高原多年冻土隧道施工的工程实际难题，如多年冻土隧道围岩温度场的变化规律、喷射混凝土黏结强度、隧道通风温度场、高原供氧、机械设备的效率等施工的关键技术问题，从理论上进行了比较深入的研究，并将计算机数值模拟结果与室内模型试验、现场试验结果进行对比分析，获得了一些有益的成果。最后对昆仑山隧道渗漏水的来源、路径、水量进行了分析，提出了综合治理的方案。

本书可供隧道工程、冻土工程、水利工程等领域的科研人员参考，也可作为相关专业研究生与本科生的参考教材。

图书在版编目(CIP)数据

高原多年冻土隧道工程研究/王星华著．—北京：中国铁道出版社，2007.12

ISBN 978-7-113-08171-3

Ⅰ．高… Ⅱ．王… Ⅲ．高原-冻土-隧道工程-研究 Ⅳ．U459

中国版本图书馆 CIP 数据核字（2007）第 176072 号

书　　名：高原多年冻土隧道工程研究
作　　者：王星华　江亦元　汤国璋　滕　冲　金守华　著
出版发行：中国铁道出版社（100054，北京市宣武区右安门西街 8 号）
策划编辑：江新锡
责任编辑：徐　艳　　　编辑部电话：010-51873065
封面设计：马　利
印　　刷：北京佳信达艺术印刷有限公司
开　　本：850mm×1168mm　1/16　印张：13.75　字数：360 千
版　　本：2007 年 12 月第 1 版　　2007 年 12 月第 1 次印刷
印　　数：1～1 000 册
书　　号：ISBN 978-7-113-08171-3/TU・895
定　　价：60.00 元

序

早在20世纪90年代中期我就与王星华同志相识，当时他在广州地铁一期工程的杨体区间隧道试验一种新型廉价的注浆材料。作为一名博士后研究人员能不怕艰苦，深入到施工现场，与工人、技术人员共同工作，解决实际问题，给我留下了深刻的印象。为此，我为他的处女作——《黏土固化浆液在地下工程中的应用》一书写了序言。今天他邀请我为他的新书作序，我为他所取得的新成就感到由衷的高兴，欣然命笔。

青藏铁路作为我国的世纪工程而倍受人们的关注。它修建在世界的屋脊——青藏高原上，是世界上海拔最高的高原铁路。格尔木—拉萨段，全长1 118 km，其中多年冻土区长度约为600 km，其余均为冻融段。全线海拔4 000 m以上地段约为965 km。昆仑山隧道和风火山隧道就位于青藏高原海拔4 500 m以上的多年冻土层这一特殊围岩环境条件下，是所修建的海拔最高的两座隧道工程。

由于青藏铁路是世界上独一无二的高原多年冻土铁路，在修建过程中所遇到的问题也是独一无二的。王星华教授是中南大学惟一参与青藏铁路多年冻土科研项目的工作者，也是本书的主要作者。他克服高原缺氧所带来的严重高原反应，多次深入到隧道施工现场，获取了丰富的第一手资料。另外，工作在现场的中铁五局青藏铁路建设指挥部的江亦元总工程师，中铁第一勘测设计院青藏铁路监理总站的汤国璋总监及腾冲、金守华博士，一直工作在施工现场，及时掌握隧道施工现场所发生的各种意外情况，及时解决，结合课题内容指导施工。他们具有很好的团队精神、理论联系实际精神、吃苦耐劳精神、勇于拼搏与科技创新精神，就自己的研究成果整理出版，这是一件很有意义的大事。

作者积极参与到生命禁区的青藏铁路建设这项世纪工程中来，克服了高原缺氧和低温所带来的种种困难，在工地和工人、技术人员共同工作，共同研究所遇到的新问题，进一步完善理论、完善工艺。这种严谨的实事求是的学风、勤奋踏实不怕艰苦的工作作风使我深感高兴与敬佩。我为他们年轻一代科技工作者所具备的这些素质而由衷地高兴。

纵观全书，内容新颖，起步较高，资料丰富，思路清晰，文字流畅，图文并茂。本书的出版为高原多年冻土隧道的设计、施工增添了新的理论、新的方法，为今后西藏边境铁路的修建提供了可以借鉴的经验，是一本好书。

借写序言之际，愿广大读者从不同的学科领域出发，将自己的研究成果和聪明才智贡献给我国的地下工程，贡献给我国西部的大发展。同时也希望年轻一代的科技工作者，能像王星华等作者一样，不怕艰苦、脚踏实地，将智慧造福于社会、造福于人民，这才是一个科技工作者一生的最大幸福和快乐。

中国工程院院士

2007年8月6日

前　言

青藏铁路修建在世界的屋脊——青藏高原上，是世界上海拔最高的高原铁路。青藏铁路格尔木—拉萨段，全长1 118 km，其中多年冻土区长度为632 km，全线海拔4 000 m以上地段约为965 km，该段铁路已于2001年6月29日动工，于2006年7月1号全线通车。青藏铁路格拉段的昆仑山隧道和风火山隧道位于青藏高原海拔4 500 m以上的多年冻土区，是在青藏高原550 km连续多年冻土区修建的仅有的两座隧道，是目前世界上在高原多年冻土层这一特殊围岩环境条件下修建的海拔最高的两座隧道工程。

青藏铁路是世界上海拔最高的高原铁路，又具有多年冻土的特点，是世界独一无二的高原多年冻土铁路。因此，所修建的多年冻土隧道在世界上也是独一无二的；在修建过程中所遇到的问题也是独一无二的。

修建多年冻土地区的隧道关键在于如何保护好多年冻土围岩，减少由于多年冻土而引起的冻胀作用，同时，由于青藏铁路的高海拔的特殊情况，如何保证人员的安全以及机械设备的出力也是高原多年冻土地区施工时需要考虑的关键问题之一。在多年冻土地区修建隧道另外一个关键问题就是如何保证现场浇筑混凝土的质量以及喷射混凝土能否与多年冻土围岩紧密连接，这关系到隧道的施工安全。高原多年冻土隧道的通风问题也是关系到施工人员安全的关键问题。所有这些问题都是在高原多年冻土地区修建隧道需要解决的问题。本书以这些特殊问题为研究对象，应用理论研究与现场试验相结合的方法，在室内理论研究、模型试验、数值模拟的基础上，在现场进行试验，根据室内外试验研究结果指导现场的施工实际。再根据现场试验和施工实际的结果，修正室内理论研究、模型试验以及数值模拟的结果。最后得出了一些有益的结果。本书将这些研究成果整理成文，供相关研究人员参考。

本书作为国内外第一本有关高原多年冻土隧道科研与施工的研究专著，共分九章和一个附件。第一章简单论述了多年冻土隧道研究的国内外概况；第二章介绍了昆仑山隧道的工程概况和有关的地质条件与设计；第三章对多年冻土的移动边界特征计算方法和理论进行了比较深入的探讨，分析了计算结果及其影响因素；第四章对多年冻土地区隧道施工时隧道围岩温度场进行了模拟分析计算，计算了几种不同状况下的围岩温度场，并将计算结果与实测的数据进行了对比分析，以用于指导现场的施工；第五章应用有限元方法进行多年冻土隧道开挖的开挖仿真分析；第六章在建立高原多年冻土隧道洞内环境空气温度场物理模型的基础上，模拟计算了隧道洞内的空气温度场，分析了计算结果和影响因素，对隧道的通风、供氧技术提出了比较有效的方法；第七章对高原多年冻土隧道的湿喷混凝土支护技术及工艺进行了比较详细的试验研究，提出了适合昆仑山隧道的湿喷混凝土的配方和施工工艺；第八章对昆仑山隧道模筑衬砌混凝土及防水隔热层施工工艺进行了比较详细的研究；第九章对高原多年冻土隧道排水技术进行了详细的研究，根据不同的地质条件，提出了分段设置排水系统的概念，针对昆仑山隧道渗漏水产生的原因及来源，进行了深入的探讨，并提出了多年冻土隧道最大涌水量的估算方法，根据研究结果提出了治理的方法，验证了治理方法的可靠性和正确性；附件为昆仑山隧道具体的渗漏水治理方案。

本书在撰写的过程中得到了中铁第一勘察设计院青藏铁路指挥部与青藏铁路监理总站、中铁五局青藏铁路建设指挥部、中铁一局青藏铁路建设指挥部、西南交通大学、兰州交通大学、石家庄铁道学院、中铁西北研究院、中铁西南研究院、中科院寒区旱区研究所(兰州)等单位的热情的帮助和通力合作;同时,仇文革教授、赖远民教授、房晓军教授级高工、王旭教授、黄双林工程师、李小刚工程师、伍晓军高工、赖涤泉教授、朱永全教授、胡力学工程师、唐新权高工等人,为本书提供了有关试验数据和诚恳的意见,在此一并表示衷心的感谢。

本书得到了铁道部重点科研项目的资助,得到了中铁五局青藏铁路指挥部和中铁第一勘察设计院青藏铁路指挥部和青藏铁路监理总站以及中国铁道出版社的大力支持,尤其是出版社的陈德明、江新锡与徐艳等人对本书所给予的热情鼓励和支持,使得本书得以完成,本书的出版也得到了铁路科技图书出版基金的资助,笔者对此表示衷心的感谢。

我国著名隧道专家、中国工程院院士王梦恕教授为本书所作的序言是对作者的鼓励与鞭策,鼓励我们再接再厉,再创辉煌。在此,非常感谢学长从百忙中抽出时间为本书写序。

本书是以作者参与铁道部多项重点课题的相关科研成果以及昆仑山隧道的工程实际为基础而整理成文的,时间仓促,难免疏漏,请广大读者批评指正,候机修订。

作　者

2007 年 7 月于长沙

Preface

The Qinghai-Tibet Railway that was built on the world's fastigium-Qinghai-Tibet Plateau is the highest elevation plateau railway. The length of Geermu-Lasha section of the Qinghai-Tibet Railway is about 1 118 km. The length of permafrost section of the railway is about 632 km. The length of the section over 4 000 m elevation of the railway is about 965 km. The Geermu-Lasha section of the railway begun to be built on June 29, 2006, and to be open to traffic on July 1, 2006. The Kunlunshan Tunnel and Fenghuoshan Tunnel in the Geermu-Lasha section of Qinghai-Tibet Railway are the only two tunnels constructed in 550 km continuing permafrost area of Qinghai-Tibet Plateau. Their elevation is more than 4 500 m. They are also the only two tunnels at the highest elevation, built in such condition in the world.

Because the Qinghai-Tibet Railway is the highest elevation plateau railway in the world, the area the railway through is the permafrost area, and it also is the only plateau permafrost railway in the world, the constructed tunnels in the permafrost area are only in the world, and the questions met in constructing the tunnels are also only and special.

One of the keys in building permafrost tunnels is how to protect the permafrost soil and decrease the action of frost heave because of permafrost soil. Also another key is how to protect the life safety of the building workers during construction of the tunnels, and ensure power of the machines used in the construction of the tunnels. The third key is how to guarantee the quality of concrete poured in site and close joined between permafrost rock and spray concrete, it is the key of the security of constructing tunnel. The ventilation in the tunnels is the another key of life safety of the building workers. All the questions need to be solved during construction the plateau permafrost tunnels. The special questions met during building the tunnels are main researched objects in the book. In the book, some valuable research results have been obtained with the method of theory combined practice, on the base of theory study, model test, numerical simulation in door, and field test. The research results of test in/out door were used to direct the construction practice. And then the results of the field test and constructing practice were used to correct the research results of theory study, model test, numerical simulation in door. The content in the book will be valuable conference for some researchers.

The book is the first monograph about science and construction of plateau permafrost soil tunnels. It is composed of 9 chapters and one attachment. In the first chapter one study survey about permafrost tunnel in domestic and overseas is simply discussed. In the second chapter, the engineering survey, condition of engineering geology and design of the Kunlunshan Tunnel was simply introduced. In the third chapter the calculating method and theory of moving boundary character were deeply discussed and the calculating results and some affecting factors were analyzed. In the fourth chapter, temperature field of the tunnel country-rock during constructing tunnel in the permafrost area was simulated, analyzed, and calculated. Some different temperature fields of the tunnel country-rock on different constructing steps were calculated. The calculation results were contrasted with practical measuring data. Also the calculating results were used to direct practical construction. In the fifth chapter, the excavate of permafrost tunnel was emulated and analyzed with finite element. In the sixth chapter, on the base of physical model of temperature field of circumstance atmosphere in the permafrost tunnel, air temperature field in the tunnel was simulated. The calculating result and some affecting factors were also discussed. Some more effectual methods were put forward for ventilation and oxygen supply in the tunnel. In the seventh chapter, on the base of more detailed experimental studies of technology and technique of wet spray concrete in plateau permafrost tunnel, one compositions and construction technology of wet spray concrete that were suitable to Kunlunshan Tunnel were put forward. In the eighth chapter, the construction technologies of heat-protecting and waterproof layer and model liner concrete of Kunlunshan Tunnel were studied in detail. In the ninth chapter, the drain technique of tunnel in permafrost area was studied in detail. According to the different geological condition, the conception that drainage should be divided into some sections was put forward. The cause and source of seepage water in Kunlunshan Tunnel were discussed in detail. A new estimating method of maximal water yield in permafrost tunnel was put forward. According to the studying results, one harnessing method for seepage water in Kunlunshan Tunnel was put forward. The reliability and correctness of the harnessing method were validated. The attachment is one practical harnessing project for seepage water in Kunlunshan Tunnel.

We have obtained some help from the construction and supervision headquarterses of Qinghai-Tibet Railway of the First Survey & Design Iinstitute of China Railway, the construction headquarters of Qinghai-Tibet Railway of the Fifthly Bureau of China Railway, the construction headquarters of Qinghai-Tibet Railway of the First Bureau of China Railway, Southwest Jiaotong University, Langzhou Jiaotong University, Shijiaozhuang Railway College, Northwest Institute of China Railway, Southwest Institute of China Railway, Cold and Arid Regions Environment and Engineering Research Institute, Chinese Academy of Sciences. We also wish to acknowledge: Prof. Qiu, Wenge; Prof. Lai, Yuanming; Prof. Fang, Xiaojun; Prof. Wang, Xu; Huang, Shuanglin Engineer; Li, Xiaogang Engineer; Super Engineer Wu, Xiaojun; Prof. Lai, Tiquan; Prof. Zhu, Yongquan; Hu, Lixue Engineer; Super Engineer Tang, Xinquan; who provide some experimental data and sincerely comments to the book..

We have obtained aid from key projects of Railway Ministry of China. And it is also aided financially from the Publishing Fund of Science and Technology Books of Railway. Also we wish to acknowledge: Mr. Chen, Deming; Mr. Jiang, Xinxi; and Miss Xu, Yan of Railway Press of China whose helpful comments is very useful to the book.

Professor Wang, Mengshu, notability expert in tunnel, academician of China Academy of Engineering, wrote the prologue for the book. Professor Wang encourages us make persistent efforts and obtain new resplendence. We also wish to acknowledge the experts whose prologues for the book are helpful.

The main of the book is combined with studying results of some key projects of the Railway Ministry and the engineering practice of Kunlunshan Tunnel in that we have taken part. For the limit time, there must be some defect in the book, comments and criticisms are welcom, and the defect will be corrected at next version.

The authors
July, 2007 in Changsha

目　录

1　绪　　论 ………………………………………………………………… 1
1.1　引言 ………………………………………………………………… 1
1.1.1　冻土研究发展史 ……………………………………………… 1
1.1.2　冻土工程研究进展 …………………………………………… 6
1.1.3　冻土工程病害研究 …………………………………………… 6
1.2　国内外高原多年冻土隧道研究现状 ……………………………… 7
1.2.1　理论研究 ……………………………………………………… 7
1.2.2　隧道工程实践 ………………………………………………… 9
1.2.3　冻土工程应用研究 …………………………………………… 10
2　昆仑山隧道工程概况 ……………………………………………… 12
2.1　昆仑山隧道工程概况 ……………………………………………… 13
2.1.1　工程概况 ……………………………………………………… 13
2.1.2　工程地质特征 ………………………………………………… 14
2.1.3　水文地质特征 ………………………………………………… 16
2.1.4　地应力状态分析 ……………………………………………… 16
2.1.5　衬砌支护结构 ………………………………………………… 17
2.1.6　防排水及保温措施 …………………………………………… 18
2.2　研究背景 …………………………………………………………… 19
2.2.1　多年冻土隧道开挖与衬砌的矛盾 …………………………… 19
2.2.2　昆仑山隧道渗漏水病害简介 ………………………………… 20
2.3　昆仑山隧道工程相关测试 ………………………………………… 22
2.3.1　自然气温监测 ………………………………………………… 22
2.3.2　施工环境温度监测 …………………………………………… 22
2.3.3　围岩收敛监测 ………………………………………………… 22
2.3.4　衬砌内外温度监测 …………………………………………… 23
2.3.5　隧道内排水沟流量观测和连通试验 ………………………… 23
2.3.6　地温及水位测试 ……………………………………………… 23
3　移动边界特征计算的理论与实际 ………………………………… 25
3.1　移动边界概念 ……………………………………………………… 25
3.2　移动边界计算的理论基础 ………………………………………… 25
3.3　利用有限元求解移动边界的基本过程 …………………………… 28
3.4　移动边界特征计算模型 …………………………………………… 31
3.4.1　有限元模型 …………………………………………………… 31

3.4.2 移动边界特征计算模型…………………………………………………… 32
3.5 计算结果分析………………………………………………………………… 33
3.5.1 融化深度与网格精度的关系…………………………………………… 34
3.5.2 融化深度与计算时间步长的关系……………………………………… 34
3.5.3 融化深度与临界阻力距离的关系……………………………………… 36
3.5.4 考虑与不考虑移动边界特征的计算结果比较分析…………………… 40
3.5.5 昆仑山隧道冲沟的融化特征…………………………………………… 42
4 隧道围岩温度场研究……………………………………………………… 44
4.1 运用微分方程研究隧道围岩温度场………………………………………… 44
4.1.1 一般导热微分方程……………………………………………………… 44
4.1.2 围岩导热控制微分方程………………………………………………… 45
4.1.3 边界条件………………………………………………………………… 46
4.1.4 围岩导热控制微分方程的差分解法…………………………………… 46
4.1.5 围岩温度场计算程序及参数…………………………………………… 47
4.1.6 毛洞计算及结果分析…………………………………………………… 48
4.1.7 初衬后围岩的温度场计算及结果分析………………………………… 51
4.1.8 二衬后围岩的温度场计算及结果分析………………………………… 56
4.1.9 洞内气温对围岩温度场的影响………………………………………… 61
4.1.10 原始地温对围岩温度场的影响 ……………………………………… 62
4.1.11 结果分析 ……………………………………………………………… 62
4.2 隧道实测温度资料分析……………………………………………………… 63
4.2.1 温度数据处理…………………………………………………………… 63
4.2.2 数据分析………………………………………………………………… 65
4.3 运用隧道围岩温度场规律指导施工………………………………………… 65
4.3.1 控制围岩暴露时间……………………………………………………… 66
4.3.2 控制洞内空气温度……………………………………………………… 69
5 多年冻土隧道工程的开挖与衬砌………………………………………… 70
5.1 自然环境特征………………………………………………………………… 70
5.2 施工环境特征………………………………………………………………… 72
5.3 昆仑山隧道工程地质和水文地质特征……………………………………… 74
5.3.1 工程地质………………………………………………………………… 74
5.3.2 水文地质特征…………………………………………………………… 74
5.3.3 地应力状态分析………………………………………………………… 75
5.4 昆仑山隧道开挖仿真分析…………………………………………………… 75
5.5 瞬态传热分析………………………………………………………………… 77
5.5.1 有限元模型……………………………………………………………… 77
5.5.2 边界条件………………………………………………………………… 78
5.5.3 参考点的选择…………………………………………………………… 79
5.5.4 计算结果分析…………………………………………………………… 79
5.6 施工控制与预测方法………………………………………………………… 83

5.6.1 围岩稳定评估子系统 …… 83
5.6.2 局部崩塌评估子系统 …… 84
5.6.3 实时监测子系统 …… 84
6 施工温度场研究及通风、供氧技术 …… 85
6.1 施工温度场研究 …… 85
6.1.1 建立隧道洞内环境空气温度场物理模型 …… 85
6.1.2 建立风筒内气体温度场物理模型 …… 87
6.1.3 空气温度场模型计算参数 …… 88
6.1.4 隧道内气体对流换热系数 …… 89
6.1.5 风筒内气体对流换热系数计算 …… 89
6.1.6 隧道内热源强度的计算 …… 90
6.1.7 风筒内热源强度的计算 …… 90
6.1.8 偏微分方程的差分解法 …… 90
6.1.9 洞内空气温度场的计算结果分析 …… 92
6.1.10 风筒内沿程空气温度场 …… 95
6.2 施工通风与供氧 …… 96
6.2.1 施工通风 …… 96
6.2.2 施工供氧 …… 97
7 湿喷混凝土支护技术及工艺试验研究 …… 99
7.1 研究内容及程序 …… 99
7.1.1 研究内容 …… 99
7.1.2 研究程序 …… 99
7.2 工艺试验 …… 100
7.2.1 原材料及外加剂试验 …… 100
7.2.2 砂率选择试验 …… 104
7.2.3 室内配合比试验 …… 105
7.2.4 混凝土拌和物温度、坍落度及随时间变化关系试验 …… 106
7.2.5 强度发展试验 …… 108
7.2.6 提高湿喷混凝土早期强度试验 …… 109
7.3 湿喷混凝土可行性试验及强度测试 …… 109
7.3.1 施工配合比 …… 110
7.3.2 强度试验 …… 110
7.4 喷混凝土试验研究 …… 111
7.4.1 试验研究 …… 111
7.4.2 强度测试 …… 111
7.5 湿喷混凝土施工及质量控制 …… 112
7.5.1 湿喷混凝土施工 …… 112
7.5.2 施工质量检查与控制 …… 115
7.6 结果分析 …… 115

8 模筑衬砌混凝土及防水隔热层施工工艺 …… 117
8.1 模筑衬砌混凝土施工工艺 …… 117
8.1.1 具体要求及工艺流程 …… 117
8.1.2 模筑衬砌混凝土施工 …… 118
8.1.3 设备配套及劳动力组织 …… 122
8.1.4 模筑衬砌混凝土质量控制与评定 …… 123
8.2 防水隔热层施工工艺 …… 124
8.2.1 设计概况 …… 124
8.2.2 材料性能及工艺试验 …… 129
8.2.3 施工方法 …… 130
9 昆仑山隧道排水技术试验研究 …… 133
9.1 昆仑山隧道渗漏水简介 …… 133
9.1.1 施工阶段渗漏水情况 …… 133
9.2 昆仑山隧道地下水存在形式的研究 …… 134
9.2.1 多年冻土隧道地下水存在的形式 …… 134
9.2.2 昆仑山隧道地下水的调查 …… 134
9.2.3 隧道水沟流量观测分析 …… 138
9.2.4 连通试验结果分析 …… 141
9.2.5 注浆孔的注浆量分析 …… 143
9.2.6 地温观测孔数据分析 …… 147
9.3 多年冻土地区隧道的冻害及原因分析 …… 152
9.3.1 衬砌漏水、挂冰 …… 152
9.3.2 隧底冒水、积冰、冻胀 …… 152
9.3.3 衬砌开裂、酥碎、剥落 …… 152
9.3.4 洞门墙开裂 …… 153
9.4 寒区隧道冻害的防治措施 …… 153
9.4.1 泄水洞 …… 153
9.4.2 中心深埋渗水沟 …… 154
9.4.3 防寒水沟 …… 155
9.4.4 采暖式水沟 …… 155
9.5 小结 …… 157
9.6 隧道最大涌水量的估算 …… 157
9.7 最大多年冻土隧道涌水量 Q_{max} 的估算自编软件运行过程 …… 159
9.8 昆仑山隧道渗漏水特征 …… 175
9.9 渗漏水病害治理方案与实施 …… 176
9.10 渗漏水治理效果初步评估 …… 178
附件 A 昆仑山隧道渗漏水治理方案 …… 179
A1 2号冲沟地表处理 …… 179
A1.1 拆除2号冲沟上游70 m处端头墙露出地面的部分，以便上下游沟床顺接及地表水排泄通畅 …… 179

A1.2 实现上游沟床与已施做的地表铺砌顺接,对端头墙上游沟床进行换填黏土处理 …… 179
A2 2号冲沟沟床降水 …… 179
A2.1 降水竖井设计 …… 179
A3 洞内水沟采暖 …… 179
A3.1 水沟保温设计 …… 179
A3.2 水沟采暖设计 …… 179
A3.3 加热设施的节能措施 …… 180
A3.4 出水口保温及排水设计 …… 180
A4 洞内回填压浆 …… 180
A4.1 压浆范围 …… 180
A4.2 压浆部位 …… 180
A4.3 压浆目的 …… 180
A4.4 压浆参数 …… 180
A4.5 压浆工艺 …… 181
A5 洞内薄弱环节堵漏、修补措施 …… 181
A5.1 环向施工缝处理 …… 181
A5.2 纵向施工缝处理 …… 182
A5.3 渗漏水避车洞及集中出水点处理 …… 183
A6 供电方案 …… 183
A6.1 负荷容量及分布 …… 183
A6.2 供电方案 …… 183
A6.3 相关工程 …… 184
A7 预备方案 …… 184
A7.1 泄水洞措施 …… 184
A7.2 洞内其他段落一、二次衬砌间围岩压浆 …… 185
A7.3 洞内其他段落的环向施工缝处理 …… 185
A7.4 洞内围岩注浆 …… 185
A7.5 1号冲沟地表处理 …… 186
参考文献 …… 187

Content

1 Instruction ········ 1
1.1 Instruction ········ 1
1.1.1 Development history of study of frozen soil ········ 1
1.1.2 Research progression of frozen soil engineering ········ 6
1.1.3 Study of disease of frozen soil engineering ········ 6
1.2 Actual state of study of plateau permafrost in domestic and overseas ········ 7
1.2.1 Theory study ········ 7
1.2.2 Practice of tunnel engineering ········ 9
1.2.3 Application study of frozen soil engineering ········ 10
2 Engineering survey of Kunlunshan Tunnel ········ 12
2.1 Engineering survey of Kunlunshan Tunnel ········ 13
2.1.1 Engineering survey ········ 13
2.1.2 Character of engineering geology ········ 14
2.1.3 Character of hydrogeology ········ 16
2.1.4 Analysis of character of ground stress ········ 16
2.1.5 Support structure of lining of the tunnel ········ 17
2.1.6 Means of preventing water, drain and insulation ········ 18
2.2 Study background ········ 19
2.2.1 Contradiction between excavate and lining of permafrost soil tunnel ········ 19
2.2.2 Instruction of seepage water in Kunlunshan Tunnel ········ 20
2.3 Some measuring in the engineering of Kunlunshan Tunnel ········ 22
2.3.1 Measuring of air temperature ········ 22
2.3.2 Measuring of environment air temperature during construction ········ 22
2.3.3 Measuring of convergence of surrounding rock of tunnel ········ 22
2.3.4 Measuring of temperature in/out lining of tunnel ········ 23
2.3.5 Measuring of flow capacity in barrel-drain of tunnel and experiment of groundwater route of tunnel ········ 23
2.3.6 Measuring of ground temperature and water level ········ 23
3 Theory and practice of character calculation of moving boundary ········ 25
3.1 Concept of moving boundary ········ 25
3.2 Basic theory of calculation of moving boundary ········ 25
3.3 Basic process of solving moving boundary with finite element ········ 28
3.4 Calculating model of moving boundary character ········ 31

3.4.1 Model of finite element …… 31
3.4.2 Calculating model of moving boundary character …… 32
3.5 Analysis of calculating results …… 33
3.5.1 Relation of thaw depth and gridding precision …… 34
3.5.2 Relation of thaw depth and time interval of calculation …… 34
3.5.3 Relation of thaw depth and distance of critical resistance …… 36
3.5.4 Contrastive analysis of calculating results of considering/no- considering moving boundary characters …… 40
3.5.5 Thaw character of gulches of Kunlunshan Tunnel …… 42
4 Study of temperature field of surrounding rock in Kunlunshan Tunnel …… 44
4.1 Study of temperature field of surrounding rock of tunnel with differentiate equation …… 44
4.1.1 General differentiate equation of heat conduction …… 44
4.1.2 Control differentiate equation of heat conduction of surrounding rock of tunnel …… 45
4.1.3 Boundary conditions …… 46
4.1.4 Method of difference solving control differentiate equation of heat conduction of surrounding rock of tunnel …… 46
4.1.5 Process and parameters of calculation of temperature field of surrounding rock of tunnel …… 47
4.1.6 Results analysis of calculation of original tunnel …… 48
4.1.7 Results analysis of calculation of temperature field of surrounding rock after lining …… 51
4.1.8 Results analysis of calculation of temperature field of surrounding rock after secondly lining …… 56
4.1.9 Effect of air temperature in tunnel on the temperature field of surrounding rock …… 61
4.1.10 Effect of original ground temperature on the temperature field of surrounding rock …… 62
4.1.11 Result analysis …… 62
4.2 Analysis of practice measuring data of temperature of the tunnel …… 63
4.2.1 Treatment of temperature data …… 63
4.2.2 Data analysis …… 65
4.3 Using the rule of the temperature field of surrounding rock of tunnel to direct the construction …… 65
4.3.1 Controlling exposure time of surrounding rock …… 66
4.3.2 Controlling air temperature in tunnel …… 69
5 Excavating and lining of tunnel engineering in permafrost soil …… 70
5.1 Characters of nature environment …… 70
5.2 Characters of construction environment …… 72

5.3 Characters of engineering geology and hydrogeology of Kunlunshan Tunnel …… 74
5.3.1 Characters of engineering geology …… 74
5.3.2 Characters of hydrogeology …… 74
5.3.3 Analysis of character of ground stress …… 75
5.4 Emulation analysis of excavate Kunlunshan Tunnel …… 75
5.5 Analysis of transient heat transfer …… 77
5.5.1 Model of finite element …… 77
5.5.2 Boundary conditions …… 78
5.5.3 Choice of reference point …… 79
5.5.4 Analysis of calculating results …… 79
5.6 Method of control and forecast of construction …… 83
5.6.1 Evaluating subsystem of stability of surrounding rock …… 83
5.6.2 Evaluating subsystem of partial landslide of surrounding rock …… 84
5.6.3 Onsite measuring subsystem …… 84
6 Study of temperature of construction, technique of ventilation and oxygen supply …… 85
6.1 Study of temperature of construction …… 85
6.1.1 Establishing a physical model of environment air temperature field in tunnel …… 85
6.1.2 Establishing a physical model of air temperature field in ventiduct …… 87
6.1.3 Calculating parameters of model of air temperature field …… 88
6.1.4 Coefficient of heat exchange and convection of air in tunnel …… 89
6.1.5 Calculation of coefficient of heat exchange and convection of air in ventiduct …… 89
6.1.6 Calculation of intensity of thermal source in tunnel …… 90
6.1.7 Calculation of intensity of thermal source in ventiduct …… 90
6.1.8 Method of difference solving partial differential equation …… 90
6.1.9 Analysis of calculating results of air temperature field in tunnel …… 92
6.2 Ventilation and oxygen supply of construction …… 96
6.2.1 Ventilation of construction …… 96
6.2.2 Oxygen supply of construction …… 97
7 Experiment research of technique and technology of wet spray concrete supporting …… 99
7.1 Study content and method …… 99
7.1.1 Study content …… 99
7.1.2 Study method …… 99
7.2 Technology experiment …… 100
7.2.1 Experiment of raw and processed materials and additives …… 100
7.2.2 Selecting experiment of sand ratio …… 104
7.2.3 Formulate experiment in door …… 105
7.2.4 Experiment of relation of temperature and slump of concrete malaxate with time …… 106

7.2.5 Experiment of strength development …… 108
7.2.6 Experiment of increasing early strength of wet spray concrete …… 109
7.3 Feasibility experiment of wet spray concrete, strength measure …… 109
7.3.1 Formulate of construction …… 110
7.3.2 Strength experiment …… 110
7.4 Experiment research of wet spray concrete …… 111
7.4.1 Experiment research …… 111
7.4.2 Strength measure …… 111
7.5 Control of quality and construction of wet spray concrete …… 112
7.5.1 Construction of wet spray concrete …… 112
7.5.2 Detection and control of quality of construction …… 115
7.6 Analysis of results …… 115
8 Construction technology of heat-protecting and waterproof layer and model liner concrete …… 117
8.1 Construction technology of model liner concrete …… 117
8.1.1 Details requests and technology process …… 117
8.1.2 Construction of model liner concrete …… 118
8.1.3 Equipment match and labour force organize …… 122
8.1.4 Quality control and assessment of model liner concrete …… 123
8.2 Construction technology of heat-protecting and waterproof layer …… 124
8.2.1 Design survey …… 124
8.2.2 Experiment of materials properties and technology …… 129
8.2.3 Construction method …… 130
9 Experiment study of drain technique of Kunlunshan Tunnel …… 133
9.1 Brief introduction of seepage water in Kunlunshan Tunnel …… 133
9.1.1 Situation of seepage water during construction …… 133
9.2 Study of existing fashion of underground water of Kunlunshan Tunnel …… 134
9.2.1 Existing fashion of underground water of tunnel in permafrost area …… 134
9.2.2 Survey of underground water of Kunlunshan Tunnel …… 134
9.2.3 Analysis of discharge measure of barrel-drain in tunnel …… 138
9.2.4 Results analysis of experiment of groundwater route of tunnel …… 141
9.2.5 Analysis of grouting amount of grouting holes …… 143
9.2.6 Data analysis of ground temperature in holes …… 147
9.3 Analysis of reason of frost heaving of tunnels in permafrost area …… 152
9.3.1 Water leak, suspending slush on the liner …… 152
9.3.2 Effusing water, icing and frost heave on the base of tunnel …… 152
9.3.3 Crazing, crisping and spalling of liner …… 152
9.3.4 Crazing of wall of tunnel portal …… 153
9.4 Methods of prevent and cure of frost heaving of tunnels in cold area …… 153
9.4.1 Drain cavern …… 153

9. 4. 2 Infiltration ditch deeply inearthed under mean axis of tunnel …… 154
9. 4. 3 Winterproofing water ditch …… 155
9. 4. 4 Heating water ditch …… 155
9. 5 Summary …… 157
9. 6 Estimating method of maximal water yield in tunnel …… 157
9. 7 Running process of self-write software estimating maximal water yield Q_{max} of tunnel in permafrost area …… 159
9. 8 Characters of seepage water in Kunlunshan Tunnel …… 175
9. 9 Harnessing scheme and practice seepage water in Kunlunshan Tunnel …… 176
9. 10 Preliminary evaluation on effect of practice seepage water …… 178
A ttachment A Harnessing scheme seepage water in Kunlunshan Tunnel …… 179
A1 Treatment of surface of No. 2 gulch …… 179
A1. 1 Dismantling end head wall over ground surface on upstream 70m of No. 2 gulch …… 179
A1. 2 Exchanging clay on gulch bed of upstream of the end head wall …… 179
A2 Decreasing underground water level on No. 2 gulch bed …… 179
A2. 1 Design of pumping silo …… 179
A3 Heating of water ditch in tunnel …… 179
A3. 1 Design of thermal insulation of the water ditch …… 179
A3. 2 Design of heating of the water ditch …… 179
A3. 3 Methods of energy conservation of the heating equipments …… 180
A3. 4 Design of thermal insulation of water outlet, and design of drainage …… 180
A4 Backfill grouting in tunnel …… 180
A4. 1 Grouting range …… 180
A4. 2 Grouting position …… 180
A4. 3 Grouting purposes …… 180
A4. 4 Grouting parameters …… 180
A4. 5 Grouting technology …… 181
A5 Methods of sealing leakage and repairing weakness sections of tunnel …… 181
A5. 1 Treatment of construction joint in hoop stress of tunnel …… 181
A5. 2 Treatment of construction joint in portrait of tunnel …… 182
A5. 3 Treatment of collect places and refuge recess of seepage water …… 183
A6 Method of electricity supply …… 183
A6. 1 Amount and distribution of electricity loading …… 183
A6. 2 Method of electricity supply …… 183
A6. 3 Correlative engineering …… 184
A7 Preparatory method …… 184
A7. 1 Measure of drain cavern …… 184
A7. 2 Surrounding rock grouting between the first and second liners of other sections in tunnel …… 185

A7. 3 Treatment of construction joint in hoop stress of sections in tunnel ········ 185
A7. 4 Surrounding rock grouting in tunnel ································ 185
A7. 5 Surface treatment of No. 1gulch ································ 186
Conference ·· 187

1 绪 论

青藏铁路是中国政府在21世纪修建的重大基础工程项目之一，它的修建，不仅仅牵动了我国人民的心，而且由于高原气候恶劣、缺氧和多年冻土，使得全世界人民都对其比较关注。修建青藏铁路的三大难题——高寒缺氧、多年冻土和环境脆弱是青藏铁路修建成功与否的关键。昆仑山隧道是目前世界上在高原多年冻土中所修建的最长的高原冻土隧道，在修建过程中，所遇到的很多难题(如：隧道冻融圈、隧道冻融的压力、喷射混凝土支护等)均与高寒缺氧和多年冻土有关，经过施工单位、大专院校、科研院所的大力合作，在全体科研人员与施工人员的全力配合下，集中了我国科研人员的精兵强将，克服了许多困难，解决了许多关键技术难题，才使昆仑山隧道得以成功修建。

1.1 引 言

多年冻土是修建昆仑山隧道的关键技术难题之一，青藏高原地区的多年冻土与一般低纬度的多年冻土相比又具有一些特殊性。冻土是指温度在0 ℃或0 ℃以下并含有冰的各种岩土和土壤，一般分为短时冻土、季节冻土和多年冻土三种类型。多年冻土的分布主要集中在高纬度地区，约占全球陆地面积的25%，前苏联和加拿大国土面积的50%被多年冻土覆盖，在美国阿拉斯加多年冻土高达其总面积的75%，中国国土面积的22%为多年冻土。季节冻土则遍布世界的各大洲和中国的大部分国土。

1.1.1 冻土研究发展史

冻土学作为一门独立的学科首先在前苏联得到发展，早在16世纪，文献中已出现了有关西伯利亚和北美有冻土存在的报道。M.B. 罗蒙诺索夫曾发表“冻土地”的科学综述(1757年)，对“冻土地”的形成及其气候、地形的关系等提出看法。19世纪前半期，已初步获得西伯利亚冻土层的温度、厚度、埋藏条件和分布情况的资料，著名的谢尔金探井(116 m深度内)的冻土温度资料就在1925年测得。与此同时，有报道称北美哈得孙湾深处的岩石为永久冻结、埃什绍利茨湾沿岸有很厚的地下冰体。19世纪后半叶，西伯利亚工农业的发展、人口的大量迁移，特别是西伯利亚大铁路的建设极大地推动了冻土研究。应西伯利亚大铁路建设的需要，俄国地理协会制定并出版了《西伯利亚冻土研究指南》(1895年)，出现了亚切夫斯基的《论西伯利亚的永久冻土》报告(1889年)、沃耶伊科夫的关于西伯利亚铁路沿线冻土的第一篇综合报道(1889年)，并出版了鲍格达诺夫的《永久冻土与永久冻土上的建筑物》(1912年)、利沃夫的《阿穆尔铁路西段在永久冻土条件下供水水源的普查与勘探》(1916年)等书。1917年后，冻土研究进入有计划、有目的的发展时期，并成立了冻土研究相关的科学机构。苏姆金的《苏联境内永久冻结土壤》专著出版(1927年)，标志着冻土学已成为一门独立学科。《普通冻土学》(1940年)、《冻土学原理》(1959年)、《苏联冻土学》(1988年)等一系列专著，显示出冻土学在前苏联的发展达到较高的深度和广度(周幼吾等，2000)。第二次世界大战后，多年冻土研究逐渐国际化，Alaska—Canada 的高速公路、空军基地（加拿大、阿拉斯加）、Norman wells—Alaska 的高速公路，1950 年 Alaska 铁路修建遇到的多年冻土问题（费尔班克斯至苏厄德）、70 年代 Alaska 的输油管路（普拉德霍贝至奇尔特库港、费尔班克斯至瓦尔迪兹），这些工程的开展都促进了冻土研究的发展（喻文兵，2003）。

在中国，春秋战国时期（公元前 770 年～公元前 221 年），礼仪论著的《礼记．月令》记道："孟冬之月，水始冰，地始冻。仲冬之月，冰益坚，地始坼（坼，裂之意）。季冬之月，冻方盛，水泽腹坚……，孟春之月，东风解冻"，清楚地记述了冬春季的冻结与融化过程和寒冻裂缝形成现象。《后汉书・东夷传》记载生活在黑龙江中下游、乌苏里江流域的古民族挹娄"处于山林之间，土气极寒，常为穴居"。南朝（公元 551 年～554 年）《魏书．乌洛侯传》描述额尔古纳河及呼伦池一带"其土下湿，多雾气而寒，民冬则穿地为室，夏则随原阜畜牧"。以上均记述了东北地区地温低、土地潮湿的现象及当地居民"穿地为室"的御寒办法。清初杨宾在《柳边纪略》中也记载了东北地区的冻土现象："而树根盘错，乱石坑呀，秋冬冰雪凝结，不受马蹄，春夏高处泥淖数尺，低处汇为波涛，或数日或数十日不得达"。明代徐霞客（1587～1641）在《五台山游记》中写道：登中台"余先趋台之南，登龙翻石，其地乱石数万，涌起峰头，下临绝坞，中悬独耸"，生动地描绘出"龙翻石"（今称之为"石海"）之壮观，并记载了在雪后，阳坡已冰消雪融，而中台北仍然"阴崖悬冰数百丈，曰万年冰"，实已察觉到阴、阳坡冻融作用的差异。此外，三国时期古人已采用冻结法施工，一夜间将砂料冻结成城墙，使军队顺利通过渭河而取胜。如西晋（公元 265～316）陈寿在《三国志》中记载："娄子伯说公曰：今天寒，可起沙为城，以水灌之，可一夜而成。公（指曹操）从之，多作缣囊以运水，夜渡兵作战，比明，城立，由是公军尽得渡渭。"

20 世纪 40 年代，一些地理学家报道过西部高山有多年冻土。如刘培桐（1943 年）在"中国气候与土壤之关系（续）"一文中提到"高山冰沼土"，说"此类土常与高山草原土分布于同一区域，但地形较平坦，下积冰层，终年不融。"还提到"在滇西海拔 3 800 m 以上亦常见此类土分布"、"余皓民在松潘一带，亦见有冰沼土"。陈正祥（1943 年）在"河西走廊"一文中也提到"高山冰沼土"，说"这种土分布在雪线附近或雪线以上，土心常永久冻结，仅在祁连山高处发现。"显然，这里所提的"高山冰沼土"即为多年冻土。在日本侵占我国东北期间，《满洲矿业协会志》、《东北区的地质及地志》（1941～1944）上，零星报道过海拉尔等地有多年冻土，并对其温度、厚度及埋藏条件作过叙述。此外，《雪冰》、《低温科学》等刊物（1940～1943）登载过日本人对我国东北地区的冻土及房屋、铁路等冻害作调查和试验的一些结果。

新中国成立后，1949～1959 年间，东北冻土区的地质、矿藏调查，林业开发，铁路和公路修建以及工业民用建筑等各项生产建设的需要，大大促进了冻土科学研究。刘国昌（1951）在研究当时的内蒙古牙克石造纸厂地基问题时，谈论到当地冻土层的厚度和季节融化深度。辛奎德、任奇甲在整理以往东北冻土零星调查资料基础上，1956 年发表了"中国东北地区多年冻土的分布"一文，这是我国第一份关于东北多年冻土分布特征的系统总结，并在冻土分布图上划出了东北多年冻土区南界，认为南界相当年平均气温 0℃等值线和 1 月平均气温 －24℃等值线。同年，根据前苏联水文地质专家鲁萨诺夫的建议和指导，在内蒙古额尔古纳旗某矿区曾建过我国第一个冻土观测站。1957 年，铁路部门在大小兴安岭森林铁路的勘察设计中，调查了冻土分布和各种冻土工程地质现象，并初步取得了多年冻土区工程地质勘测及铁路建设等经验，这些都集中反映在《多年冻土的工程地质和铁路建筑》（原铁三院，1958）一书中。1957～1959 年间，地质和水电部门曾派人参加了中苏黑龙江联合考察中的冻土调查工作，这期间，季节冻土研究工作也在展开，如：北京市的季节冻结深度和道路翻浆的观测研究（中国科学院地理研究所,1953～1954;北京市政工程设计院,1956)。水电部长春水利科学研究所开展土坝冬季研究,并出版《碾压式土坝的冬季施工》一书(1954),1956 年该所筹建了我国最早的冻土实验室,随后建筑和林业部门(建筑科学研究院、内蒙古林业设计院等)开始建立了观测站并筹建了冻土实验室。

1954 年青藏公路通车,青藏高原冻土问题引起交通、铁路等有关部门的关注。1956 年铁道部开始勘测青藏线,对沿线冻土作初步调查。

由上可见,新中国成立后的前 10 年内,我国冻土研究工作已得到许多生产部门的重视,积累了一些冻土资料,并作出一些初步总结。

1960 年,中国科学院在兰州成立了由施雅风主持的冰川积雪冻土研究所筹委会,设立冻土研究组,开始冻土研究,同年,铁道部高原铁路研究所在兰州相继成立。两所会同一些高校,于 1960～1962 年间有成效地开展了青藏公路沿线冻土综合考察。铁道兵在青藏高原地下冰最发育的风火山地区修筑了铁路试验工程,此后高原铁路科研所坚持了风火山常年冻土观测站。1963 年,“青藏高原冻土初步考察”一文(周幼吾、杜榕桓)第一次向国内外报道了青藏高原多年冻土的分布特征、温度状况、厚度、组构、地下冰及冻土地质地貌现象等。1965 年,《青藏公路沿线冻土考察论文集》(中国科学院地理研究所冰川冻土研究室)出版,在以往冻土考察研究的基础上,就高原冻土分布,即分区特征,冰缘地貌,冻土区地下水、冰的结构、化学成分以及植被等专题,进行了系统的总结,标志着我国冻土研究成长起来。与此同时,地质部门在青海高原东部结合地质普查,积累了许多冻土资料,反映在“青海高原东部的多年冻土”一文中(范锡朋,1963)。1963～1964 年,中国科学院开展了唐古拉山南麓西藏土门地区的冻土调查研究,并建立了世界上海拔最高(4950m)的冻土观测站。1965 年起,又在祁连山木里煤矿地区开展冻土和供水条件调查,并建立冻土长年观测站。20 世纪 60 年代初,在东北成立的以丁锡祉为首的冰缘地貌组,较系统地开展东北地区的冰缘地貌调查研究。1964～1965 年,中国科学院会同铁道、林业部门,在大兴安岭牙林铁路沿线开展冻土和工程冻害调查,并对个别严重病害地段进行观测,期间,在多地区密切结合生产实际的冻土调查中,积累了大量冻土基本科学资料,野外工作已应用地球物理勘探方法,并初步开展冻土物理力学和热学性质的试验。1966 年在兰州建成我国第一个有相当规模的冻土低温实验室。以上科研工作和所创建的室内外条件以及一批科研人才成长起来,为我国冻土科学事业的发展打下了良好的基础。

1966～1977 年间,冻土科研主要结合工程建设项目,如青海热水煤矿(1969～1974)、格尔木至拉萨输油管道(1972～1973)、南疆铁路(1972～1976)及拟建的青藏铁路(格尔木—拉萨段)(1974～1978)等,对各项工程,就冻土工程地质条件评价、冻土物理力学性质及冻土地基基础稳定等方面,中国科学院兰州冰川冻土研究所做了大量现场调查和室内外试验、观测、研究工作,并积累了许多科学观测资料。当时发表的论文表明,对祁连山高山冻土分布特征及其变化规律有较全面的认识(热水冻土队,1976);对青藏公路冻土力学性质所进行的系统总结(青藏冻土力学研究小组,1976),提出了有限体系能量平衡法确定冻土温度场的主要指标(丁德文,1976);推导出便于工程实践中采用的多年冻土南界(下界)附近季节融化深度的计算公式(程国栋,1976)。此外,这阶段有许多科研总结和报告未出版,值得提出的有:国家下达的“青海木里煤矿聚乎更矿区冻土与水源问题”项目,中国科学院兰州冻土研究所科技人员经过1965～1968 年的系统调查、观测和试验研究,提出了矿区冻土工程地质分区和工业民用建筑稳定性评价,以及矿区供水条件报告,汇集于《木里煤田聚乎更矿区冻土与水源问题研究资料汇编》(1971)中;有关青藏高原多年冻土区铁路修筑中工程技术问题的多年研究成果,反映在原铁一院、西北铁路科研所和中国科学院兰州冰川冻土研究所共同主编的《青藏高原多年冻土地区铁路勘测设计细则》中(1972)。

1974 年,国家组织青藏铁路建设中的冻土问题科研大协作,由中国科学院兰州冰川冻土研究所、原铁一院和西北铁路科研所等单位,开展了青藏铁路沿线冻土分布、冻土力学和热力学性质、冻土地基稳定等 13 个专题的研究。

原铁三院冻土队从 20 世纪 70 年代初,在东北大兴安岭对冻土分布特征、温度状况、冻土区地下水、冻土上各项工程建筑,作了大量观测、试验和研究。1973～1974 年,内蒙古大兴安岭林业设计院主持,中国科学院兰州冰川冻土研究所、北京大学及一些林业部门的专家参加,对东北多年冻土进行了多学科的综合考察,积累了区域冻土资料,划出了多年冻土自然地理南界。

1975 年《冻土》一书(中国科学院兰州冰川冻土沙漠研究所)出版,通俗而系统地介绍了冻土知识和我国以往研究成果,并附有第一张小比例尺的中国冻土分布图。

1978 年以后,我国冻土研究进入了出成果时期,发表了一批系统性成果。

1. 东北冻土研究

提出了东北大小兴安岭多年冻土分区及特征,并编制出东北多年冻土分布图(1∶300 万)(郭东信等,1981;东北冻土研究协作组,1983),专题总结了大兴安岭多年冻土的地温特征(戴竞波,1982)。在 1979、1980 年又两次对大兴安岭北部、呼伦贝尔草原、长白山和黄岗梁等地区进行考察,再次明确了东北多年冻土自然地理南界的地理位置,南界以年平均气温 0 ℃等值线为轴线在±1 ℃间作南北摆动(鲁国威等,1993)。以后通过对东北冻土的季节冻结和季节融化层底面温度的研究,加深了对东北各冻土分区地温状况的认识,提出了东北多年冻土地球物理南界与平均气温－5 ℃等值线基本一致的看法(周幼吾等,1996)。

2. 青藏高原冻土研究

对区域冻土特征及其影响因素有了系统的总结(王家澄等,1979;樊溶河,1982;童伯良等,1983),编制出版了青藏公路沿线多年冻土分布图(1∶60 万)(童伯良、李树德等,1982),该图给出了不同类型多年冻土的平面分布界线及分区特征;对青藏公路沿线各类融区的分布和形成条件,作了系统研究和总结(郭东信等,1982;邱国庆,1982;邱国庆和郭东信,1983)。通过中德青藏高原东北部自然景观及气候地貌联合考察(1981)、青藏高原东部水文地质普查和编图(1∶100 万)(1987～1988),以及青藏高原综合考察(横断山,1981～1983;西昆仑山,1988),对青藏高原多年冻土分布和形成发育规律有了更全面的认识(Cheng Guodong,1987;Wang Shaoling,1987;Luo Xiangrui,1987;王绍令等,1991;李树德等,1983、1990),编制出版了《青藏高原冻土图》(1∶300 万)(李树德等,1996)。

3. 天山、祁连山、阿尔泰山等地区冻土研究

通过南疆铁路天山越岭地段冻土研究和随后的天山冻土调查研究(1972～1981)及中俄天山冻土联合考察(1990～1992),天山地区多年冻土分布发育特征及温度动态有了系统总结(邱国庆等,1981、1983;Qiu Guoqing,A. P Gorbunov,1993),对祁连山地区多年冻土分布特征(郭鹏飞等,1983)及阿尔泰山冻土(童伯良等,1986)均有了专题论述。

20 世纪 80 年代初,在大量实测资料基础上,对我国多年冻土的基本特征和分布发育的地带性、区域性规律,已有全面的论述(周幼吾等,1980、1982),认为中国多年冻土区面积有 2.15×10^6 km²。根据决定多年冻土发育的主导条件——纬度地带性和高度地带性,将我国多年冻土明确划分出高纬度多年冻土(东北)和高海拔多年冻土(西部)两种类型,后者又有高山多年冻土与高原多年冻土之分。1990 年出版了中级科普图书——《中国的冻土》一书(郭东信)。运用统计分

析方法，提出了中国多年冻土平面区划指标(丁德文等，1982)和 1∶400 万中国冻土分布图的编制原则和方法(徐学祖等，1983)，并由此对中国冻土分布规律有进一步认识，明确划出季节性冻土和瞬时冻土的分布界线(徐学祖等，1983)。中国冰雪冻土图(1∶400 万)(施雅风，1988)表现出我国各类冻土的分布规律、冻土区的分布规律以及冻土区主要的冷生现象，反映出我国区域冻土 30 多年来的研究成就。

关于高海拔多年冻土分布下界与气温、经纬度和雪线的关系有过一些探讨，并给出了数学模式和统计公式(程国栋等，1982；Cheng Guodong，1983；徐学祖等，1983；邱国庆，1983)。北半球高海拔多年冻土分布的三向地带性理论的提出(程国栋，1983；邱国庆、程国栋，1995)，进一步深化了对高海拔冻土分布发育规律的认识。

对我国广泛分布的多年冻土上限附近的厚层地下冰成因，除分凝、胶结-分凝成因及重力水胶结成因说法(周幼吾，1965，1982；王春鹤，1982)外，又提出重复分凝机制新学说(程国栋，1982)，并为国内外一些成冰试验研究所证实。在东部发现冰楔(彭海云等，1990；童伯良，1993)，在西昆仑山甜水海、黄河源头的鄂陵湖及东北古莲约亚湖均发现有纯冰体(李树德等，1990；王绍令等，1990；王保来，1990)，从而改变了以往中国没有冰楔和大块冰体的看法。对于冻土地质、地貌过程和现象(冰缘地貌)的类型、分区及特征，已提出系统总结(崔之久，1980、1981；谢又予，1981；程国栋、邱国庆，1983)，并开展定位定量观测研究(崔之久、朱诚，1989；崔之久等，1993)。对第四纪以来特别是晚更新世以来中国冻土的演变，已形成了初步认识(郭东信等，1981；徐叔鹰等，1989、1990；Zhou Youwu et al.，1991；邱国庆、程国栋，1995；Qiu Guoqing and Cheng Guodong，1996)。关于冻土区地下水特征、形成和运动规律及分类，取得一定进展(郑启浦，1989；郭鹏飞，1989；林风桐，1989、1990；王保来等，1988；吴紫汪，1990)，并有专著问世(杨润田、林凤桐，1986)。

北方干旱区土壤季节冻结过程中水分和盐分迁移、盐渍土形成及其改良利用问题，在室内外已作了不少研究，并在甘肃河西走廊农场具体实践，取得了成效，出版有《甘肃河西走廊季节冻结盐渍土及其改良利用》一书(邱国庆等，1996)。在全球变暖和人为活动影响下冻土环境的变化及预测方面，已有良好开端，如冰冻圈动态变化研究(程国栋等，1996、1997)、大兴安岭森林火灾对冻土环境影响研究(周幼吾等，1983、1994)等。

在勘测和测试技术上，多年来较成功地应用直流电测探法探查多年冻土的分布(黄以职等，1981、1983)，采用航空像片研究冰缘现象和厚层地下冰取得一定进展，并试验利用卫星像片判释多年冻土及冻土环境的变化(梁凤仙等，1989、1990、1993)。中国科学院高原观测研究站(设在格尔木)的建立，为国内外同行深入观测研究青藏高原冻土、冻土与工程、冻土与生态环境等创造了良好的条件。

对于冻土物理力学及物理化学性质，在大量室内外试验研究的基础上，提出了各种土的冻胀分类方案和冻胀预报模型(王正秋，1983、1986；陈肖柏等，1987、1991；Chen Xiaobai et al.，1988、1991)，提出了以考虑冻土融沉性为主的多年冻土的工程分类(吴紫汪，1979)。针对渠系与公路冻害原因及防治的“土冻胀与盐胀试验研究及其应用”课题(在陈肖柏等主持下)，在东北和西北广大地区取得了良好的成果和效益。冻土物理力学和热学的基本参数和试验方法等，也已纳入国家有关规范，如建筑地基基础设计、岩土工程勘察、冻土工程地质勘测、铁路工程、水工建筑物抗冻设计等。

冻土工程国家实验室在中国科学院兰州冰川冻土研究所建成，并于 1991 年向国内外开放，为冻土科学今后的深入发展和培育人才提供了良好的试验条件。一些前沿性、基础性课题研究，已在该试验室取得长足进展，出版了《冻土水分迁移的试验研究》(徐学祖等，1991)、《冻土强度与蠕变》(吴紫汪等，1994)、《土的冻胀和盐胀机理》(徐学祖等，1995)、《冻融土中的水热输运问题》(李述训等，1995)等书。

在道路、水利、工业与民用建筑等以往大量工作基础上，完成并出版了一些著作，如《路基冻害及防治》(赵云龙，1984)、《土的冻胀与建筑物冻害防治》(童长江等，1985)、《冻土路基工程》(吴紫汪等，1998)、《冻土工程》(原铁三院，1994)等。水利部门出版有《抗冻技术》、《工程与冻土》刊物。此外，在两淮煤矿人工冻结凿井、大兴安岭冻土黄金开采方面也作过许多研究，出版有《冻结凿井冻土壁的工程性质》(吴紫汪等，1988)一书及一些论文。

以上事实表明，我国冻土研究在紧密结合生产实践中发展起来，以中国科学院冰川冻土研究所(现改名为中国科学院寒区旱区环境与工程研究所)为中心，已形成为一个包括普通冻土、冻土物理力学及工程冻土学的较完整的冻土学研究体系(周幼吾等，2000)。

1.1.2 冻土工程研究进展

在大量的冻土研究成果的基础上，也修建了大量的冻土工程，取得了一些经验教训。我国曾成功在冻土区铺设了输送成品油的管道，如青海格尔木至拉萨的输油管道，采用人工冻结采煤的技术也得到了应用。近年来研究较多的冻土区工程是道路、水利及工业和民用建筑。

1. 道路工程：我国多年冻土区的铁路已逾 2 000 km，公路则更多，在冻土区道路的选线、设计和运营方面积累了丰富的经验(赵云龙，1984)。对厚层冰地段的路堑、冻土区的桥涵基础、桩基的应用等都有了一套行之有效的办法，隧道挂冰问题通过采用强迫通风技术得到了解决。近年来在青藏高原上建成了世界上最长的多年冻土区的沥青路面公路，取得了许多宝贵的经验，也积累了不少值得吸取的教训。近几年来，随着西部大开发的进程，寒区的道路工程在不断增加，目前国内的科研工作者和工程建设人员正在大力进行有关青藏铁路的科研和实践工作。

2. 水利工程：我国北方 13 个省、市、自治区，存在着渠系水工建筑物的冻害问题。1977 年成立了水工建筑物抗冻害协作组和冻土情报网，对工程冻害开展了协作攻关，召开了四次水工抗冻科技成果交流会，编辑了 100 多万字的情报资料，取得了一批具有一定理论水平和实际应用价值的成果。在水工建筑物抗冻害研究方面，分别对桩、板、墙提出了行之有效的抗冻技术措施；在渠道衬砌抗冻害研究方面，则分别对弱冻胀、中等冻胀和强冻胀地区，因地制宜地提出了一套抗冻技术措施，并已在季节冻土区广泛推广应用。目前正在组织编写《水工建筑物抗冻设计规范》。近年来，黑龙江水能开发的工作正在酝酿之中，一个更复杂的多年冻土区水工建筑物的设计、施工和运营问题已提到了议事日程上。

3. 工业和民用建筑：季节冻土基础浅埋试验取得了成功并已推广；在防冻害措施方面进行了砂垫层、基础侧回填砂、桩侧涂料、不同倾斜角度的斜面基础、带扩大板的自锚式基础和地表保温的基础等多种试验；采用强夯法处理冻胀性地基土的方法取得了很大成功；季节冻土区给、排水管道的浅埋试验也正在进行之中。

1.1.3 冻土工程病害研究

虽然如此，人类对冻土的认识尚处在初期，冻土地区的工程将不可避免地出现各种病害现象。前苏联第 2 条西伯利亚铁路巴姆段“世纪工程”出现暖季冻土热融、基础及线路下沉，寒季膨胀、基础及线路上拱，热融冻胀恶性循环，导致建筑物开裂，部分线路被迫改线，以致几年内不能正常运营。哈尔滨铁路局图里河房管段 33 个站区房屋因冻害而不能居住的占 15.3%。青藏公路沿线产生较大的融沉变形,在有些路段甚至能够形成反拱变形,融沉变形达 50~100cm,与融化下沉有关的破坏约占全线病害路段的 80%。1990 年青藏公路调查发现,涵洞破坏普遍,其中严重破坏的占 15.5%,一般破坏的占 21.1%,轻微破坏的占 63.4%。在我国东北和西北地区有 33 座铁路隧道存在不同程度的冻害,有的冻害严重,以致常年有 8~9 个月不能使用。东北嫩林线和牙林线隧道的洞门都有开裂现象,嫩林线塔河—樟岭白卡尔隧道、西罗奇 2 号隧道,林碧支线上的翠岭 2 号隧道,牙林线岭顶隧道,南疆线奎屯隧道等处于严寒或多年冻土地区,在建成后普遍存在衬砌冻胀开裂、酥碎、剥落、挂冰、道床冒水、积水及结冰等病害,严重威胁行车安全。由此可见,正确认识冻土的性质、开展工程病害特征与防治的研究、选择合适的方法避免冻害的发生或将冻害降低到最小的程度,是多年冻土区工程建设和发展的保证。M. Yavuz Corapcioglu 讨论了非饱和冻土的融沉问题;原喜忠等通过对多年冻土区路基沉陷规律的研究指出了防治对策;侯仰慕等对冻土路基病害特征进行了研究;王绍令等研究了不同冻土类型路段沥青路面下热量收支状况及路基热量年周转,找出了致使路基沉陷及产生融化核的根本原因,并对路基内融化核形成演化及其稳定性进行了分析,计算了路基下人为上限达到最大深度及所需时间和融化核的最终稳定厚度,为青藏公路病害整治提出了可行性措施;贾云翔等还探讨了青藏铁路多年冻土区段地质灾害危险性评估方法。

1.2 国内外高原多年冻土隧道研究现状

针对高原多年冻土和多年冻土隧道,国内外均开展了一些研究,也进行了一些工程实践。

1.2.1 理论研究

针对围岩温度场,Ladanyi(1984)提出了没有支护和有衬砌约束两种情况下时间-位移变化的一种封闭形式的解,及对一圆形横断面的隧道在任何时刻围岩压力随时间变化的解,并在 1980 年提出了在非线性黏弹性区隧道围岩地应力对隧道衬砌作用力的直接确定方法。Sandegren 考察了在铁路隧道中塑料保温材料防止结冰的效果。日本学者北川修三等针对寒区隧道的变形和围岩冻胀性,开展了衬砌收敛变形量测和室内冻胀试验的测试研究,其成果显示由冻胀引起的隧道收敛变形呈明显的季节波动,多数是冬季发展,夏季有部分恢复,而室内冻胀试验显示,单轴抗压强度在 5.0MPa 以上的岩石试件基本不产生冻胀。俄罗斯则从前苏联时期就开始在西伯利亚的贝加尔长大隧道中开展了气象条件对隧道状态影响的测试研究工作。直到现在,国外还没有对寒区高原隧道围岩温度场进行过系统的观测和试验研究。

在国内,中科院寒旱所通过分析围岩温度场、渗流场和应力场的耦合问题对寒区隧道的温度场和冻胀力的数学模型及计算方法进行了研究。中铁西南科学研究院则针对岩石和土质两种不同围岩条件下的隧道围岩冻胀力进行了数值分析研究,这些理论分析成果有待实测资料的检验。在隧道测试方面,长安大学针对河北梯子岭隧道的冻害进行了包括洞内外气温、衬砌和围岩温度(深度 2m)以及风速、风向的现场测试,这是目前国内针对寒区隧道冻害所完成的比较全面的隧道温度场测试项目,测试目的是了解衬砌背后围岩在冬季冻结情况,进而为隧道防冻保温层设计提供依据。同时中国科学院寒区旱区和环境工程研究所在位于青海省境内的西宁—张掖公路大坂山隧道,对隧道的保温措施效果进行了观察研究。这些研究所针对的并非多年冻土隧道的冻土保护问题。

在冻融作用对隧道结构影响方面，国内外铁路、公路运营实践证明，在高纬度或高海拔的寒冷地区，尤其是多年冻土地区，隧道常常会发生冻害，直接威胁行车的安全。常见的隧道病害有洞身衬砌冻胀开裂、酥碎、剥落，拱顶和边墙挂冰，底部积冰，道床鼓胀以及洞口处的热融滑塌，洞门产生端翼墙冻胀开裂失稳破坏，水沟沟身冻结、出口冰塞等。东北的岭顶隧道，西罗奇1号、2号隧道就是典型的例证，此外，西北的乌鞘岭、奎先、关角、大阪山公路隧道也很典型。我国东北和西北有铁路隧道33座，由于地处寒区(年平均温度低于0 ℃)，都有不同程度的冻害，有的一年常达八九个月不能使用，新疆的天山公路隧道没有运营几年就因冻害而报废。有些隧道年龄并不长，甚至是70～80年代修建的，但冻害却十分严重。国外，日本、俄罗斯、北欧、北美等国的冻害也十分严重。如日本曾对国铁全线进行了一次调查，在总数3819座隧道中，漏水的占56％(2 135座)，在总延长1 834 km中占71％(1 296 km)，其中，在严寒地区发生冻害者约占34％(130座)，凡是漏水的隧道几乎100％形成冻害。

针对青藏线典型的冻土问题，虽进行了多年的研究，取得了部分成果，国内、外也都有些成功的经验，但国内对新建隧道的冻害问题缺乏系统研究。衬砌结构在反复冻融作用下，其结构材料力学性能的耐久性如何，作用在衬砌结构上的冻胀力如何确定，如何选择合理的开挖形状、衬砌结构形状及相应的设计、施工对策等有关结构的问题需加以研究。有关冻胀力的以往研究成果说明，这是一个不容忽视的问题。据前苏联的试验结果，冰的无膨胀冻胀力可达211 MPa，裂隙岩体有水侵入，冻结时能产生15 MPa的压力。我国在东北嫩林线冻害并不严重的朝阳2号隧道上作过测试，其冻胀力也达0.2MPa。因此，针对冻胀问题，隧道除采用防水、排水、隔热处理外，在结构上必须有针对性地设防。西南交通大学曾作过C20混凝土饱和冻胀试验，当达到150次循环时，强度几乎完全丧失，而C50混凝土做到200次时，其强度损失不到10％。青藏铁路隧道拟采用钢筋混凝土衬砌，在这种高原隧道特定的气候、地质环境下，其力学性能如何、反复冻融的耐久性如何，急需通过试验加以研究确定。同时需要了解隧道围岩含水情况、地下水来源等情况，通过研究衬砌背后地下水压力变化规律，从而正确确定防排水原则及措施，以确保衬砌结构的长期稳定性以及运营安全。

在隧道防排水、防冻及整治方面，周幼吾等在《中国冻土》里对隧道防寒排水提出了一些措施和经验；铁道第三勘察设计院在《冻土工程》中对隧道的冻害进行了分析，介绍了隧道冻害的防治措施，提出了多年冻土及严寒地区隧道的主要设计原则；赖远明等在大坂山隧道中对隧道的保温措施效果进行了观察研究；张祉道等对高海拔及严寒地区隧道防冻设计提出了一些观点；也凤鸣对通过多年冻土区的铁路隧道冻害整治方法提出了见解。这些研究对高原多年冻土隧道的防排水系统的设计具有一定的指导意义。

在多年冻土隧道施工技术方面，在阿拉斯加费尔班克附近地区的多年冻土区试验隧道，Johansen等人(1988)研究了多年冻土蠕变特性和多年冻土地下洞室的开挖方法和特殊支护方法。

从以上介绍的情况来看，目前国内外对多年冻土地区隧道均有了一定的研究，取得了一定的成果和经验，但是对多年冻土隧道特别是高原多年冻土隧道仍缺乏系统的研究，既有成果无法满足多年冻土隧道特别是高原多年冻土隧道设计与施工的需要。

1. 冻土水热输运和冻土力学研究

在冻土水热运输和冻土力学方面，李述训等进行了冻融过程中的水热输运试验研究，赵林等通过对约占青藏高原总面积2/3的多年冻土活动层的地温和水分监测分析，发现多年冻土在冻结和融化的过程中水分迁移量较大，同时也揭示了多年冻土上限附近厚层地下冰发育的主要原因。Cames-Pintaux 在分析道路冻结过程时，利用 GEL1D 软件对热参数的影响范围及其各参数之间的相互作用进行了定量计算，发现导热系数和含水量是两个非常重要的参数，对流交换系数和初始温度状况在路基水热性质随气候变化中起着重要作用。Wei Zhou 建立了浅湖上面覆盖积雪的热传递数值模型，Matti Seppälä 提到并讨论了沟谷地形的热侵蚀作用，Murton 讨论了加拿大 Tuktoyaktuk 海岸热卡斯特沉淀物及其结构，尹喜霖在对冻结层水研究时发现河谷融区地下水分布于较大河谷区，章金钊等发现在地势相对低洼的路段处存在承压地下水。Kagan 等对岩石的冻胀现象进行了分析，发现当岩石节理被含水量较大的细粒土充填并发生冻结时，具有较大的变形和破坏力，对工程构筑物的安全运营构成威胁。基于冻胀率的大小取决于冻土中静热流量大小的认识，Ak-agawa 提出了提高冷暖端的温度从而有效减小或终止静态冻胀的方法，并结合试验建立了静态冻胀率与静热流量之间存在的关系。

2. 气候变化与冻土环境研究

随着全球气候的转暖，气候对多年冻土环境的影响越来越受到人们的关注。近 40 年来，青藏高原江河源区气候变化的总趋势为气温升高，平均升温达 0.44 ℃。李述训等对气候持续变暖条件下的青藏高原多年冻土变化趋势进行了数值模拟，吴青柏等还建立了气候变化下的青藏公路沿线冻土变化响应模型和多年冻土热融蚀敏感性评价模型，对寒区冻土环境与工程环境间的相互作用进行了研究。胡志耘在研究青藏高原冻土特征时发现，青藏高原的细粒土最大融化深度为 0.8～2.5 m，而基岩裸露的山顶、山坡一般为 3～5 m。张建明等结合青藏公路沿线多年冻土研究成果，对国内现行公路工程冻土分类标准进行研究，提出了以冻土热稳定性为基础的工程冻土类型。程国栋从多年冻土的影响因素出发，提出了对青藏铁路设计的若干启示。张鲁新通过对青藏高原多年冻土地温变化的研究，指出了其对路基工程稳定性的影响。此外，石剑等还对我国黑龙江省季节冻土形成发育规律及特征进行了研究。

1.2.2 隧道工程实践

在国外，前苏联修建的贝阿铁路有多座隧道位于多年冻土地区，日本的北海道、北欧的挪威、北美的加拿大等也有相当数量修建在冻土地区的隧道工程，这些国家均积累了一些冻土带隧道的施工经验。

建国几十年来，我国在东北大小兴安岭高纬度、海拔高度在 1 000 m 以下的地区修建了数十座严寒及寒冷地区隧道，如嫩林线的西岭 1 号及 2 号隧道、西罗奇 2 号隧道、白卡尔隧道，卡图线的土门岭隧道等，洞外最低气温均在－50 ℃以下。另外，在西北高海拔地区，除了早期修建的南疆铁路奎先隧道(长 6 154 m，海拔 2 982 m，最低气温－33 ℃)以外，近年来又修建了一些高寒隧道，如大坂山公路隧道(海拔 3 793 m，最低气温－30 ℃)、鹧鸪山隧道(海拔 3 300 m，最低气温－31.1 ℃)，这里特别介绍一下大坂山隧道。大坂山公路隧道地处青藏高原东北部、祁连山脉东段南支脉，位于青海省境内，隧道全长 1 530 m，洞口路面海拔 3 793 m，在修建青藏铁路格拉段之前，该隧道海拔位居世界第一。刘国玉在“高海拔高寒隧道施工技术”一文中介绍了大坂山隧道取得的一些技术成果及施工方法，如：充分发挥防寒泄水洞的有利作用，优先开挖贯通；适用于高海拔高寒条件下的施工机械配套技术；低温混凝土施工技术；防寒保温系统施工技术；完善了防排水系统和新型防排水材料的应用；利用泄水洞的隧道施工通风技术。

从以上所介绍的工程实践来看，国外的多年冻土隧道均位于低海拔地带，而且可借鉴的资料很少。国内在东北大小兴安岭高纬度、海拔高度在 1 000 m 以下地区修建的数十座严寒及寒冷地区隧道，由于修筑年代较早，在没有经过充分研究和经验的基础上修建，之后产生了严重的病害，留下的更多是教训。而对于海拔更高、更严寒的大坂山隧道，没有很好地解决高原施工的供氧、湿喷混凝土支护（认为在冻土上无法实施湿喷混凝土支护）等问题，虽然在高海拔高寒条件下的施工机械设备配套、低温混凝土施工、防寒保温系统施工、防排水系统和新型防排水材料的应用、利用泄水洞的隧道施工通风技术方面积累了一些经验，但大坂山隧道属于高海拔季节性冻土，施工、运营中重点要解决的问题是保温和保持季节性冻土不冻结，所以这些经验对基于保护冻土为原则的高原冻土施工借鉴作用不多。

综上所述，在高原（4 000 m 以上）高寒连续多年冻土地区修建隧道工程在国内乃至国际上均是一项开拓性的工作，面临的是全新的技术难题，无论是设计还是施工均无经验可循，这对两者均提出了严峻的挑战。

1.2.3 冻土工程应用研究

随着现代计算机技术的发展，数值模拟方法在岩土工程界的应用越来越广。Foriero 等采用有限元模拟了冻土边坡的蠕变；Stevens 研究了冻土对振动荷载的响应；李祝龙等通过合理的假设建立了冻土路基温度场的理论模型，利用差分法程序对冻土路基的热学机理进行了研究；李东庆等利用数值模拟方法，分析了夏季路基边坡积水可导致路基基底之下的多年冻土上限下降；李宁等在引进国外大型岩土工程分析软件的平台上开发了饱和与准饱和冻土介质温度场、水分场和变形场的三场耦合问题的有限元分析软件；赖远明等分析了寒区挡土墙温度场、渗流场和应力场的三场耦合问题；冯文杰等对多模式下通过气温升高对冻土上限的影响试验研究发现，抛石及遮阳棚对多年冻土上限有较为明显的影响；Heydinger 讨论了多年冻土工程中桩基的设计、施工和测试标准问题；张学富等对多年冻土区涵洞现浇混凝土基础水化热的影响进行了数值分析；Scott Lin Huang 讨论了隧道工程围岩稳定与地温及开挖空间几何尺寸等的关系；何春雄等建立了寒区隧道围岩冻融状态模型，并对层流和紊流情况下的对流热交换进行了数值模拟；赖远明等对大阪山隧道保温材料的保温效果进行了观察研究，通过对地震响应的弹黏塑性分析认为，寒区隧道衬砌和围岩的初应力和位移对其地震响应有很大的影响，通过隧道温度场、渗流场和应力场的三场耦合问题分析认为，渗流场和应力场对寒区工程的冻深有极大的影响，在工程设计中应充分考虑这两种因素对温度场的影响，此外冻胀力对隧道衬砌的应力影响也很大。赖远明等还就寒区圆形截面隧道求得了温度场的解析解。

冻土工程应用研究进行得较多。周虎利提出了多年冻土区线形工程选线原则；程国栋等提出了多年冻土地区建筑物地基设计原则，即保护冻土设计原则和允许融化设计原则，保护冻土设计原则适用于连续多年冻土及不连续多年冻土地区的较稳定地段（地温在−3 ℃以下），而允许融化原则基本上被用于不连续多年冻土地区的不稳定多年冻土上；Wei Ma 等针对青藏铁路建设提出了动态设计的建议；盛煜等对青藏公路下伏多年冻土的融化特征进行分析后认为，路基工程附近地温明显高于对应的天然地层温度，吸热大于放热，高温冻土区路基内已形成贯穿融化夹层，随着地温的增高，低温冻土区也可能发生强烈的冻土融化，因此，多年冻土区路基临界高度、路基设计原则、工程措施及施工工艺研究就显得格外重要。与此同时，一些新技术在多年冻土工程中的应用研究也层出不穷。李祝龙等在试验和理论分析的基础上，提出钢纤维水泥混凝土路面在寒区的可行性和合理性，为我国寒区特别是多年冻土地区的公路建设提供了一个较好的路面结构形式，以尽可能减少工程对冻土环境的干扰，从而保护冻土；潘卫东等对热棒技术应用进行了研究；冯文杰等对遮阳棚在寒区道路工程中的应用进行了研究；章金钊等对多年冻土区公路桥梁与涵洞的设计与施工进行了研究；王引生等提出通过对青藏高原多年冻土区桩基回冻时间的监测，以指导其上部工程结构施工的建议；童武还提出了多年冻土对输电线路杆塔基础的影响及处理措施。对于寒区隧道工程，国外研究工作主要集中在保温防冻措施及其效果上。前苏联的贝阿干线山岭隧道设计与施工经验总结认为，热变形沿着隧道的长度方向扩展，其强度从洞口向隧道中间逐渐减弱；美国 CRREL 从 1963 年开始针对阿拉斯加的一个多年冻土隧道进行了长期观测，并获取了一系列有价值的研究成果。国内乜凤鸣曾对东北嫩林线的西罗奇 2 号隧道内的气温变化进行过观测并获得相应的结果，洞内气温在寒季离洞口越远则越高，在夏季则相反；木里煤矿试验结果显示，洞内气温变化和洞外气温变化都近似呈正弦曲线变化，而洞外气温的较差和正温面积远远大于洞内，这就决定了洞内融化圈深度一定小于洞外同种土层的上限值；乜凤鸣等对多年冻土中隧道泄水洞热动态进行了分析；黄双林等通过对国内外寒区隧道工程调研分析，提出了青藏铁路昆仑山隧道设计方案；Xuefu Zhang 等对风火山隧道进行数值模拟后认为，在经过 3～4 个冻融循环后无保温隔热层的隧道周边可以重新回冻，对高海拔寒冷地区隧道施工技术的研究所涉及的内容则更加具体，更具有针对性。人工冻结技术的应用，为解决各种复杂地质条件的工程问题提供了极大的帮助，在我国北京、上海、广州、南京等城市地铁施工中都有成功案例。周国庆提出了采用间歇冻结法抑制人工冻土冻胀的技术；张克俊采用数理统计的方法对多年冻土隧道工程开挖过程中的施工环境温度与围岩稳定的关系进行了分析，认为影响昆仑山隧道围岩稳定性的关键因素是施工环境温度。

对冻土隧道开挖而言，围岩稳定与围岩温度的关系报道虽然不少，但却集中在围岩因强度和变形特征引起的稳定问题上，而对冻土围岩温度与围岩局部崩塌关系的分析，却鲜见报道。

尽管冻土及其工程应用研究取得了不少成果，而且对通常意义上的移动边界问题也有了一些认识，但总的趋势是理论研究落后于工程实践。虽然人们意识到流水对多年冻土的热融蚀远远大于静态水，但其原因和作用机理却有待诠释。

2 昆仑山隧道工程概况

青藏铁路北起青海省西宁市，南至西藏自治区拉萨市，全长约 1 956 km，其中西宁至格尔木约 846 km 已于 1984 年建成通车。青藏铁路格尔木至拉萨段，全长 1 118 km，多年冻土区长度为 632 km，其中连续多年冻土区长度约 550 km、岛状不连续多年冻土区长度 82 km，全线海拔 4 000 m 以上地段约为 965 km。该段铁路于 2001 年 6 月 29 日动工，于 2006 年 7 月 1 日全线通车。其中青藏铁路格拉段昆仑山隧道位于青藏高原海拔 4 642 m 以上的多年冻土区，是青藏高原 550 km 连续多年冻土区修建的两座隧道之一，是目前世界上在高原多年冻土层这一特殊围岩环境条件下修建的最长的高原多年冻土隧道工程（见图 2-1、图 2-2）。

图 2-1 青藏铁路格拉段地理位置图

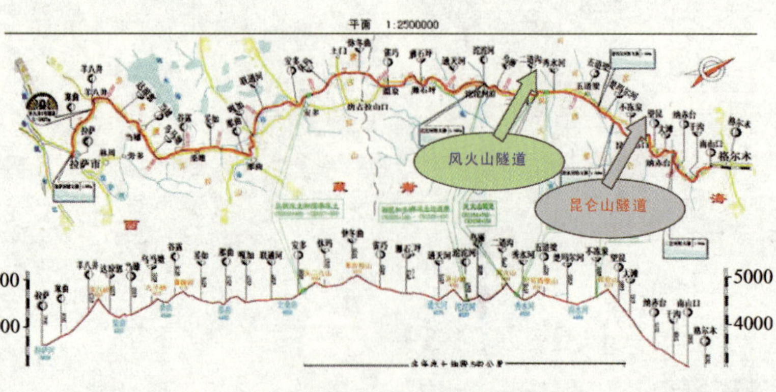

图 2-2 青藏铁路格拉段平、纵断面图

2.1 昆仑山隧道工程概况

2.1.1 工程概况

昆仑山隧道位于青藏高原多年冻土区北端，属昆仑山北麓低、中高山区，地形起伏大，山坡陡峻，坡面破碎，多有坡积碎石分布，区内发育有一峡谷和一乱石沟。昆仑山河顺沟流淌，青藏公路沿昆仑山河修建，昆仑山隧道位于乱石沟西侧高山中，隧道顶部山体分布两条冲沟。隧道进口位于一山梁，地表植被发育，覆盖率40%；隧道出口为陡峻山坡，分布坡积碎石土，局部基岩出露，坡面无植被。

昆仑山隧道起迄里程为DK976＋250～DK977＋936，全长1 686 m，进出口海拔高程分别为4 642.66 m和4 665.91 m，隧道埋深2～106 m，洞身大部为直线段。出口段位于R-1000m的曲线上，洞身纵坡为14‰、13.4‰，单面坡，进口采用对称式明洞门（图2-3），出口采用台阶式明洞门（图2-4）。隧道工程与地形特征见图2-5。

图2-3 昆仑山隧道进口

图2-4 昆仑山隧道出口

为加快施工进度、确保工期要求、改善施工条件，设有两座横洞辅助施工：1号横洞位于DK976＋940处，长262 m，横洞与线路中线的夹角为40°，纵坡为14‰，主攻方向拉萨端；2号横洞长111 m，设在DK977＋500处，横洞与线路中线的夹角为65°，纵坡为10‰，主攻方向拉萨端。

该隧道顶部发育有两条大的冲沟，分别处于1号横洞与2号横洞附近，沟心里程分别为DK976＋834和DK977＋630，沟床下面隧道埋深较浅，1号横洞浅埋段最小埋深约27 m左右，2号横洞浅埋段最小埋深约2 m左右（图2-5）。

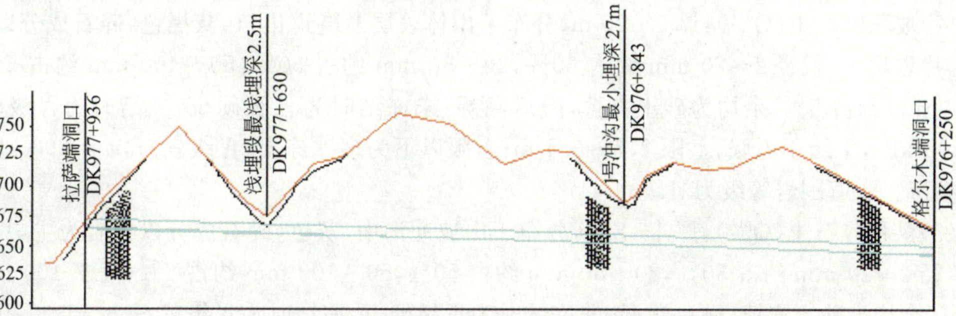

图2-5 昆仑山隧道纵断面示意图

昆仑山隧道于2001年9月开工，2002年9月贯通，2002年12月衬砌结构施工完成，2003年3月22日铺轨通过隧道，2003年5月隧道出现渗漏水。因此，多年冻土地区隧道的安全开挖和治理渗漏水病害是昆仑山隧道工程的难点，而昆仑山隧道渗漏水病害治理是核心。

2.1.2 工程地质特征

昆仑山隧道地处乱石沟多年冻土区，出露地层主要为：碎石土、卵石土及漂石土，下伏二叠系片岩、板岩、千枚岩、砂岩、辉绿岩、石灰岩等。多年冻土上限1.5～2.5m，多年冻土厚度60～120 m。隧道围岩级别分布见表2-1。

表2-1 昆仑山隧道围岩级别

	Ⅵ		Ⅴ	Ⅳ	Ⅵ	Ⅳ	Ⅴ	Ⅳ	Ⅴ	Ⅳ	Ⅴ	Ⅵ		
出口←	9	7	22	238	60	700	155	125	80	200	40	34	16	→进口

该区地震基本烈度为8度，其中昆仑山隧道进口端断层在2001年11月14日发生的8.1级地震中重新错开。根据西大滩观测资料(1978年初测)及五道梁气象站资料：昆仑山隧道地区年平均气温为－3.6～－5.2℃，极端气温分别为23.7℃和－37.7℃；年平均降水量220.9 mm，年平均蒸发量1 469.8 mm，相对湿度平均为44.8%；最大风速23.0 m/s，主导风向西风，平均雷暴日数年最多22 d，最冷月平均气温－16.7 ℃。自然条件极其恶劣：空气稀薄，含氧量低，不足海平面的60%；气压较低，仅为海平面的60%～70%；具有独特的冰缘干寒气候特征，紫外线辐射强烈，其中低气压、低氧分压也是其显著特点之一。据2001～2002年昆仑山隧道现场观测资料，隧道进口与海平面的大气压、氧分压对照见表2-2。

表2-2 大气压、氧分压对照表

海拔(m)	气压(kPa)	氧分压(kPa)
海平面(0)	101.33	21.2
昆仑山隧道进口(4642)	57.73	11.47

根据铁道第一勘察设计院的勘测资料，昆仑山隧道洞身为三叠系板岩夹片岩，山坡为坡积角砾土、碎石土、洪积碎石土，根据现场勘查，钻孔资料详述如下：

(1)坡积角砾土(Q_4^{d16})：厚2～3m，分布于隧道进口，灰黄色，成分以板岩为主，片岩次之；粒径2～20 mm约占60%，20～50 mm约占15%，余为砂土充填，融后潮湿；非冻结时为Ⅱ级普通土，冻结时为Ⅳ级软石，σ_0＝400 kPa，Ⅰ级不冻胀，上限2.8 m；上限以下为饱冰冻土，Ⅳ级软石，σ_0＝250 kPa，Ⅳ级强融沉。隧道围岩等级为Ⅵ级。地表分布0～0.5 m厚的粉土。

(2)坡积碎石土(Q_4^{d17})：厚2～20 m，分布于山体表层及隧道出口，灰黑色，碎石成分以板岩为主，片岩次之；粒径2～20 mm约占30%，20～50 mm约占50%，50～100 mm约占5%，大于100 mm约占5%，余均为砂土充填，融后潮湿；未冻结时为Ⅲ级硬土，冻结时为Ⅳ级软石，σ_0＝500 kPa，Ⅰ级不冻胀，上限2.5～3.1 m；上限以下为多冰冻土，Ⅳ级软石，σ_0＝800 kPa，Ⅱ级弱融沉。隧道围岩等级为Ⅵ级。

(3)洪积碎石土(Q_4^{p17})：厚4～8 m，分布于山坡冲沟中，灰色，碎石成分以板岩为主，片岩次之；粒径2～20 mm约占30%，20～50 mm约占50%，50～100 mm约占5%，大于100 mm约占5%，余均为砂土充填，融后潮湿；非冻结时为Ⅲ级硬土，冻结时为Ⅳ级软石，σ_0＝500 kPa，Ⅰ级不冻胀，上限2.6～2.7 m；上限以下为多冰冻土，Ⅳ级软石，σ_0＝800 kPa，Ⅱ级弱融沉，富冰冻土，Ⅳ级软石，σ_0＝640 kPa，Ⅲ级融沉。隧道围岩等级为Ⅵ级。

(4)板岩夹片岩(T^{sl+Sc})：以板岩为主，局部夹片岩，浅灰色，变晶结构，板岩为板状构造，岩体致密、坚硬，片岩为片状构造，岩体多柔皱、破碎，板理、片理、节理及裂隙发育；强风化层厚1.7～4 m，板岩呈碎块状，片岩为碎片状，局部为粉土状，含较多裂隙冰。隧道进口段基岩面以下1.5 m强风化层为饱冰冻土：Ⅳ级软石，σ_0＝250 kPa，Ⅳ级强融沉。山坡冲沟中强风化层中富冰冻土：Ⅳ级软石，σ_0＝640 kPa。隧道围岩等级为Ⅳ级。其余地段强风化层为多冰、少冰冻土：Ⅳ级软石，σ_0＝800 kPa，隧道围岩等级为Ⅳ级；弱风化层厚2.3～9 m，岩体呈大块状，Ⅴ级次坚石，σ_0＝1 000 kPa，局部地段有0.1～0.3 m厚的裂隙冰分布，隧道围岩等级为Ⅳ级；以下为微风化层，基岩较完整，Ⅴ级次坚石，σ_0＝1 000 kPa，局部地段(36 m以上)零星有0.1～0.3 m厚的裂隙冰分布。

昆仑山区属于雅合拉达合泽山旋回层，为雅合拉达合泽山地背斜的西延段，区内岩层挤压褶皱强列。昆仑山隧道位于两条较大逆冲断层间的隆起盘中，D6-F1和D6-F2压性断裂位于昆仑山长隧道进口附近沟谷内，在DK976＋058和DK976＋158处与线路相交。D6-F1断层走向N72°W，倾向南，表层为第四系堆积物，推测断层破碎带宽约45 m，为蛇纹岩化的千枚岩和板岩；D6-F2断层走向EW，倾向北，倾角50°～70°，表层为第四系堆积物，推测断层破碎带宽约50 m，均为挤压破碎的千枚岩夹板岩，在D6Z-247孔中可见碎裂岩块，线路在此段均以涵洞通过断层。

昆仑山隧道区山体挤压褶皱较多，其范围较大者形式多为"S"形，板岩多为碎块状，沿线路方向延长短则数米，长则100余米，最普遍者形式多为产状正常板岩夹"S"形片岩。片岩呈灰黑色，岩体破碎，为碎片状，相当于软弱夹层，厚度数厘米至60 cm不等；挤压较严重者呈倒转背斜，其出露明显处位于隧道DK976＋700左420 m公路右侧陡坎，推测其轴线走向为N25°W，倾向北，延伸至隧道进口处。

昆仑山隧道无大型断裂，多见小型层间错动，错动面宽度数厘米至数米，山坡弯曲小冲沟分布弱状小断裂(DK976＋600～＋700左侧4条小断裂均属此种情况)。

据隧道洞身物探资料反映，DK976＋540～＋620及DK976＋745～＋800范围有低阻异常带，推测应为片岩夹板岩带；DK976＋250～＋266段也低阻异常带，为隧道北侧逆断层(D6-F2)影响带。

主要的不良地质及特殊岩土有岩堆、多年冻土、古冰川作用。岩堆和古冰川对隧道影响不大。

多年冻土：昆仑山隧道位于多年冻土区，隧道进口山坡为阴坡，冻土上限约2.7m，除进口处分布1.8 m左右厚的饱冰冻土需要处理外，其余部分为少冰、多冰冻土。出口山坡为阳坡，冻土上限一般为2.1～3 m，为少冰、多冰冻土。隧道物探断面反映，自地表随深度不断加深，地层含冰量逐渐降低，在36 m以下基本无冻结冰存在，36 m以上岩层中局部分布薄层裂隙冰。DK976＋565左20 m钻孔(孔深：101.74 m)测温资料显示，100 m处地温为－0.64 ℃，DK977＋400右20 m钻孔(孔深：120.73 m)120 m处地温为－0.39～0.29 ℃。根据此勘测资料推测，昆仑山隧道多年冻土下限为100～110 m，年平均地温－1.81～－2.65 ℃，属多年冻土低温稳定区或低温基本稳定区。

冰锥：在线路DK976＋730左侧400 m、DK976＋780左侧320 m、DK977＋200左侧230 m，青藏公路右侧山坡坡脚出露3处冰锥，当时已形成冰幔，但规模较小。其中DK976＋730左侧400 m，青藏公路右侧山坡坡脚出露的冰锥规模较大，所形成的冰幔已漫上青藏公路。泉水均在基岩中出露，一般在下午1点左右阳光充沛时出水，但水量不大(见图 2-6，图 2-7)。上述冰锥均为一年生冰锥。乱石沟西侧各冲沟碎石土在阳光充沛时可发现其中断续分布的少量地下水。

图 2-6　青藏公路旁的冰锥

图 2-7　青藏公路沿线的热融湖与冻胀现象

2.1.3　水文地质特征

昆仑山隧道2号冲沟基岩节理、裂隙发育，冲沟附近可能分布有地下水，但地下水对隧道圬工无侵蚀性。

(1)DK976＋250～DK976＋832，长 582 m，采用 D6Z-253-1 号孔资料。静止水位标高 4 658.30 m，至隧道洞底含水层的距离约为 12 m，含水层厚 h_0＝0.5 m，渗透系数 k＝0.0647m/d，影响范围 R_y＝185m，计算涌水量为 29.26 m^3/d。

(2)DK976＋832～DK977＋635，长 803 m，采用 D6Z-254-1 号孔资料。静止水位标高 4 672.08 m，至隧道洞底含水层的距离约为 16 m，含水层厚 h_0＝0.5 m，渗透系数 k＝0.172 8 m/d，影响范围 R_y＝183.6 m，计算涌水量为 193.29 m^3/d。

(3)DK977＋635～DK977＋936，长 301 m，采用 D6Z-254-1 号孔资料。水位标高低于洞底，不参与计算。

昆仑山隧道推测正常涌水量为 222.55 m^3/d，最大涌水量可达 445.10 m^3/d。

2.1.4　地应力状态分析

昆仑山隧道最大埋深 106 m，位于冻土区内，洞身岩性以三叠系板岩夹片岩为主，受构造及冻融风化作用的影响，岩体破碎，不具备高地应力集中的地质条件。隧道洞身深孔钻探和施工开挖也未发生岩心饼化、开裂和岩爆等高地应力现象。

中国地质科学院地质力学研究所对昆仑山隧道及周边地区进行了实测地应力研究，共选择了三个测点，其中1号、2号测点均位于西大滩隐伏断裂北侧的侵入岩体上，岩体较完整；3号测点位于昆仑山隧道附近乱石沟东侧的变质岩上，由于岩石十分破碎，先后打了两个测量孔都没能取得数据。1号测点的水平最大主应力值为12.9 MPa，水平最小主应力值12.1 MPa，最大主应力方向为N45°E，岩石单轴饱和抗压强度 $R_c=100\sim110$ MPa，$R_c/Q_{max_0}=(100\sim110)/12.9=7.75\sim8.52>7$；2号测点水平最大主应力值为6.8 MPa，水平最小主应力值为12.1 MPa，最大主应力方向为N58°E，岩石单轴饱和抗压强度 $R_c=138\sim203$ MPa，$R_c/Q_{max_0}=(138\sim203)/6.8=20.29\sim29.85>7$。根据国标《工程岩体分级标准》(GB 50218—94)附录B岩体初始应力场评估标准，1号、2号测点均属于非高应力区。

地质力学研究所还通过应力场有限元模拟指出：昆仑山隧道洞身最大水平主应力为7.3～9.3 MPa，水平最小主应力为4.2～7.7 MPa，方向为N46.8°E；隧道法线方向正应力为4.8～8.9 MPa，最大铅垂应力为3.5 MPa。数值模拟同样表明了昆仑山隧道处于较低地应力状态。

由此可见，昆仑山隧道处于较低地应力状态，属正常地应力状态区。

地震基本烈度为8度，2001年11月14日昆仑山地区发生了里氏8.1级强烈地震，在距离昆仑山隧道出口约1 km处撕开一条宽1.4～1.6 m、长300多公里的裂缝(图2-8和图2-9)。

图2-8 昆仑山口的地震裂缝

图2-9 昆仑山口地震纪念碑

2.1.5 衬砌支护结构

昆仑山隧道衬砌结构标准断面如图2-10所示，支护参数见表2-3。

表2-3 支护参数表

围岩级别	施工支护					衬砌厚度	
	模筑厚度(cm)	ϕ25中空锚杆			格栅钢架	拱部	仰拱
		位置	长度(m)	间距(m)	间距	(cm)	(cm)
Ⅵ	30	拱墙	3.0	1.0×1.0	3榀/2 m	55	55
Ⅴ	30	拱墙	2.5	1.2×1.2	1榀/m	50	50
Ⅳ	25	局部	2.5	1.2×1.2	1榀/1.2 m	45	45

注：DK976+832～DK977+635段内Ⅳ级围岩考虑注浆堵水，锚杆均按拱墙设。

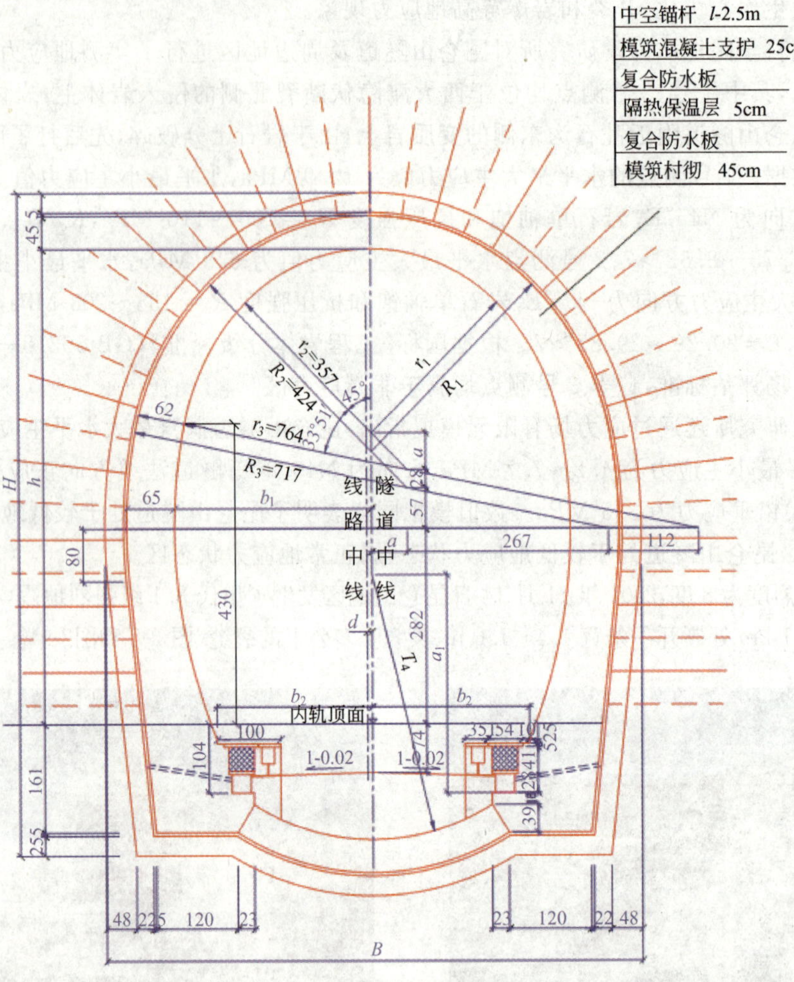

图 2-10 昆仑山隧道衬砌结构标准断面

隧道内净空：衬砌拱顶内缘至内轨顶面直线净空高度为 7 200 mm。

全隧道均采用曲墙带仰拱整体式模筑钢筋混凝土衬砌、模筑混凝土支护，模筑混凝土支护为隧道结构的组成部分，其拱部背后采取回填压浆填充。

根据钻探资料 DK976＋832～DK977＋635 段地下水比较发育，采取中空注浆锚杆压注低温早强水泥浆措施，以堵水并加固围岩；隧道模筑混凝土支护与模筑衬砌之间设 5 cm 厚的隔热保温层，以减少气温与地层热交换的影响。

在模筑混凝土中均应掺加 WQDZ 低温早强剂，以保证混凝土的设计强度与耐久性。二次衬砌拱部、边墙、仰拱采用 C30 钢筋混凝土；隧底填充、模筑混凝土支护和水沟电缆槽采用 C25 混凝土；洞门端墙采用 C25 钢筋混凝土；挡墙、翼墙采用 C25 混凝土。

线路上游 30 m、下游 20 m，沿沟心铺砌 30 cm 厚的混凝土预制块。

2.1.6 防排水及保温措施

昆仑山隧道洞外防排水措施：出口端洞口仰坡开挖线外设截水沟一道，以拦地表水流；隧道 2 号冲沟浅埋段地表沟心上游 30 m、下游 20 m 采用 C20 混凝土预制块铺砌，避免地表水下渗，造成隧道冻害。

隧道洞内防排水设施：全隧道洞内设双侧保温水沟，墙脚纵向设 ϕ100 mm PVC 盲沟，通过“三通”及 ϕ50 泄水管将衬砌背后的水及时排入侧沟，侧沟水流通过检查井与格尔木端洞外保温暗沟连接引排，其排水出口设有防冻设施。

防水保温层：隧道全断面设复合防水板，结合施工缝设环向盲沟，与衬砌墙脚纵向盲沟连接；防水及隔热保温层按“防水板＋隔热层＋防水板”的结构形式沿隧道全断面铺设，形成隧道二次模筑衬砌完全与地层隔离。

复合防水板性能指标如下：拉伸强度＞15 MPa；断裂伸长率≥300％；低温柔性：－35 ℃无裂纹；抗渗透性：水压 0.2 MPa 保持 24 h 无渗透。剪切状态下的黏合性：N/mm≥5；厚度＞1.0 mm；耐穿刺性、耐低温、耐水性、耐腐蚀性及耐菌性好；无毒。

保温材料以聚胺酯为主，其主要性能指标有：导热系数 $\lambda \leqslant 0.03$ W/m·k，抗压强度拱墙周边＞0.3 MPa，低拱及墙底部位＞0.5 MPa，弹性模量 $E>7$ MPa，自重 $\gamma \geqslant 60$ kg/m^3，老化寿命＞50 年，低毒性。

伸缩缝：两端洞口 300 m 范围结合施工缝位置设置，间距 20～30 m。施工缝浇筑新混凝土前刷涂 2 mm 厚的 WJ 接口黏结剂，在衬砌截面中间布置遇水膨胀止水条；在预设衬砌伸缩缝、沉降缝处隧道断面，中间处设置橡胶止水带，在靠近支护一侧衬砌外缘布置 10 cm 遇水膨胀橡胶，其余用渣油麻筋和浸油木板填充。遇水膨胀止水条具有缓胀性能，其 7 d 的膨胀率不大于最终膨胀率的 50％。

DK976＋832～DK977＋635 段（即 2 号冲沟的浅埋段）结合中空注浆锚杆进行围岩注浆堵水。

2.2 研究背景

由于昆仑山隧道是青藏铁路格拉段的关键控制性工程，是我国修建的最长多年冻土隧道，同时也是世界上最长的高原多年冻土隧道，为了顺利完成修建任务，同时也为今后同类工程的施工提供科学依据，在昆仑山隧道的施工过程中对其中的一些关键技术问题进行了重点研究。

2.2.1 多年冻土隧道开挖与衬砌的矛盾

在地下隧道施工过程中，首先要解决的关键问题是如何实现安全开挖作业。为此，大量的地下隧道在开挖前都要采用数值分析的方法进行数值模拟，从而分析开挖过程中可能出现的应力集中区和围岩变形值，为安全施工作业提供建议。为了解决复杂地质条件下的洞室开挖问题，人工冻结技术得到了广泛的应用。人工冻结技术的共同点是冻结温度是可控的，通过控制冻结温度实现控制围岩强度，从而实现隧道的开挖作业。对于多年冻土区的隧道工程而言，其温度场是天然的，隧道开挖面临的问题也有所不同，需要解决隧道围岩因融化而造成的局部崩塌、与围岩的强度和变形性质及隧道初始应力状态密切相关的围岩稳定问题。青藏铁路昆仑山隧道位于青藏高原多年冻土北端，属中高山区，地形起伏较大，山坡陡峻，多有坡积碎石分布，山谷河顺沟流淌。由于青藏高原严寒缺氧，昆仑山隧道工程开挖与衬砌的矛盾就变得尤为突出：多年冻土有利于隧道开挖及毛洞的稳定，但严寒气候下的超低温状态却不利于施工人员作业及衬砌结构的施工和养护。混凝土的施工需要较高的温度环境，以保证混凝土较为正常的强度增长，而较高的温度环境可能会对冻土环境产生较大的破坏。在隧道施工前，人们曾建议在隧道洞内增设热源，提高洞内温度，以提供适宜于施工人员及衬砌(混凝土)施工的环境。实际施工时，隧道洞内采用了燃煤取暖的方法，但是，这种取暖方式不仅不利于多年冻土隧道围岩的稳定，而且使本来就缺氧的环境雪上加霜。因此，寻求一个合理的温度场，既能维持围岩的稳定，又能满足施工人员作业环境及衬砌施工的需要，就成为当务之急。

2.2.2 昆仑山隧道渗漏水病害简介

昆仑山隧道2号冲沟浅埋段DK977＋600～DK977＋660是隧道渗漏水的始发点，也是渗漏水最严重的地段。昆仑山隧道浅埋段最小埋深仅2.0m，围岩极为破碎，采用正台阶开挖、先拱后墙法施工。2002年6月15日开始进入浅埋段施工，浅埋段右侧拱腰位置出现大面积涌漏水，右侧起拱线呈涌水及面状流水。2002年7月18日，当开挖至DK977＋629.5～DK977＋631时(至＋629.5前一衬拱部已施工)发生冒顶，冒顶直径约2.0～3.0 m，此处隧道埋深2.0 m。DK977＋630正位于2号冲沟中心，地表水由坍孔流入隧道，浅埋段开挖于9月4日通过，本段一次衬砌施工于2002年11月16日结束，施工结束时DK977＋614～DK977＋640段仍渗漏水不断。2002年11月8日开始注浆止水施工，2002年11月30日完成洞内注浆止水工作，注浆后止水效果良好，整个浅埋段隧道全断面干燥，拱墙无潮湿现象。

2003年5月22日8:18分，在DK977＋618右侧拱腰的二衬混凝土环向施工缝处突然出现涌水，水流呈股状，水量较大，出水呈现压力状态(中铁西南研究院当月19日的水压值监测曾显示为3～5 kPa)。由于洞内气温较低(约在－1～－5 ℃左右)，当水从衬砌内流出后，很快就结成了冰，在拱腰形成长达3m左右的挂冰(图2-11)，渗漏水进入道床后冻结结冰，冰面高出轨面(图2-12)，危及行车安全。

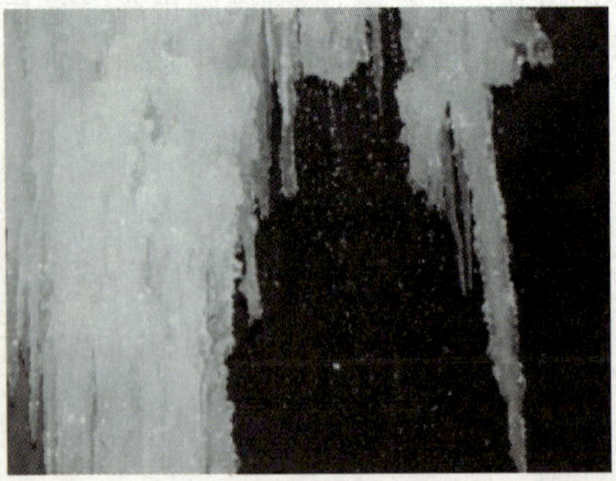

图2-11 2003年5月22日拱腰挂冰图

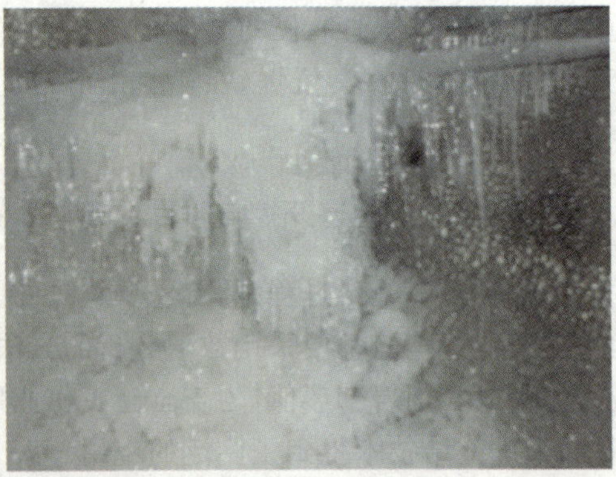

图2-12 2003年5月23日道床积冰淹没钢轨

2003年6月2日，DK977＋630右侧拱脚施工缝部位出现涌水，水流呈股状，水量较大，出水呈现压力状态，此后，渗漏水由浅埋段向隧道两端发展；7月16日，DK977＋577左侧避车洞底部两处涌水，水流径粗约5 cm；7月18日，DK977＋698右侧墙脚施工缝处出现一处涌水，水流径粗1 cm，呈股状喷出，明显呈压力状。另外DK977＋710，＋712，＋690，＋673，＋655，＋593等多处出现渗水点。

2003 年 8～9 月，全隧道呈现三段渗漏水，累计长度 504m，主要分布在位于 2 号冲沟下的 DK977＋550～DK977＋800 段、1 号冲沟下的 DK976＋780～DK796＋800 段和隧道进口段 DK976＋255～DK976＋310。

尽管昆仑山隧道渗漏水经过了 2003 年 6 月至 11 月的整治后，二衬混凝土表面渗漏水点明显减少，渗漏水得到较为有效的控制，但 2003 年 11 月至 2004 年 3 月因气温下降导致隧道内水沟结冰而堵塞(见图 2-13(a))，积冰漫向道床，导致道床结冰(图 2-13(b))，形成病害，危及行车安全。与此同时，地表已经冻结，而隧道内原渗漏水通道也逐渐被冻结而无法排出地下水，2 号冲沟浅埋段地下水位明显抬高，形成承压水，在压力作用下，地下水于 2004 年 1 月从 2 号冲沟处的地表挡墙上冲出，越墙行成冰幔(图 2-13(c))。

(a) 隧道内水沟结冰

(b) 水沟结冰漫向道床

(c) 浅埋段地下水出露形成冰幔

图 2-13　隧道内积冰病害及 2 号冲沟地下水结冰情况

根据冻土理论，多年冻土层应该是天然的隔水层，但昆仑山隧道却在位于地表以下 15～37 m 的范围内多处出现了大量的渗漏水，说明在出现渗漏水位置的多年冻土上限并非最初认为的 3 m，即普通的冻土上限理论已经解释不了这种现象，而需要新的诠释方法。

2003 年 9 月 13～15 日有关部门就昆仑山隧道渗漏水问题于施工现场主持召开了国内专家专题研讨会，会议的焦点主要集中在隧道渗漏水的水源和渗流路径问题，即隧道内的渗漏水水源何在、从何而来，同时提出了对昆仑山隧道 2 号冲沟浅埋段多年冻土状态的质疑，因此，了解昆仑山隧道浅埋段的渗漏水特征是隧道渗漏水病害治理的前提。与会专家认为流动的热载体(水)对多年冻土的热融蚀作用不能等同于静态水对多年冻土的热融蚀作用，前者远甚于后者，但形成这种结果的原因却有待研究。基于当时的信息量，会议形成了在昆仑山隧道2号冲沟浅埋段帷幕注浆以形成止水墙和回填碎石保温层以恢复多年冻土状态的共识。

2004年5月11～14日，有关部门再次于施工现场和兰州主持召开了国内专家专题研讨会，会议议题仍然是昆仑山隧道渗漏水治理。与会专家首先实地考察了昆仑山隧道工程，然后在兰州听取相关课题组的汇报，并回顾了昆仑山隧道施工及渗漏水的全过程，会议的焦点问题仍然是昆仑山隧道渗漏水特征与治理。与会专家从分析昆仑山隧道渗漏水特征入手，认真分析了隧道渗漏水原因，形成了昆仑山隧道渗漏水治理方案建议。

由此可见，正确认识昆仑山隧道渗漏水特征是昆仑山隧道渗漏水病害治理的关键。

2.3 昆仑山隧道工程相关测试

2.3.1 自然气温监测

在昆仑山隧道工程设计的前期，设计人员收集了昆仑山地区五道梁和西大滩两个气象站的气象资料。但由于昆仑山地区地形的特殊性且气候变化无常，为了较准确地反映昆仑山隧道的工程环境，课题组于2002年7月在隧道进口前约200m的一小山丘上设置了简易气象站（图2-14），观测要素为气温、地表温、气压、风速、风向、大气湿度、总辐射、雨量等8项，按每日24个时次自动进行了整时点的观测和统计，各要素统计时制均采用北京时，并均以北京时间24时为日界。

图2-14 昆仑山隧道气象站

2.3.2 施工环境温度监测

围岩的稳定性不仅取决于围岩强度、变形性质及初始应力状态，围岩的结构和含冰状态也会对其产生较大的影响，而围岩的结构和含冰状态受施工环境影响很大，因此，施工环境温度监测必不可少。为了搞清隧道洞内的施工环境，进行了由专人负责的洞内温度测试。测试仪器为Raytek ST60红外线测温仪和气温计，测试位置分别为洞顶、拱腰、拱脚、边墙中间点围岩或衬砌的温度及洞顶和洞底的环境气温，隧道左右两侧同时进行，并沿洞身方向每隔10～50m作一个温度断面，隧道的开挖面是必测断面。温度测试频率为每日3次，测试时间分别为0点、早8点和下午16点。围岩温度用Raytek ST60红外线测温仪测试，环境气温用气温计测试。

2.3.3 围岩收敛监测

隧道施工时，围岩的变形是我们极为关心的问题，因为围岩的稳定状态直接影响着施工进度和施工人员及施工设备的安全，而多年冻土区的隧道工程施工更无先例可循。围岩的稳定性不仅取决于围岩强度、变形性质及其初始应力状态，而且围岩的结构和含冰状态对围岩的稳定性也有较大的影响，因此，施工环境和围岩收敛监测就变得尤为重要。围岩收敛监测位置为洞顶、拱腰、拱脚和边墙中间点，监测活动主要集中在开挖后尚未完成衬砌的毛洞部分，采用

SWJ-Ⅳ隧道收敛计检测。

2.3.4 衬砌内外温度监测

为了更好地了解青藏高原多年冻土地区隧道洞内气温、围岩地温的分布及其变化规律，以及气温变化与围岩地温的相互关系，并验证青藏铁路高原多年冻土地区隧道衬砌设计及冻害防治方案和理论分析计算的有效性，在昆仑山隧道共设置了11个测试断面，具体断面里程为：DK976＋280，DK976＋292，DK976＋304，DK976＋410，DK976＋670，DK977＋090，DK977＋430，DK977＋850，DK977＋906，DK977＋916，DK977＋926，即在隧道进出口两端的洞口段各布置3个断面，间距12m，洞身均匀布置5个断面。

(1)每个断面设5m深测温孔6个，分别位于拱顶x1、拱腰x2、边墙x2和仰拱x1。测温孔内埋入5m长的测温电缆，每根电缆内按一定间距集成了16个测温元件。

(2)隔热防水层内外侧测温元件共12个，分别埋设于隔热防水层的内侧和外侧，埋设位置位于拱顶x2、拱腰x4、边墙x4和仰拱x2。

(3)气温元件5个，分别位于拱顶x1、拱腰x2和边墙x2。

(4)电缆箱2个，分别位于左、右边墙部位。

现场测试时间从隧道施工到隧道衬砌完成后三年。测试频率为隧道施工期间每3 d观测一次；隧道完工后每年的7月～9月，每3 d观测一次，10月～第二年3月，每10 d观测一次，4月～6月，每5 d观测一次，力求较客观地反映隧道洞内外温度的变化规律。

2.3.5 隧道内排水沟流量观测和连通试验

由于昆仑山隧道在衬砌完工后出现了渗漏水并形成挂冰和道床积冰，危及行车安全，因此，隧道渗漏水病害的治理便成为当务之急。

2003年9月19日、21日和23日对昆仑山隧道内两侧排水沟中的水进行了流量观测，在渗漏水明显的三段，即DK976＋250～DK976＋403、DK976＋768～DK976＋818和DK977＋460～DK977＋810，每25 m为一个观测断面，其他地段每100m设一个观测断面。除此之外，还对洞内集中出水点进行了观测。

渗漏水的来源可能是地表水下渗和隧道洞身周围的融化水，或不明地下水，但地表水下渗的可能性较大。为了搞清渗漏水与地表水的关系，于2003年9月23日～10月6日进行了现场连通试验，此前还对该隧道两侧排水沟中的水进行了流量观测。根据渗漏水的位置及隧道地形特征，现场连通试验分为三个阶段，历时14 d。

第一阶段试验(9月23日～10月2日)：地表1号冲沟(沟心里程为DK976＋970)与DK976＋793左侧避车洞漏水的连通试验和地表2号冲沟(沟心里程为DK977＋630)与左侧避车洞涌水的连通试验。

第二阶段试验(10月1日～10月3日)：DK976＋283右侧避车洞涌水与进口浅埋段地表的连通试验。

第三阶段试验(10月3日～10月6日)：地表2号冲沟与1号冲沟对应的DK976＋793左侧避车洞漏水的连通试验。

2.3.6 地温及水位测试

昆仑山隧道位于2号冲沟处的最小埋深在勘测设计时为2.8 m，而施工时的实际埋深仅为2.0m,隧道开挖通过此处时出现过大量的渗涌水,当隧道贯通并衬砌完工后数月再次在2号冲沟浅埋处出现渗涌水,地温及水位测试就是在这种背景下进行的。地温测试分为注浆孔孔温(水温)及水位测试和专用测温孔测试。这两种测试都是为了了解2号冲沟沟底的融化状态而进行的现场测试。

注浆方案是根据2003年9月13日～15日关于昆仑山隧道渗漏水治理的国内专家讨论会的意见实施的。注浆方案中的主要措施就是在位于2号冲沟处的隧道上下两侧各实施3排注浆,注浆孔深达隧道底部以下2～5 m,孔距0.8 m,排距0.5 m,在隧道两侧形成两道防水墙,阻止水进入隧道,以达防水的目的。本次注浆于2003年10月1日开始,当年11月4日完成。在此次注浆施工的过程中,共对342个注浆孔进行了孔温(实际上是孔中的水温)和水位的测试,注浆测温孔平面布置及2号冲沟地形如下图2-15所示。测温方法为红外线测温仪测温和垂球吊线测水位法。

为更好地了解昆仑山隧道2号冲沟处的融化状态,为隧道渗漏水病害的治理提供依据,2004年4～5月在昆仑山隧道2号冲沟浅埋段地表布置了9个钻孔(图2-15),分别进行钻探、试验、地温测试、钻孔抽水等工作。

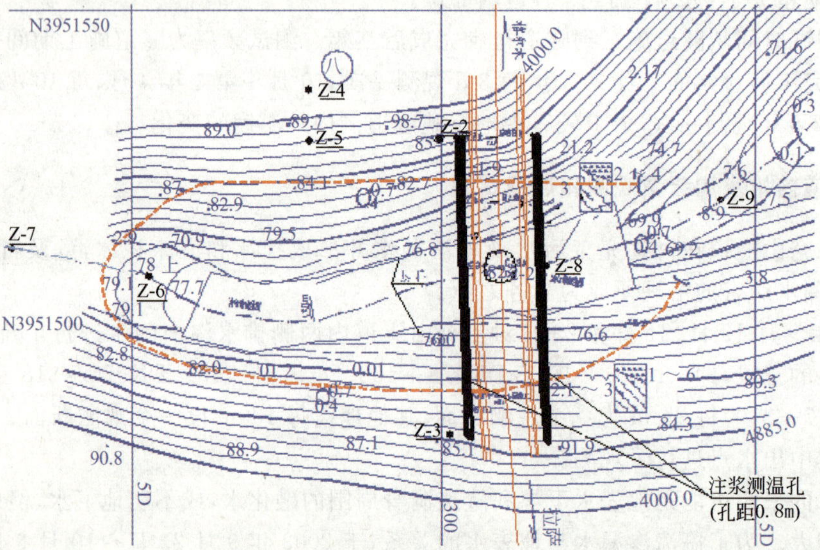

图2-15 昆仑山隧道测温孔平面示意图

3 移动边界特征计算的理论与实际

青藏铁路的三大技术难题之一——多年冻土问题，是最困难的一个技术难题，在高原多年冻土中施工隧道，关键在于保持多年冻土的稳定，由于在施工过程中，多年冻土开挖后与空气接触，必然有部分冻土将融化，融化圈的大小将影响到隧道围岩的稳定。在隧道开挖之前和开挖过程中，采用数值计算的方法模拟隧道围岩的稳定性，是目前隧道安全施工的一个必要手段，而移动边界特征是多年冻土隧道施工过程中计算冻融圈大小的核心内容，因此，了解和把握移动边界特征的基础理论——热力学，有助于对移动边界特征的理解，而移动边界特征的求解须借助现代计算机技术，所以，本章将以热力学理论为基础，讨论有限元法在求解移动边界特征中的应用。

3.1 移动边界概念

当物质发生相变时，位于固态与液态或液态与气态之间的界面将会随着相变的发生而移动，这就是移动边界现象，这个移动的界面就称为移动边界。当流水流过多年冻土时，多年冻土受热融化，就会产生移动边界现象。根据热载体水是否流动，可将移动边界分为两种情况：(1)当热载体为流动水时，流水与多年冻土发生热交换，多年冻土吸热融化，流水因放热而温度有所降低，多年冻土的部分融化水会随流水流走，取而代之是后面温度较高的流水继续与多年冻土进行交换热量；(2)当热载体为静态水时，静态水也会与多年冻土发生热交换，多年冻土吸热而融化，这些融化的水仍然基本保持在原来的位置，多年冻土与原先的静态水之间的热交换不再是直接进行，而是要通过融化的水与冻土进行间接交换。对于前者(流动的水)，几何计算模型已经发生了变化，而后者的几何计算模型没有改变，是普遍意义上的计算模型。对于前者，当多年冻土融化到某一深度时，融化水克服了阻力而随水流走，计算模型则应该重新调整以符合实际情况，本章所述的移动边界就是特指这种情况。

根据移动边界概念不难推论：产生这种移动边界的充分必要条件是流水作用和多年冻土上限之上的活动层具有良好的透水能力。也就是说，不能同时满足这两个条件时，就不会产生移动边界现象。

3.2 移动边界计算的理论基础

热传递在形式上主要表现为三个方式：热传导、对流和辐射。热传导是完全接触的两个物体之间或一个物体的不同部分之间由于温度梯度差而引起的内能的交换，可以发生在固体中，也可以发生在气体或液体中，但在气体和液体中常与对流现象同时存在，热传导遵循傅里叶定律。对流是指固体表面与它周围接触的流体之间由于温度差的存在所引起的热量交换，热对流分为自然对流和强制对流，热对流遵循牛顿冷却方程规律。热辐射则指物体发射电磁能，并被其他物体吸收转变为热的热量交换过程，物体温度越高，单位时间辐射的热量越多。热传导和热对流都需要有传热介质，而热辐射无需任何介质。

热传递遵循热力学第一定律，即能量守恒定律，这是热力学研究的基础。对于一个封闭的系统（没有质量的流入或流出），其能量变化用公式表示如下：

$$Q-W=\Delta U+\Delta K_E+\Delta P_E \tag{3-1}$$

式中 Q——热量；

W——作功；

ΔU——系统内能；

ΔK_E——系统动能；

ΔP_E——系统势能。

对于大多数工程传热问题：$\Delta K_E=\Delta P_E=0$，通常考虑没有做功，即 $W=0$，则 $Q=\Delta U$。

对于稳态热分析，$Q=\Delta U=0$，即流入系统的热量等于流出的热量；对于瞬态热分析，$q=\frac{\mathrm{d}U}{\mathrm{d}t}$，即流入或流出的热传递速率 q 等于系统内能的变化。

热传导遵循傅里叶定律，即温度场内任一点的热流密度方向与温度梯度方向相反，大小等于材料导热系数与温度梯度的乘积，其用公式表示如下：

$$Q=-KA\frac{\partial\theta}{\partial n} \tag{3-2}$$

式中 Q——热量；

K——材料导热系数；

A——流入流出材料的截面面积；

θ——温度；

$\frac{\partial\theta}{\partial n}$——温度在截面法向上的梯度。

热对流遵循牛顿冷却方程：通过壁面的热流量 Q 正比于壁面的换热面积 A、流体温度 T_D 与壁面温度 T_W 之差 ΔT，即 $Q\propto A\Delta T$。引入常数后，则得到对流换热公式

$$Q=Ah(T_W-T_D) \tag{3-3}$$

式中 h 称为换热系数，h 值的大小反映出对流换热的强度，它不但与流体的物理特性、速度和流动空间的大小有关，还与壁面的温度、形状和位置有关。

热辐射遵循斯蒂芬—波尔兹曼定律。斯蒂芬与波尔兹曼二人通过研究发现，在两个或两个以上的物体中进行辐射，其每个物体都存在着辐射与吸收，其净热量传递与物体的辐射面积、形状、温度相关，用数学公式表示如下：

$$q=\varepsilon\sigma A_1F_{12}(T_1^4-T_2^4) \tag{3-4}$$

式中 q——热流率；

ε——辐射率（黑度）；

σ——斯蒂芬－波尔兹曼常数，约为 $5.67\times10^{-8}\,\mathrm{W/m^2\cdot K^4}$；

A_1——辐射面 1 的面积；

F_{12}——由辐射面 1 到辐射面 2 的形状系数；

T_1——辐射面 1 的绝对温度；

T_2——辐射面 2 的绝对温度。

隧道开挖过程及开挖完成后，其内部温度是随季节及各点位置的不同而变化的，其变化主要是由于热量传递的结果，在数学上可归结为热传导问题。在实际工程中，技术人员最关心的

是在不同时刻、不同位置的土体温度。为了研究这个问题，设温度场函数为 θ，θ 是关于坐标 x,y,z 和时间 t 的函数：

$$\theta=f(x,y,z,t) \tag{3-5}$$

根据能量守恒定律可以得出，在一个短时间内物体能量关系式的文字表述：

物体温度变化所需能量＝流入物体的能量＋流出物体的能量＋物体内部的热生成率

为了了解土体温度场，以傅里叶定律和能量守恒定律为其础，由于辐射对其影响相当小，我们在研究中忽略其影响以降低复杂性。取一微元体，并使其三边分别与坐标轴 x,y,z 相平行，在 dt 时间内经过 $X=x,Y=y,Z=z$ 三个相邻面所传导的热量如图 3-1 所示，运用傅里叶定律直接写出：

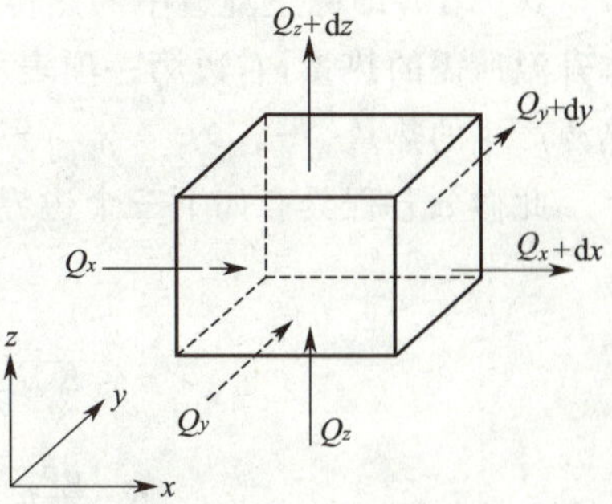

图 3-1 微单元热传导示意图

$$\left.\begin{aligned}
dQ_x&=-K_{xx}\frac{\partial\theta}{\partial x}dydzdt\\
dQ_y&=-K_{yy}\frac{\partial\theta}{\partial y}dxdzdt\\
dQ_z&=-K_{zz}\frac{\partial\theta}{\partial z}dxdydt\\
dQ_{x+\Delta x}&=-K_{xx}\frac{\partial}{\partial x}\left(\theta+\frac{\partial\theta}{\partial x}\right)dydzdt\\
dQ_{y+\Delta y}&=-K_{yy}\frac{\partial}{\partial y}\left(\theta+\frac{\partial\theta}{\partial y}\right)dxdzdt\\
dQ_{z+\Delta z}&=-K_{zz}\frac{\partial}{\partial z}\left(\theta+\frac{\partial\theta}{\partial z}\right)dxdydt
\end{aligned}\right\} \tag{3-6}$$

在此式中，K_{xx},K_{yy},K_{zz} 分别为 x,y,z 三个方向上的导热系数。则在其内部由于能量流入与流出，热量变化值为：

$$\Delta Q=\Delta Q_{x,y,z}-\Delta Q_{x+dx,y+dy,z+dz}$$

将(3-6)式代入上式，则得出下式：

$$\Delta Q=K_{xx}\frac{\partial^2\theta}{\partial x^2}+K_{yy}\frac{\partial^2\theta}{\partial y^2}+K_{zz}\frac{\partial^2\theta}{\partial z^2} \tag{3-7}$$

在此时间内，物体温度变化所需能量为：

$$c\rho\frac{d\theta}{dt}dxdydz=c\rho\left(\frac{\partial\theta}{\partial t}+\frac{\partial\theta}{\partial x}\cdot\frac{\partial x}{\partial t}+\frac{\partial\theta}{\partial y}\cdot\frac{\partial y}{\partial t}+\frac{\partial\theta}{\partial z}\cdot\frac{\partial z}{\partial t}\right) \tag{3-8}$$

式中 c——物体的比热容；

ρ——物体的密度。

将上式进行变化，得出如下关系式：

$$c\rho\frac{d\theta}{dt}dxdydz=c\rho\left(\frac{\partial\theta}{\partial t}+v_x\frac{\partial\theta}{\partial x}+v_y\frac{\partial\theta}{\partial y}+v_z\frac{\partial\theta}{\partial z}\right) \tag{3-9}$$

式中 v_x,v_y,v_z 为物体在此三个方向上的速度。

根据上述能量守恒表达式，结合(3-7)及(3-9)式，可以得到以下关系式：

$$c\rho\left(\frac{\partial\theta}{\partial t}+\frac{\partial\theta}{\partial x}\cdot v_x+\frac{\partial\theta}{\partial y}\cdot v_y+\frac{\partial\theta}{\partial z}\cdot v_z\right)=\left(K_{xx}\frac{\partial^2\theta}{\partial x^2}+K_{yy}\frac{\partial^2\theta}{\partial y^2}+K_{zz}\frac{\partial^2\theta}{\partial z^2}\right)+\rho\cdot Q \tag{3-10}$$

其中 Q 代表物体内部中的热源密度。

式(3-10)即冻土隧道中的热传导微分方程，此微分方程是一个热量平衡方程，左边表示物体升温所需的热量，右边第一项表示由于 x,y,z 方向传入微元体的热量，右边第二项表示内热源产生的热量。

此微分方程具有如下三个边界条件：

$$\theta=\bar{\theta} \quad (\text{在 } \Gamma_1 \text{ 边界上}) \tag{3-11}$$

$$K_{xx}\frac{\partial\theta}{\partial x}n_x+K_{yy}\frac{\partial\theta}{\partial y}n_y+K_{zz}\frac{\partial\theta}{\partial z}n_z=q \quad (\text{在 } \Gamma_2 \text{ 边界上}) \tag{3-12}$$

$$K_{xx}\frac{\partial\theta}{\partial x}n_x+K_{yy}\frac{\partial\theta}{\partial y}n_y+K_{zz}\frac{\partial\theta}{\partial z}n_z=h(\theta_a-\theta) \quad (\text{在 } \Gamma_3 \text{ 边界上}) \tag{3-13}$$

式中 n_x,n_y,n_z——边界外法线方向余弦；

$\theta=\bar{\theta}(\Gamma,t)$——在 Γ_1 边界上的给定温度；

q——在 Γ_2 边界上的给定热流密度；

h——对流热系数。

对于 Γ_3 边界，在自然对流条件下，θ_a 是外界环境温度；在强迫对流条件下，θ_a 是边界层的绝热壁温度。

式(3-11)、(3-12)和(3-13)分别称为第一、二、三类边界条件，其中 $\Gamma_1+\Gamma_2+\Gamma_3=\Gamma$，$\Gamma$ 是全域上的全部边界条件。

3.3 利用有限元求解移动边界的基本过程

为了利用数值分析的方法求出所要求区域的温度场，首先利用伽辽金加权余量法将上面各式进行变形，写成矩阵形式，以便其在计算机中的实现。

首先，利用形函数的概念，有下式：

$$\theta=\{N\}^{\mathrm{T}}\{\theta_e\} \tag{3-14}$$

其中 $\{N\}$ 为单元的形函数，上标 T 表示是矩阵的倒置，$\{\theta_e\}$ 为单元节点温度向量。将温度场对时间偏导，得下式：

$$\dot{\theta}=\frac{\partial\theta}{\partial t}=\{N\}^{\mathrm{T}}\{\dot{\theta}_e\} \tag{3-15}$$

进而得：

$$\delta\theta=\{\delta\theta_e\}^{\mathrm{T}}\{N\} \tag{3-16}$$

字母上的点代表是对其进行时间求导。

利用算子 $\{L\}$，得出：

$$\{L\}\theta=[B]\{\theta_e\} \tag{3-17}$$

其中：

$$\{L\}=\left\{\frac{\partial}{\partial x} \quad \frac{\partial}{\partial y} \quad \frac{\partial}{\partial z}\right\}^{\mathrm{T}}$$

$$[B]=\{L\}\{N\}^{\mathrm{T}}$$

那么将式(3-10)变换一下，将其写成矩阵形式，则可以写成下式：

$$c\rho(\{N\}^{\mathrm{T}}\{\dot{\theta}_e\}+\{v\}^{\mathrm{T}}\{L\}\theta)=\{L\}^{\mathrm{T}}([D]\{L\}\theta)+\rho Q \tag{3-18}$$

式中 $[D]$ 为热传导系数矩阵，$\{v\}$ 为速度列向量。

$$[D]=\begin{bmatrix} K_{xx} & 0 & 0 \\ 0 & K_{yy} & 0 \\ 0 & 0 & K_{zz} \end{bmatrix} \tag{3-19}$$

$$\{v\}^{\mathrm{T}}=\{v_x \quad v_y \quad v_z\} \tag{3-20}$$

对于公式(3-10)，利用变分原理，结合边界条件(3-11)、(3-12)和(3-13)三式，可以得到如下式子：

$$\Big[\int_{\Gamma}(\rho c\delta\theta\{N\}^{\mathrm{T}}\{\dot{\theta}_{\mathrm{e}}\}+\{v\}^{\mathrm{T}}\{L\}\theta))\mathrm{d}\Gamma-\int_{\Gamma}(\delta\theta)\{L\}^{\mathrm{T}}([D]\{L\}\theta)\mathrm{d}\Gamma- \\ \int_{\Gamma}\delta\theta\cdot\rho Q\mathrm{d}\Gamma\Big]+\int_{\Gamma_1}\delta\theta\cdot(\theta-\bar{\theta})\mathrm{d}\Gamma+\int_{\Gamma_2}\delta\theta\cdot(\{L\}^{\mathrm{T}}\theta\cdot[D]\{n\}-q)\mathrm{d}\Gamma+ \\ \int_{\Gamma_3}\delta\theta\cdot(\{L\}^{\mathrm{T}}\theta\cdot[D]\{n\}-h(\theta_{\mathrm{a}}-\theta))\mathrm{d}\Gamma=0 \tag{3-21}$$

按伽辽金法选择的任意函数，其在 Γ_1 上已满足了条件 $\theta=\bar{\theta}$，则在上式中第二项中整个积分项为零，而且现在主要是研究冻土中周围围岩的温度场，其中土运动速度 $v_x=v_y=v_z=0$，并将式(3-15)和(3-16)代入，则公式(3-21)可以简化为下式：

$$\int_{\Gamma}\{\delta\theta_{\mathrm{e}}\}^{\mathrm{T}}\{N\}(\rho c\{N\}^{\mathrm{T}}\{\dot{\theta}_{\mathrm{e}}\}-\{L\}^{\mathrm{T}}[D]\{L\}\theta-\rho Q)\mathrm{d}\Gamma+ \\ \int_{\Gamma_2}\{\delta\theta_{\mathrm{e}}\}^{\mathrm{T}}\{N\}\cdot(\{L\}^{\mathrm{T}}\theta\cdot[D]\{n\}-q)\mathrm{d}\Gamma+ \\ \int_{\Gamma_3}\{\delta\theta_{\mathrm{e}}\}^{\mathrm{T}}\{N\}\cdot(\{L\}^{\mathrm{T}}\theta\cdot[D]\{n\}-h(\theta_{\mathrm{a}}-\theta))\mathrm{d}\Gamma=0 \tag{3-22}$$

对于上式进行一个积分变换，即对 Γ 域内的积分第二项进行分部积分，可得到如下式：

$$\int_{\Gamma}\{\delta\theta_{\mathrm{e}}\}^{\mathrm{T}}\{N\}\rho c\{N\}^{\mathrm{T}}\{\dot{\theta}_{\mathrm{e}}\}+\{L\}^{\mathrm{T}}\{\delta\theta_{\mathrm{e}}\}^{\mathrm{T}}\{N\}[D]\{L\}\theta-\{L\}^{\mathrm{T}}\{\delta\theta_{\mathrm{e}}\}^{\mathrm{T}}\rho Q)\mathrm{d}\Gamma- \\ \int_{\Gamma_2}\{\delta\theta_{\mathrm{e}}\}^{\mathrm{T}}\{N\}q\mathrm{d}\Gamma-\int_{\Gamma_3}\{\delta\theta_{\mathrm{e}}\}^{\mathrm{T}}\{N\}h(\theta_{\mathrm{a}}-\theta)\mathrm{d}\Gamma=0 \tag{3-23}$$

利用式(3-23)就可以建立瞬态温度场有限元的一般格式，并能利用计算机进行计算。

首先将整体模型在空间上进行离散，典型单元内温度采用近似结点处温度插值实现，利用插值函数 $\theta=\sum\limits_{i=1}^{n_{\mathrm{e}}}N_i(x,y,z)\theta_i(t)$，上式可以写成普遍的有限元求解方程：

$$C\dot{\theta}+K\theta=P \tag{3-24}$$

式中 C——物体的比热容矩阵；

K——热传导矩阵；

P——温度载荷矩阵；

θ——结点温度列阵；

$\dot{\theta}=\dfrac{\mathrm{d}\theta}{\mathrm{d}t}$——结点温度对时间的导数列阵。

矩阵 K,C 和 P 的元素由单元的相应矩阵元素集成

$$\left.\begin{aligned} K_{ij}&=\sum_{\mathrm{e}}K_{ij}^{\mathrm{e}}+\sum_{\mathrm{e}}H_{ij}^{\mathrm{e}} \\ C_{ij}&=\sum_{\mathrm{e}}C_{ij}^{\mathrm{e}} \\ P_i&=\sum_{\mathrm{e}}P_{Qi}^{\mathrm{e}}+\sum_{\mathrm{e}}P_{qi}^{\mathrm{e}}+\sum_{\mathrm{e}}P_{Hi}^{\mathrm{e}} \end{aligned}\right\} \tag{3-25}$$

式中 K_{ij}^{e}——单元热传导矩阵的贡献；

H_{ij}^{e}——单元热交换边界对热传导矩阵的修正；

C_{ij}^{e}——单元热容矩阵的贡献；

P_{Qi}^{e}——单元热源产生的温度载荷；

P_{qi}^{e}——单元给定热流边界的温度载荷；

P_{Hi}^{e}——单元的对流换热边界的温度载荷。

这些单元的矩阵元素由下式给出：

$$K_{ij}^{e}=\int_{\Gamma^{e}}\left(K_{xx}\frac{\partial N_i}{\partial x}\frac{\partial N_j}{\partial x}+K_{yy}\frac{\partial N_i}{\partial y}\frac{\partial N_j}{\partial y}+K_{zz}\frac{\partial N_i}{\partial z}\frac{\partial N_j}{\partial z}\right)\mathrm{d}\Gamma \tag{3-26}$$

$$H_{ij}^{e}=\int_{\Gamma_3^{e}} hN_iN_j\mathrm{d}\Gamma \tag{3-27}$$

$$C_{ij}^{e}=\int_{\Gamma^{e}} \rho cN_iN_j\mathrm{d}\Gamma \tag{3-28}$$

$$P_{Qi}^{e}=\int_{\Gamma^{e}} \rho QN_i\mathrm{d}\Gamma \tag{3-29}$$

$$P_{qi}^{e}=\int_{\Gamma_2^{e}} q\{N\}\mathrm{d}\Gamma \tag{3-30}$$

$$P_{Hi}^{e}=\int_{\Gamma_3^{e}} h\theta_{\mathrm{a}}N_i\mathrm{d}\Gamma \tag{3-31}$$

利用形函数，则上面的 K,C 和 P 矩阵可写成由以下矩阵运算而成：

$$K_{ij}^{e}=\int_{\Gamma^{e}} [B]^{\mathrm{T}}[D][B]\mathrm{d}\Gamma \tag{3-32}$$

$$H_{ij}^{e}=\int_{\Gamma_3^{e}} h\{N\}\{N\}^{\mathrm{T}}\mathrm{d}\Gamma \tag{3-33}$$

$$C_{ij}^{e}=\int_{\Gamma^{e}} \rho c\{N\}\{N\}^{\mathrm{T}}\mathrm{d}\Gamma \tag{3-34}$$

$$P_{Qi}^{e}=\int_{\Gamma^{e}} \rho Q\{N\}\mathrm{d}\Gamma \tag{3-35}$$

$$P_{qi}^{e}=\int_{\Gamma_2^{e}} q\{N\}\mathrm{d}\Gamma \tag{3-36}$$

$$P_{Hi}^{e}=\int_{\Gamma_3^{e}} h\theta_{\mathrm{a}}\{N\}\mathrm{d}\Gamma \tag{3-37}$$

选取合理的初始条件，采用式(3-32)～(3-37)、式(3-25)和(3-24)，利用计算机，就可以计算出模型中节点的温度。其中，相变是通过式(3-34)考虑的，移动边界特征基础理论部分计算程序流程图如图 3-2 所示，其完整计算模型见 3.4 节内容。

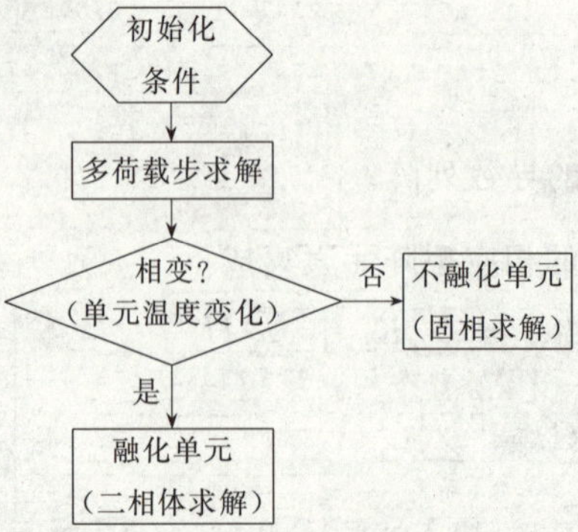

图 3-2　移动边界特征基础部分计算流程图

3.4 移动边界特征计算模型

地下水是多年冻土存在的充分必要条件，没有地下水的存在，也就没有多年冻土的存在，而与之相关的隧道病害(如隧道衬砌的胀裂、隧道顶部的挂冰等)也就不存在。但是，在自然界中，地下水的存在很普遍，所以，在隧道设计中，隧道的防排水设计是关系到隧道安全营运的关键。地下水的运动严重影响到多年冻土的冻融规律，同时也影响到多年冻土上限的深度。根据通常的冻土理论，多年冻土应该是不透水的，也就是说，多年冻土上限以下应该是不透水的。但是，实际上昆仑山隧道于冲沟处出现了渗漏水，渗漏水点位置埋深在15～37 m左右，这说明此处的多年冻土上限也应该在15～37 m以下，即融化深度至少达15～37 m。本节移动边界特征计算模型和下节的计算结果分析将从理论上探讨这个问题。

3.4.1 有限元模型

为了明确多年冻土的移动边界特征，采用数值模拟技术，对移动边界特征进行模拟分析，因此，首先要确定对象的几何模型，本文以青藏铁路工程实际工点为研究对象。但青藏铁路工点数以千计，实际几何模型千差万别，因此，选择实际模型计算几乎是不可能的，必须作一些基本假定，以实现理论计算。

基本假定如下：

1. 多年冻土地层由破碎的基岩组成，且各向同性；
2. 当多年冻土融化后，活动层完全透水；
3. 多年冻土中所有的裂隙均被冰填充；
4. 山沟中有足够的溪流；
5. 在破碎的多年冻土中进行着热传导，在多年冻土与流水之间存在对流，而热辐射则忽略不计。

在此基本假定的前提下，本章所指的多年冻土均为多年冻岩，以昆仑山隧道上的冲沟为研究的工点。为了减少计算量，并从模型计算中获得更多的信息，沿山谷流水方向在沟底选取了一个宽0.1 m、深10 m的切片，此切片的横断面便是计算几何模型，将几何模型网格化便得到有限元计算模型，如图3-3所示。

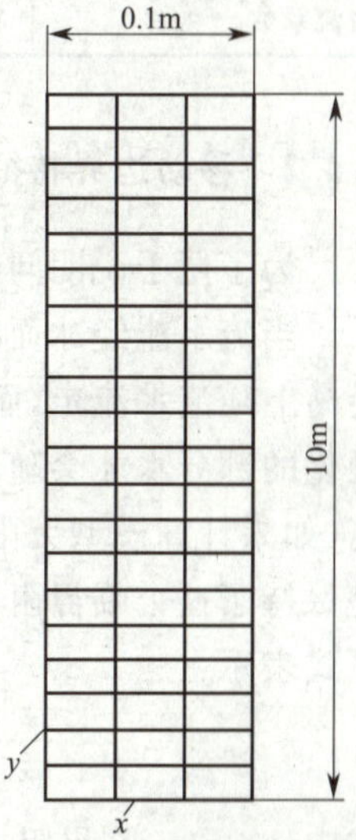

图3-3 有限元模型示意图

多年冻土的相关计算参数以及荷载情况如表3-1所示。热传导发生在基岩内部，在基岩与流水之间出现强制对流。模型的两侧按对称处理，模型底部受温度荷载作用，温度值按地温3%的梯度递减。

表3-1 工程材料参数和温度荷载

项　目	单位	数　值				
多年冻土						
温度	℃	−15	−0.01	0	0.01	10
容重	kg/m^3	2 300	2 300	2 300	2 300	2 300
密度	kg/m^3	2 760	2 760	2 760	2 760	2 760

续上表

项　目	单位	数　值				
传导系数	W/(m·K)	1.824	1.824	1.824	1.433	1.433
比热	J/(kg·K)	703	703	703	839	839
冰的水化潜热	J/kg	0	3.330E5	3.335E5	3.346E5	
冰						
温度	℃	−2.5	−0.01	0	0.01	10
密度	kg/m^3	996	996	996	1 000	1 000
传导系数	W/(m·K)	2.219	2.219	2.219	0.55	0.55
比热	J/(kg·K)	2 090	2 090	2 090	4 180	4 180
温度荷载						
含水量		0.12%～0.24%				
初始地温	℃	−2.5				
流水温度	℃	2.0				
对流系数	$W/(m^2·K)$	415				

3.4.2 移动边界特征计算模型

为了便于说明问题，先以纯冰为例，假定如图 3-4 所示的计算模型。

当流水流经冰面时，冰开始吸热融化，即发生相变。此时的融化水由于受黏聚力作用并不会马上随流水流走，而是随着冰融化深度的加深，在达到某一深度时，先融化的部分水才会随着流水逐渐流走，这个融化深度就称为临界阻力距离（如果计算模型无限高，此临界深度视为一定值），而实际融化速度就是保持了这个临界阻力距离的融化速度，于是，实际融化深度 s 就可以用下式表示：

$$s = s_0 + \int_{t_0}^{t} v(t) \cdot \mathrm{d}t \qquad (3\text{-}38)$$

式中 s_0——临界阻力距离；

t_0——临界阻力时间，即融化深度为 s_0 时所需的时间；

$v(t)$——临界阻力时间 t_0 之后的融化速度。

参数 s_0 和 t_0 可根据不考虑移动边界的计算结果确定，临界阻力距离 s_0 和临界阻力时间 t_0 的值一般都很小。式(3-38)表明，冰的融化深度随着融化速度的加快而加深。

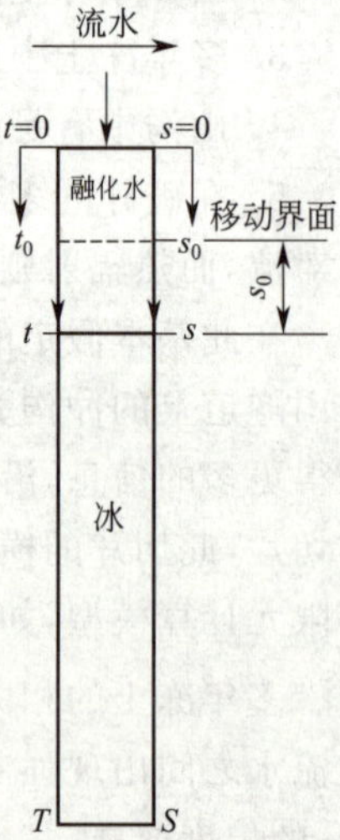

图 3-4　计算模型

多年冻土的移动边界特征与纯冰的移动边界特征有所不同。多年冻土主要由土石骨架组成，冰仅仅是填充了土石骨架的部分间隙，如果多年冻土融化后不透水，即这些间隙中的冰受热融化后仍然保留在其原来的位置，就不能形成(3-38)式所表述的特征，因此，多年冻土的活动层具有良好的渗透性是其产生移动边界特征的必要条件。采用某通用有限元程序，结合自开发的模块，移动边界特征计算模型的简化计算程序流程如图 3-5 所示。

图 3-5 中有一个假定，即当融化水随流水流走后其传导系数矩阵被设定为一个很小的值，

也就是说,发生在该单元上的热交换几乎为零。计算参数的选取和边界条件的确定是建立在实际问题的基础上的,判断单元是否发生相变、材料属性是否发生变化和流体荷载是否下移是本计算模型的关键。初始化条件包括网格精度的划分、计算时间步长和临界阻力距离的选取,网格划分精度越高,计算结果就越精确。临界阻力距离 s_0 取决于土石的结构状态、裂隙的伸展方向、活动层的渗透性、冰水黏聚力、水与土石骨架的黏聚力、模型的几何形状和流水速度等。由此可见,多年冻土的融化速度与网格划分的精度、临界阻力距离 s_0 和选取的计算荷载时间步长等有关,这样以来,多年冻土的移动边界特征在计算模型上就表现为有条件的流体荷载移动特征。

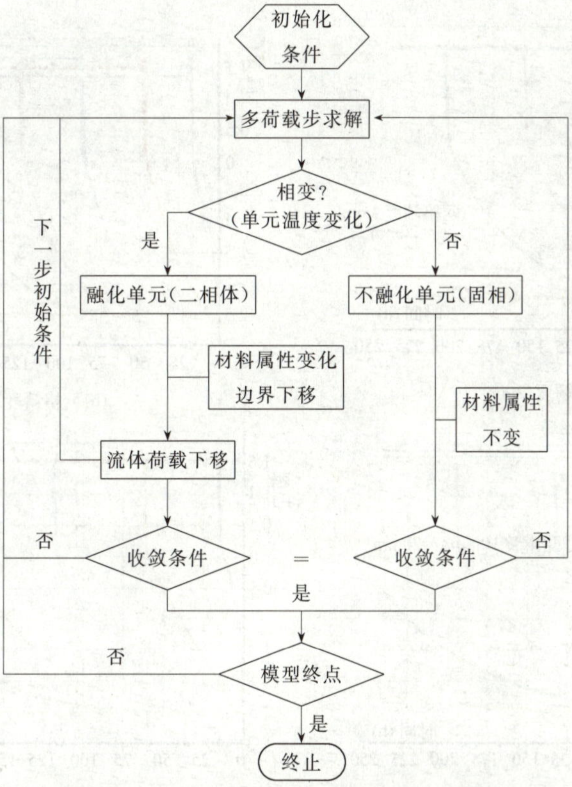

图 3-5 移动边界特征计算程序简化流程图

需要说明的是,当流水流过冻土时,冻土因吸热而融化,流水因放热而温度降低,但移动边界模型假定了流水为某一恒定温度,这与实际情况有一定误差,这种误差可以通过适当降低流水温度而减小。事实上,冻土的融化深度还与流水的流速有关,这种关系有待探讨。以下讨论多年冻土在流水作用下的融化深度与有限元模型网格精度、临界阻力距离 s_0 和计算时间步长的关系。

3.5 计算结果分析

在正式讨论多年冻土的融化深度与有限元模型网格精度、临界阻力距离和计算时间步长的关系之前,需要作一个简单的说明,图 3-6 中的 temp-x 表示模型顶部以下 x 米处的温度变化曲线,tfy-x 表示模型顶部以下 x 米处热通量变化曲线。在下述针对多年冻土移动界面特征的讨论中，假设临界阻力液面为移动界面，而实际移动界面位于临界阻力液面以下 s_0 处，这种假定对于移动界面特征并不会产生不利影响。由于非线性瞬态热传递计算收敛准则的需要，在下述讨论中，有限元模型求解过程最初 6h 的计算时间步长取值很小，而且每种情况的取值相同。

3.5.1 融化深度与网格精度的关系

为了说明融化深度与有限元模型网格精度的关系，选取计算时间步长为 0.5h，临界阻力距离为 20mm，并保持不变，改变网格精度，其模拟结果如图 3-6 所示。

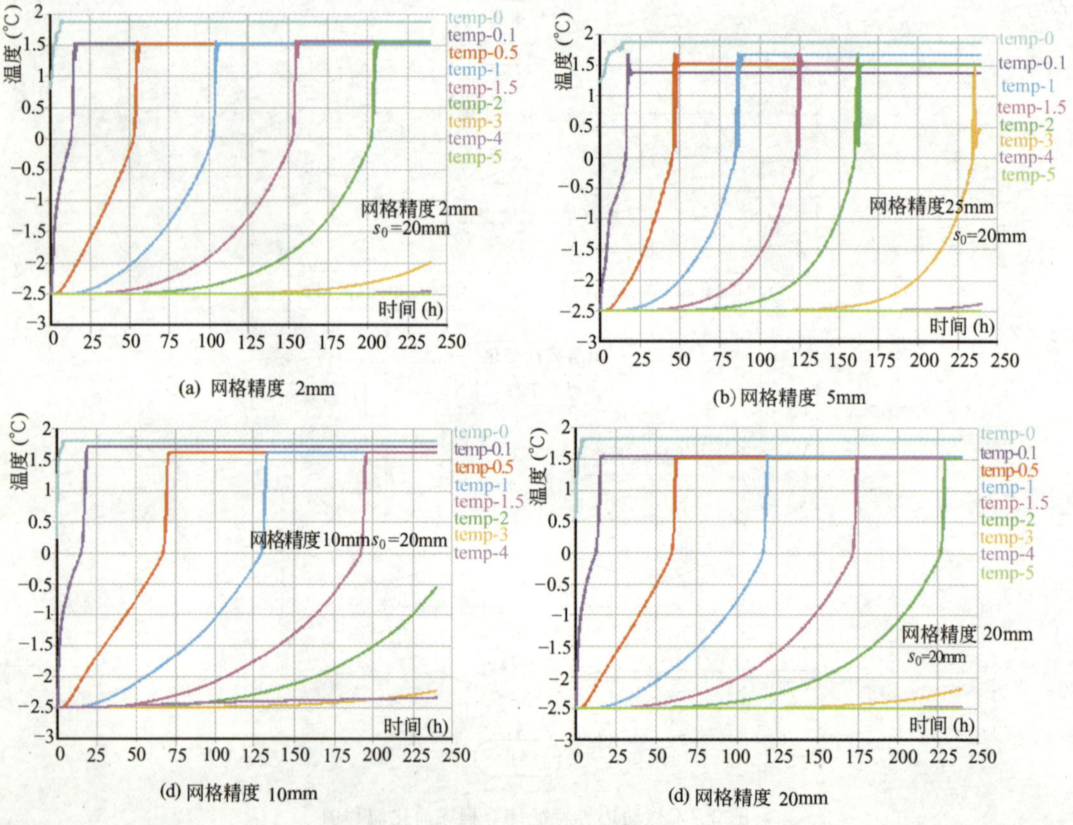

(a) 网格精度 2mm (b) 网格精度 5mm (d) 网格精度 10mm (d) 网格精度 20mm

图 3-6 温度变化与网格精度关系图

图 3-6 表明，当有限元模型网格精度为 2 mm 时，移动边界的平均移动速度约 1 m/130 h，当融化深度为 1.5 m 时所需的时间约 190 h；当网格精度为 5 mm 时，平均融化速度约 1 m/117 h，当融化深度达 1.5 m 时历时约 175 h；当网格精度为 10 mm 时，平均融化速度约 1/105 h，当融化深度达到 1.5 m 时耗时约 155 h；当网格精度为 20 mm 时，平均融化速度约 1 m/83 h，当融化深度达 1.5 m 时历经 125 h。由此可见，不同的网格精度有不同的计算结果，网格精度差别越大，计算结果差别也越大，随着有限元模型网格精度的提高，平均融化速度不升反降。因此，选取合理的有限元模型网格精度是保证计算结果正确的前提。

3.5.2 融化深度与计算时间步长的关系

保持有限元模型网格精度和临界阻力距离不变，调整计算时间步长，考察计算时间步长对融化深度的影响。取有限元模型网格精度为 10 mm，临界阻力距离 s_0 为 10 mm，计算时间步长分别为 0.5 h、1.0 h、1.5 h、2.5 h 和 5.0 h，计算结果如图 3-7 所示。

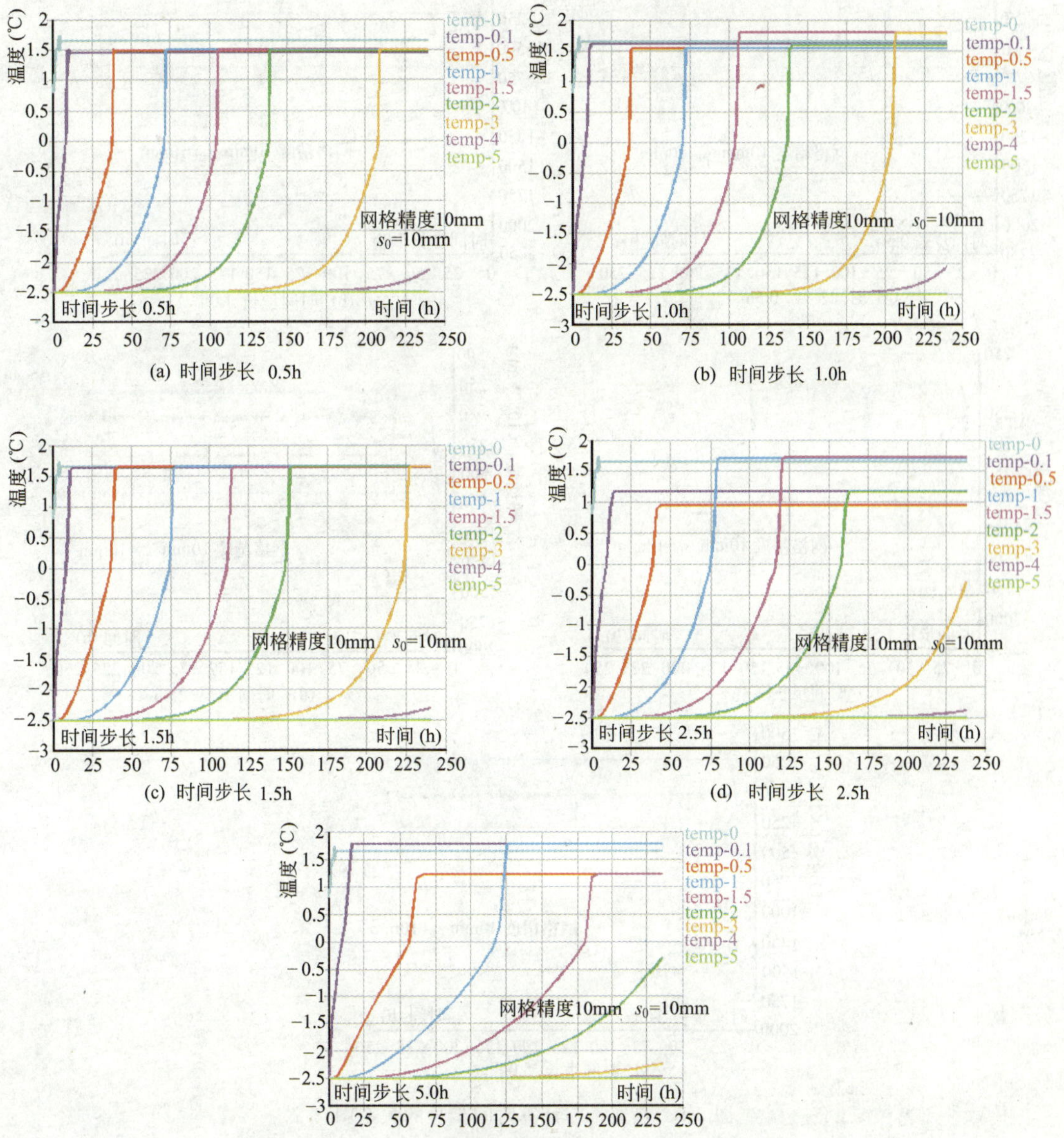

(a) 时间步长 0.5h

(b) 时间步长 1.0h

(c) 时间步长 1.5h

(d) 时间步长 2.5h

(e) 时间步长 5.0h

图 3-7 温度曲线与计算时间步长的关系

图 3-7 表明，当时间步长为 0.5 h 和 1.0 h 时，多年冻土的融化速度基本相同，约为 1 m/70 h；当时间步长大于或等于 1.5 h 时，多年冻土的融化速度开始减缓，当时间步长为 1.5 h 时，其融化速度约为 1 m/75 h，当时间步长为 2.5 h 时，其融化速度约为 1 m/79 h，当时间步长为 5.0 h 时，其融化速度约为 1 m/118 h。由此可见，时间步长的取值对计算结果有很大的影响，时间步长越长，融化速度越慢，在网格精度为 10 mm 和临界阻力距离为 10 mm 时，时间步长取值在 0.5～2.5 h 之间比较合理。

为了更清楚地说明模型内部的温度变化的原因，考察模型内部移动界面上的热通量变化是必要的。图 3-8 说明了计算时间步长对移动界面上的热通量的影响。

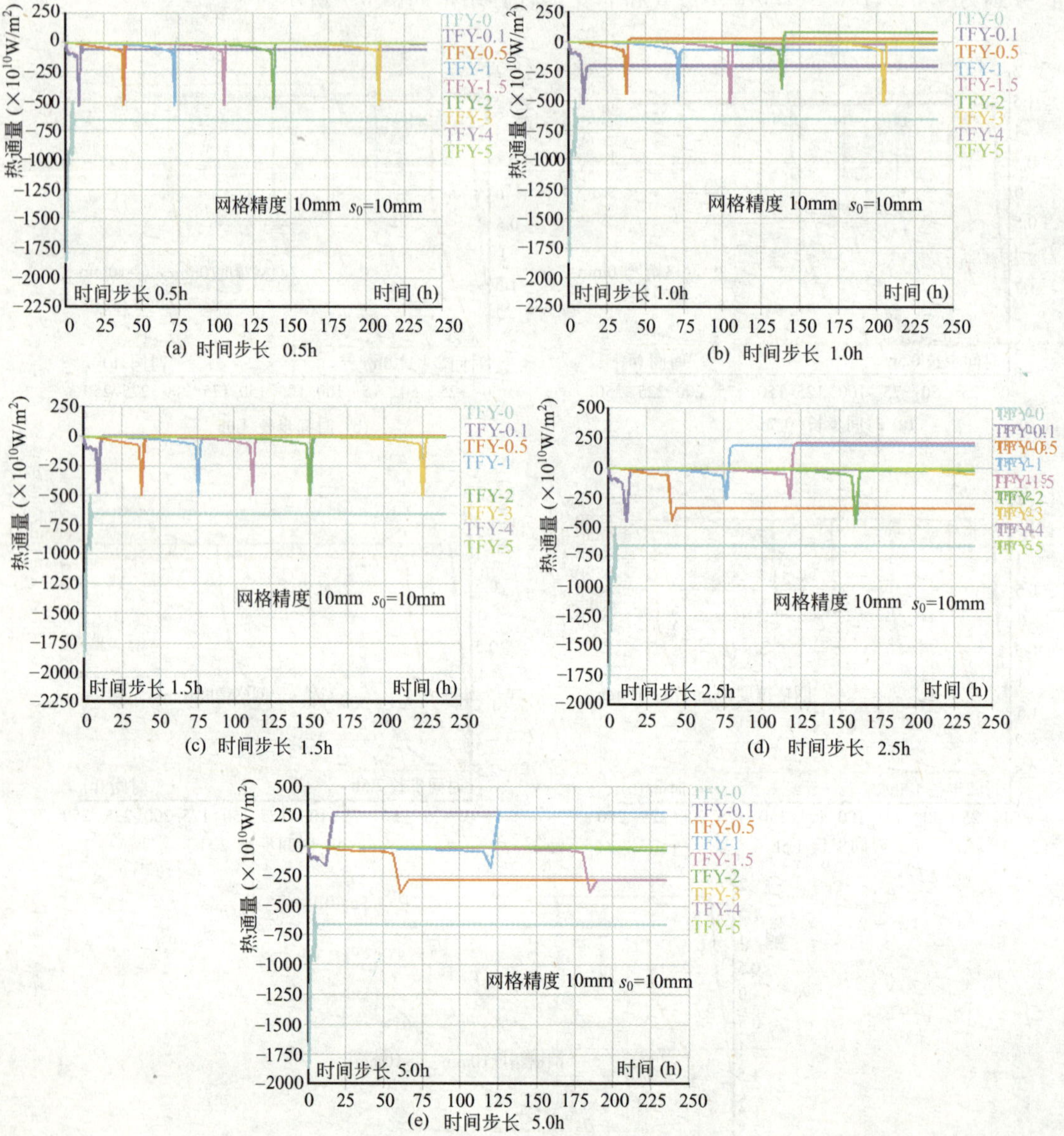

图 3-8 热通量与计算时间步长的关系图

图 3-8 表明，当计算时间步长为 0.5～1.5 h 时，移动界面上的热通量基本保持在 500×10^{10} W/m^2 左右，而时间步长为 2.5 h 时移动界面上的热通量约为 460×10^{10} W/m^2，时间步长为 5.0 h 时移动界面上的热通量仅在 390×10^{10} W/m^2 左右，这就说明了不同计算时间步长融化速度不一样的原因。

3.5.3 融化深度与临界阻力距离的关系

取有限元模型网格精度为 5mm、计算时间步长为 0.5 h，改变临界阻力距离值、各种计算参数条件下的模型内部温度变化曲线如图 3-9 所示。

图 3-9 表明，当临界阻力距离 $s_0=5$ mm 和 $s_0=10$ mm，即临界阻力距离为网格精度的 1～

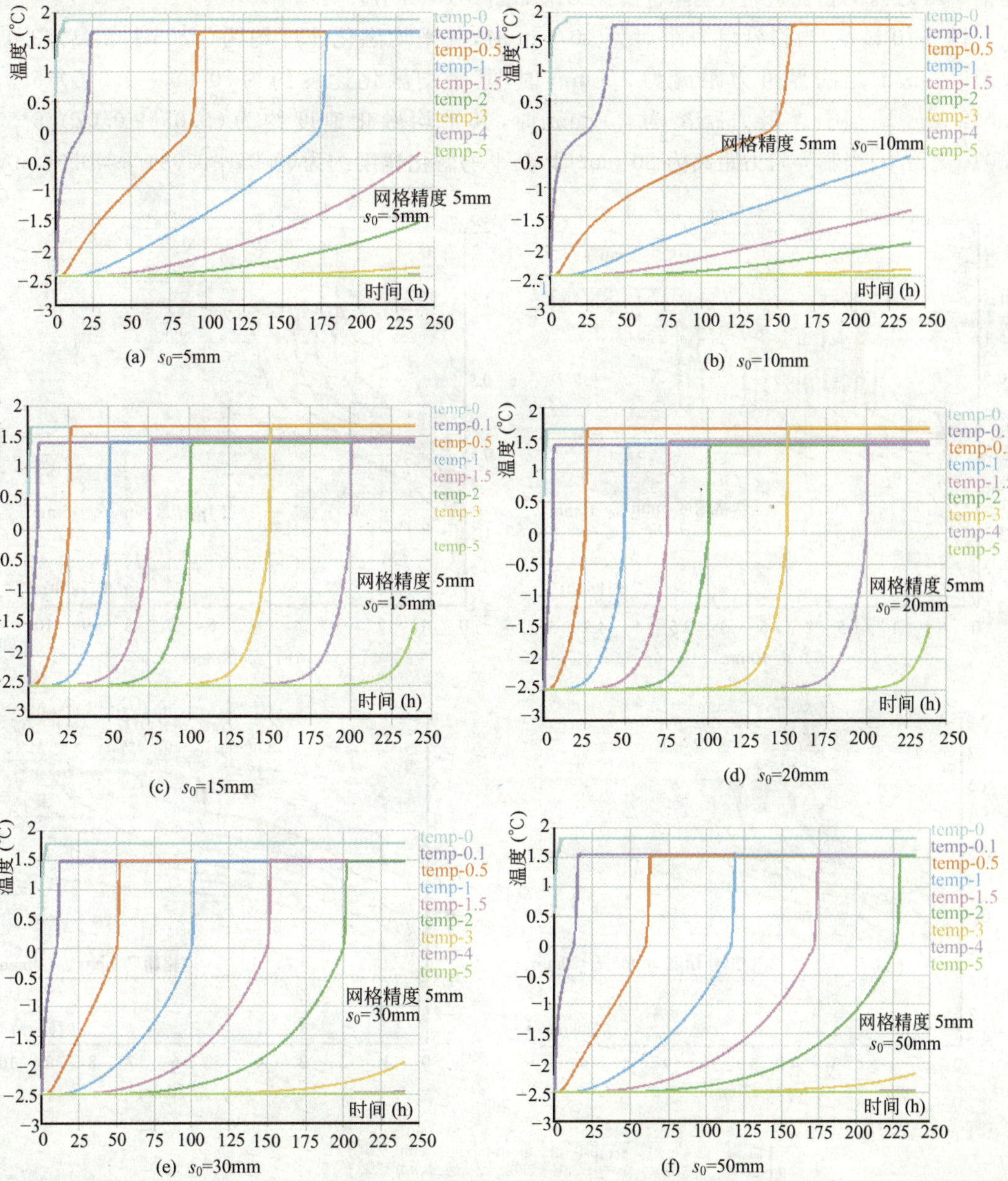

图 3-9 相同网格精度、不同临界阻力距离 s_0 条件下的温度分布曲线

2 倍时，多年冻土的融化速度基本相等，约为 2 m/100 h；当临界阻力距离为 15 mm 时，多年冻土融化速度减半，约为 1 m/100 h；当临界阻力距离为 20 mm 时，多年冻土融化速度约为 1 m/113 h；当临界阻力距离为 30 mm 时，多年冻土融化速度约为 1 m/175 h；当临界阻力距离为 50 mm，即临界阻力距离是网格精度的 10 倍时，多年冻土融化速度约为 0.5 m/145 h。由此可见，临界阻力距离对多年冻土的融化速度有很大影响，随着临界阻力距离的增大，多年冻土融化速度逐渐减小，但当临界阻力距离较小(5～10 mm)时，对多年冻土融化速度基本不会产生很大影响，所以，临界阻力距离的取值应结合工程实际情况，充分考虑其各种影响因素后确定。

为了更详细地了解前 10 h 之内模型内部温度的变化情况，对临界阻力距离范围 10～50 mm

在前 10h 之内的情况进行了模拟，模拟结果如图 3-10 所示。

图 3-10 显示，当临界阻力距离为 10 mm 时，其平均融化速度约为(0.05＋0.01)/3.1＝0.019 4 m/h；当临界阻力距离为 15 mm 时，其平均融化速度约为(0.05＋0.015)/5.3＝0.012 3 m/h；当临界阻力距离为 20 mm 时，其平均融化速度约为(0.05＋0.02)/6.5＝0.010 8 m/h；当临界阻力距离为 30 mm 时，其平均融化速度约为(0.05＋0.03)/8＝0.01 m/h；

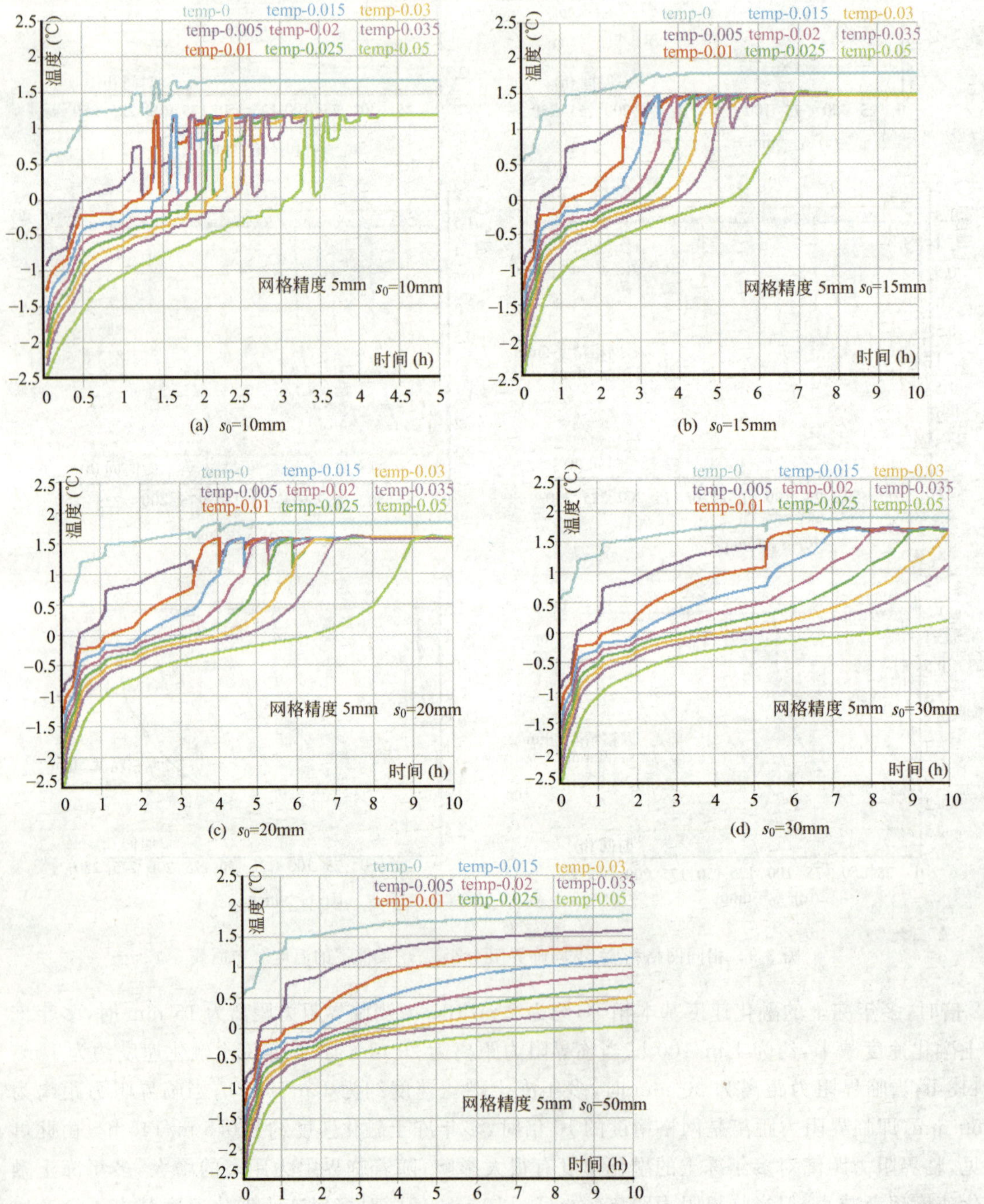

(a) s_0=10mm (b) s_0=15mm (c) s_0=20mm (d) s_0=30mm (e) s_0=50mm

图 3-10 相同网格精度、不同临界阻力距离前 10 h 温度变化曲线

当临界阻力距离为 50 mm 时，其平均融化速度约为(0.05+0)/9.4=0.005 32 m/h。由此推断，移动边界特征在较短时间内表现出来的效果不如较长时间的效果明显，在考虑移动边界特征时，数值模拟时间当尽可能符合实际工程。

图 3-11 移动界面上的热通量变化表明，临界阻力距离取 5 mm 和 10 mm 时的热通量值基本相等，在 850×10^{10} W/m^2 左右，而临界阻力距离为 15 mm 和 20 mm 的热通量值也大致相同(s_0=20 mm 时略小)，约为 789×10^{10} W/m^2 和 755×10^{10} W/m^2，但临界阻力距离为 30 mm 和 50 mm 时的热通量值则相差很大，分别为 660×10^{10} W/m^2 和 450×10^{10} W/m^2。图 3-11 中

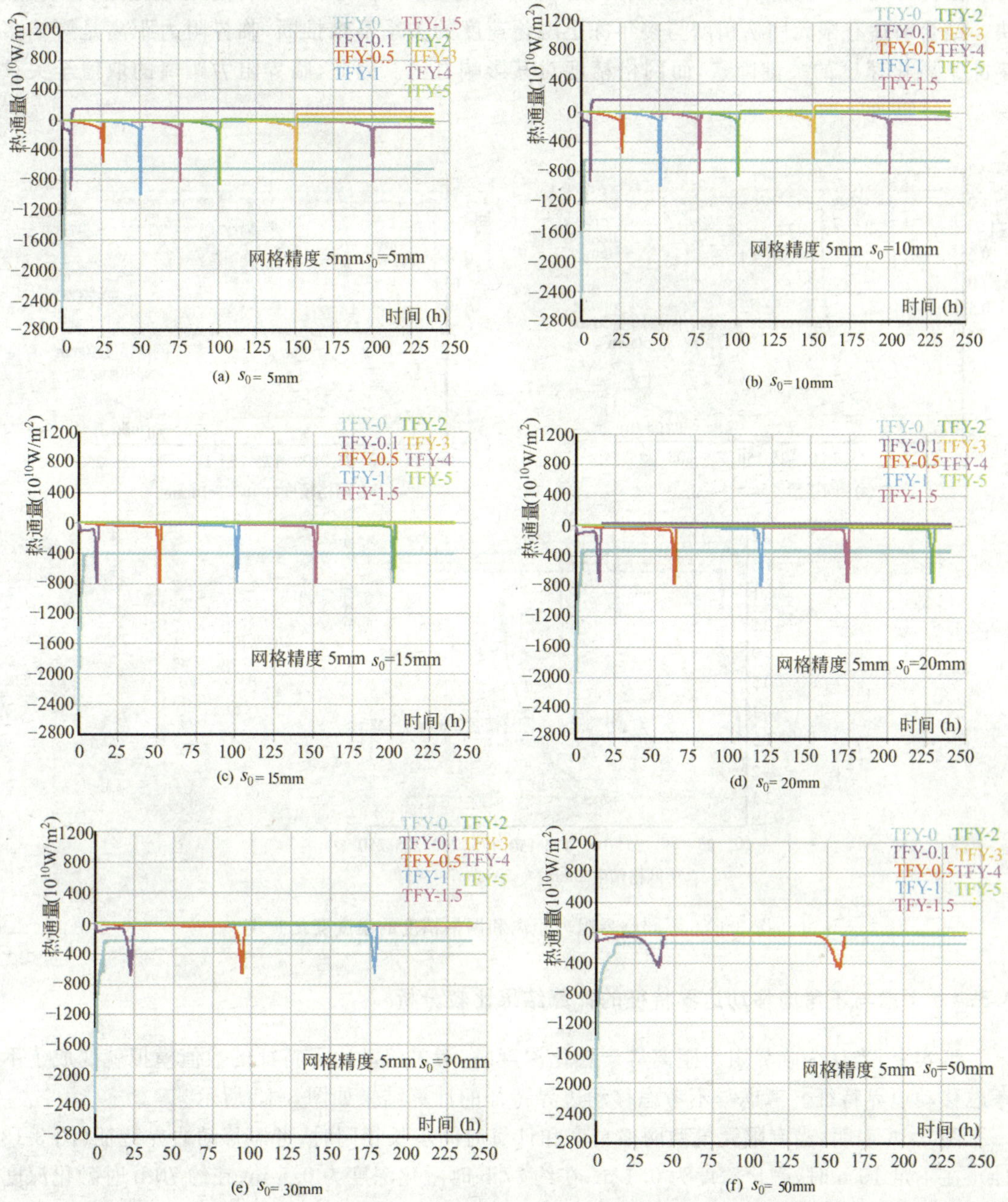

(a) s_0= 5mm (b) s_0=10mm (c) s_0= 15mm (d) s_0= 20mm (e) s_0= 30mm (f) s_0= 50mm

图 3-11 相同网格精度、不同临界阻力距离 s_0 条件下的热通量变化曲线

(a)～(f)揭示了不同临界阻力距离时模型内部温度变化不一样的原因。

为了说明临界阻力距离和有限元网格精度对融化速度的影响权重,即临界阻力距离是影响融化速度的主要因素,而有限元网格精度对融化速度影响有限,同时改变有限元网格精度和临界阻力距离的模拟结果如图 3-12 所示。

图 3-12 表明,当网格精度和临界阻力距离均为 5 mm 时,多年冻土融化速度约为 2 m/100 h,而将网格精度和临界阻力距离都加倍,即均为 10 mm 时,多年冻土融化速度约为 1.43 m/100 h,当网格精度和临界阻力距离均取值 20 mm 时,多年冻土融化速度减缓至 1.2 m/100 h 时。由此可见,随着有限元网格精度的提高和临界阻力距离的减小,多年冻土融化速度不断加快。结合前述有限元网格精度与多年冻土融化速度的关系不难推断,临界阻力距离是影响多年冻土融化速度的关键因素,而网格精度对其影响有限。因此,临界阻力距离的取值至关重要。

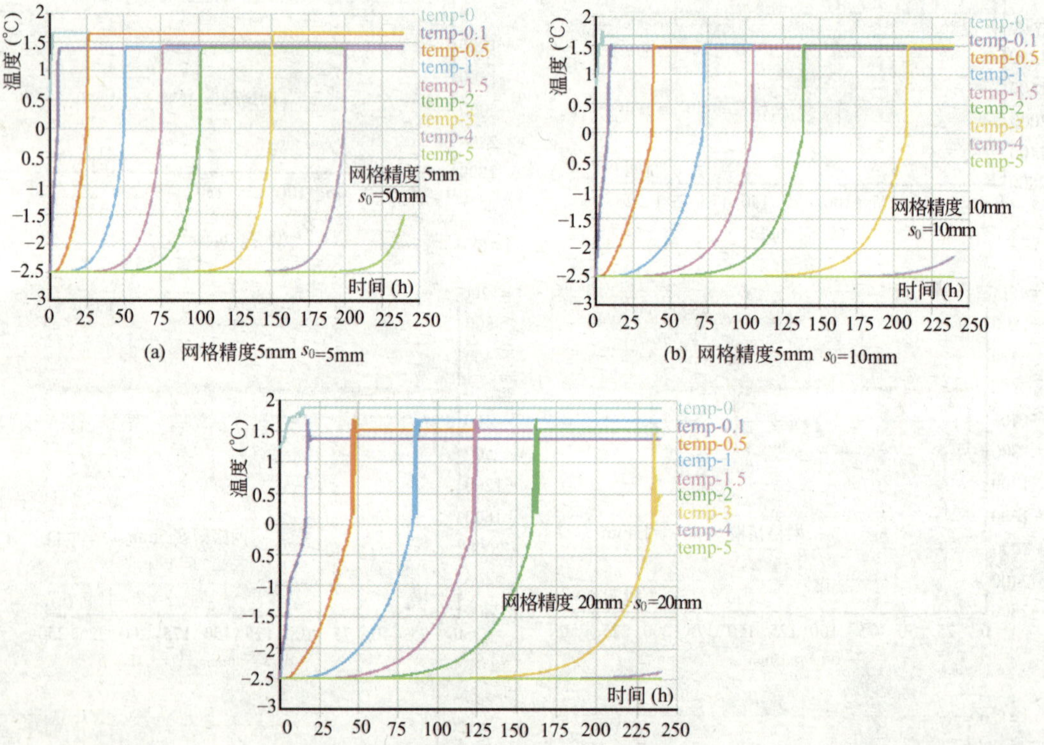

(c) 网格精度20mm, s_0=20mm

图 3-12 不同临界阻力距离和网格精度的温度变化曲线

3.5.4 考虑与不考虑移动边界特征的计算结果比较分析

事实上,当认为临界阻力距离等于融化深度时,考虑移动边界特征的数值模拟就变成了不考虑移动边界特征。考虑与不考虑移动边界特征的计算结果如图 3-13 所示。

图 3-13 表明,当有限元模型网格精度和计算时间步长相同时,考虑移动边界特征(图 3-13(a))在不足 10 h 时,融化深度为 0.1 m;在约 37 h 时融化深度为 0.5 m;在约 70 h 时融化深度为 1.0 m;在约 105 h 时融化深度为 1.5 m;在约 138 h 时融化深度 2.0 m;在约 210 h 时融化深度达 3.0 m。即考虑移动边界特征的融化速度约为 1 m/70 h,假定流水作用期为 5 个月,其

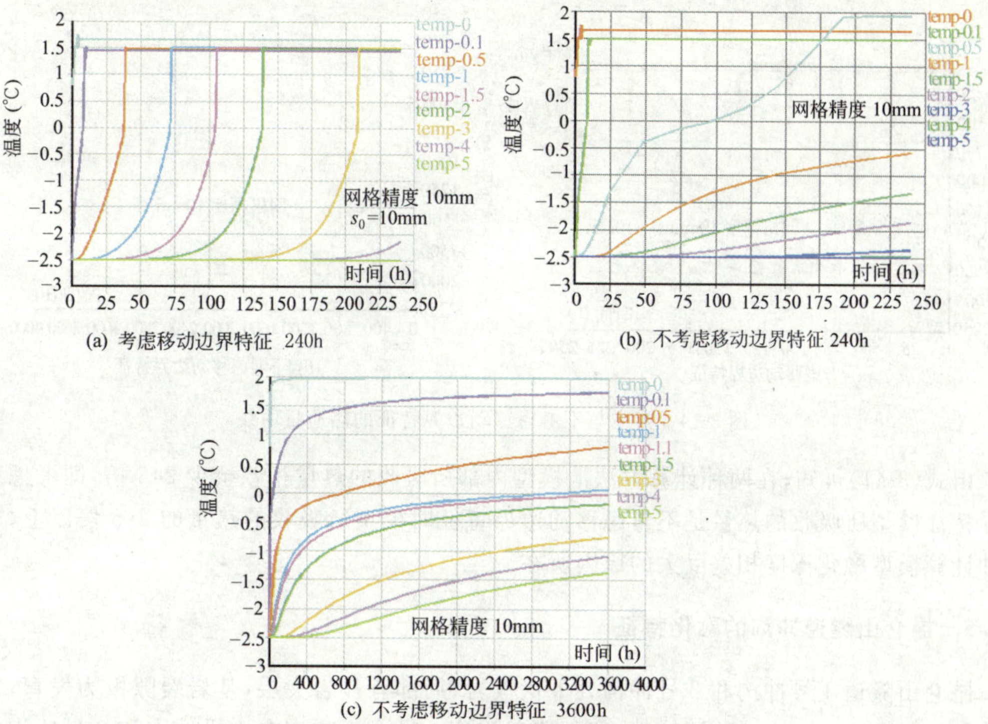

(a) 考虑移动边界特征 240h

(b) 不考虑移动边界特征 240h

(c) 不考虑移动边界特征 3600h

图 3-13 考虑与不考虑移动边界特征的温度曲线

融化深度可达 51 m。而不考虑移动边界特征的(图 3-13(b))表明，当融化深度达 0.1 m 时，流体作用时间也不超过 10 h，而当流体作用时间约 100 h 时，其融化深度为 0.5 m，在 5 个月结束时，其融化深度仅为 1.1 m(图 3-13(c))。由此可见，考虑与不考虑移动边界特征的计算结果相差巨大，移动边界特征不可忽略；移动边界特征的融化表现为以一种线性的、均匀的速度向下融化，而不考虑移动边界特征的融化是非线性的。如果选取的时间间隔足够小，融化速度 $v(t)$就可以粗略地视为这段时间内的平均速度，则融化深度就可以由式(3-38)演变而来的式(3-39)估算求得

$$s=s_0+(t-t_0)\cdot\bar{v}\cdot(1-a) \tag{3-39}$$

式中，$\bar{v}$为临界阻力时间 t_0 之后的选取时间段内的平均速度；a 为阻力系数，它与几何模型和活动层的渗透性有关，取值范围为 0～1.0。当阻力系数 a 为 1.0 时，移动边界忽略不计。

图 3-14 表明，考虑移动边界特征的移动界面上的热通量基本上保持在 530×10^{10} W/m^2(图 3-14(a))以上，直至模型全部融化，而不考虑移动边界特征的(图 3-14(b))显示仅在模型深度为 0.1m 处的移动界面上的热通量约在 100×10^{10} W/m^2 左右，仅相当于考虑移动边界特征对应位置的约 1/5。考虑整个模型，在网格精度为 10 mm、假定荷载作用期为 5 个月的条件下，多年冻土模型内吸收的热量 Q 按下式计算：

$$Q=a\sum_{i=1}^{n}hf_i \tag{3-40}$$

式中，n 为移动单元数，a 为模型截面面积，hf 为热通量。于是，具有移动边界特征模型所吸收的热量 Q_1 和不具有移动边界特征模型所吸收的热量 Q_2 之比为：

$$\frac{Q_1}{Q_2}\approx\frac{a\cdot 51\ \text{m}/0.01\ \text{m}\times530\times10^{10}\ \text{W/m}^2}{a\cdot 1.1\ \text{m}/0.01\ \text{m}\times100\times10^{10}\ \text{W/m}^2}=245.7 \tag{3-41}$$

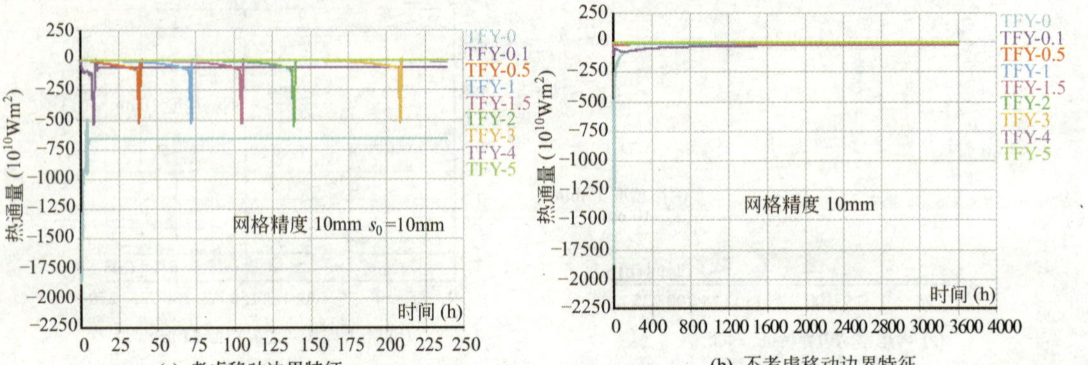

(a) 考虑移动边界特征 (b) 不考虑移动边界特征

图 3-14 考虑与不考虑移动边界特征的热通量曲线

由式(3-41)可知，在两种计算方法上模型内部所吸收的热量相差至少 245 倍，即考虑移动边界特征模型所吸收的热量是不考虑移动边界特征时模型所吸收的热量的 245 倍以上，这是两种计算模型融化深度相差巨大的原因所在。

3.5.5 昆仑山隧道冲沟的融化特征

昆仑山隧道 1 号冲沟和 2 号冲沟处下伏板岩，局部有片岩夹层，基岩裂隙极为发育，多数岩块的块径在 2～30 cm，冲积碎石、卵石覆盖沟底。昆仑山隧道在 1 号冲沟和 2 号冲沟处的最小埋深分别为 27 m 和 2.0 m，每年这两个冲沟因冰雪融化而形成的流水期约为 5 个月(每年 5 月～9 月，但并非每天都出现流水)。沿冲沟流水方向在沟底选取了宽 0.1 m、深 10 m 的一个切片的平面模型，并将其进行网格划分，网格精度为 0.01 m，临界阻力距离为 0.01～0.02 m，采用表 3-1 的工程材料参数，计算热交换期为 5 个月，即 3 600 h，考虑和不考虑移动边界特征的计算融化深度分别为 36～51 m 和 1.1 m。各种试验结果、理论分析结果和实际情况汇总见表 3-2 所示。

表 3-2 各种结果比较表

研究类型	项目	最小融化深度(m)	吻合性	推论
试验观测	连通试验	15～37	√	昆仑山隧道 1 号和 2 号冲沟处融化深度至少可达 36 m
	注浆孔地温与水位观测	17～30	√	
	地温与水位观测	15～30	√	
理论分析	移动边界特征	36～51	√	
	非移动边界	1.1	×	
实际渗漏水位置埋深		15～37	√	

昆仑山隧道 1 号和 2 号冲沟的连通试验(具体见第 9 章有关内容)表明，位于冲沟下 15～37 m 处的隧道内出水与两个冲沟地表水是连通的，这正好说明了 1 号和 2 号冲沟在隧道渗漏水处的融化深度至少达 15～37 m。2004 年 3～5 月沿 2 号冲沟沟心纵断面上的 4 个钻孔观测资料表明，2 号冲沟的融化深度为 15～30 m；2003 年 10～11 月 2 号冲沟的 342 个钻孔的水位和孔温资料都显示了 2 号冲沟的融化深度至少为 17～30 m。由此可以推断，昆仑山隧道在 1 号和 2 号冲沟处的融化深度至少可达 15～37 m，而考虑移动边界特征的数值模拟融化深度为

36～51 m，所以考虑移动边界特征的计算结果与实际工程具有较好的吻合性。因为昆仑山隧道上的1号和2号冲沟具有移动边界特征，而按照通常模拟方法（不考虑移动边界特征）的结果（融化深度1.1 m）不能真实反映工程实际情况，这也就从理论上较好地解释了昆仑山隧道1号和2号冲沟地表水进入隧道形成病害的原因。

综上所述，可以得出：1. 山谷多年冻土（岩石地层）具有移动边界特征，产生移动边界的充要条件是活动层具有良好的渗透性和多年冻土受流水作用；2. 考虑与不考虑移动边界特征的数值模拟融化深度相差巨大，多年冻土的移动边界特征不可忽略，利用有限元考虑移动边界特征的数值模拟结果与昆仑山隧道1号和2号冲沟实际融化深度具有较好的吻合性，昆仑山隧道在1号和2号冲沟处的融化深度至少可达36 m；3. 临界阻力距离的取值对融化深度影响很大，其取值原则应根据工程实际情况、充分考虑其影响因素后确定；4. 有限元模型的网格精度和求解过程中的时间步长对模拟结果有一定影响，网格精度宜尽可能提高，计算时间步长不宜超过2.5 h。

4 隧道围岩温度场研究

在人类的工程史上，美国、加拿大、俄罗斯等国都积累了一些在多年冻土地带隧道的施工经验，但这些均是在低海拔、高纬度地带进行的，对于高原缺氧、高寒等恶劣条件下多年冻土隧道的施工，至今仍无先例。高原多年冻土隧道施工首先应解决的难题是在确保隧道结构安全及人员安全健康的前提下将施工对冻土环境的影响降低到最低，即尽量减少对冻土围岩的扰动，这就要求须按照冻土隧道围岩温度场的规律组织施工生产。

由于青藏铁路格拉段建设工程工期短、时间紧、任务急，边勘测、边设计、边施工、边科研是工程的实际现状，为了保证青藏铁路能够安全、优质、高效地修建，并有效解决三大世界难题，广大设计、研究人员广泛采用先监测、评价施工现场实际情况，然后预测、修改以前所作的设计，然后再监测、再评价和再预测、再修改设计这样一个螺旋上升的不断反馈设计、施工的思路。动态设计思路被采纳后，根据工程试验结果变更设计已成为设计人员和青藏铁路建设者们的设计理念（图 4-1）。

4.1 运用微分方程研究隧道围岩温度场

4.1.1 一般导热微分方程

许多物理现象可以用微分方程来描述，描述导热现象的微分方程称为导热微分方程。设有一各向同性物体，其导热系数 λ、比热 c、密度 ρ 均为常数。在该物体内取一微元体 $ABCD$-$A'B'C'D'$，微元体的各个边长分别为 dx, dy, dz，如图 4-2 所示。观察 $d\tau$ 时间内导入与导出微元体的热量。根据傅里叶定律，在 x 方向从 $ABCD$ 面导入微元体的热量为：

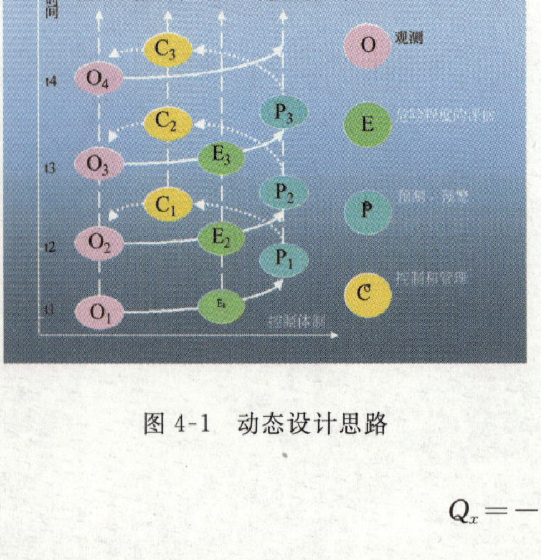

图 4-1 动态设计思路

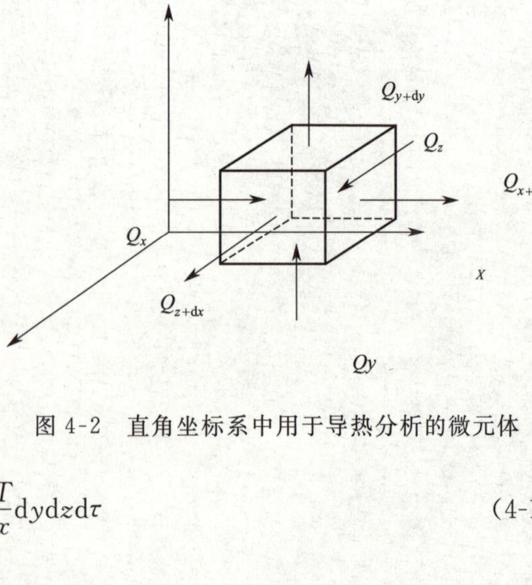

图 4-2 直角坐标系中用于导热分析的微元体

$$Q_x = -\lambda \frac{\partial T}{\partial x} dy dz d\tau \tag{4-1}$$

式中 T——微元体内温度（℃）；

λ——导热系数（W/m·℃）。

同一时刻从$A'B'C'D'$面导出微元体的热量为Q_{x+dx}。Q_x 是x 的函数，并在x至$x+dx$区间内连续可微，由泰勒公式，函数可展开为泰勒级数，则Q_{x+dx}可以用Q_x 表示，并忽略高次方项，只近似地取前两项，得

$$Q_{x+dx}=Q_x+\frac{\partial Q_x}{\partial x}dx=-\lambda\frac{\partial T}{\partial x}dydzd\tau-\lambda\frac{\partial^2 T}{\partial x^2}dxdydzd\tau \tag{4-2}$$

$d\tau$时间内在x方向导入与导出该微元体的热量差为

$$dQ_x=Q_x-Q_{x+dx}=\lambda\frac{\partial^2 T}{\partial x^2}dxdydzd\tau \tag{4-3}$$

同理可得$d\tau$时间内在y和z方向导入与导出该微元体的热量差dQ_y，dQ_z。

导入与导出该微元体的总热量差为

$$dQ=dQ_x+dQ_y+dQ_z=\lambda\left(\frac{\partial^2 T}{\partial x^2}+\frac{\partial^2 T}{\partial y^2}+\frac{\partial^2 T}{\partial z^2}\right)dxdydzd\tau \tag{4-4}$$

在$d\tau$时间内该微元体的内能变化量为

$$\Delta E=\rho c\frac{\partial T}{\partial \tau}dxdydzd\tau \tag{4-5}$$

该微元体内热源所产生的热量为

$$\Delta W=q_v dxdydzd\tau \tag{4-6}$$

式中，q_v为单位体积、单位时间产生的热量，W/m^3。

根据能量守恒原理，导入导出微元体的热量差＋微元体内热源产生的热量＝微元体内能的变化量，即：

$$\frac{\partial T}{\partial \tau}=\frac{\lambda}{\rho c}\left(\frac{\partial^2 T}{\partial x^2}+\frac{\partial^2 T}{\partial y^2}+\frac{\partial^2 T}{\partial z^2}\right)+\frac{q_v}{\rho c} \tag{4-7}$$

式中　T——温度(℃)；

τ——时间(h)；

λ——导热系数(W/m·℃)；

c——比热容(kJ/kg ℃)；

ρ——密度(kg/m^3)。

该式的物理意义是由于热量的变化而引起温度变化的函数关系式，左端是温度对时间的变化率，右端是热量的变化率。

令$a=\frac{\lambda}{\rho c}$，称为热扩散率，又称导温系数(m^2/s)，它表示物体的热扩散能力，则导热微分方程变为：

$$\frac{\partial T}{\partial \tau}=a\left(\frac{\partial^2 T}{\partial x^2}+\frac{\partial^2 T}{\partial y^2}+\frac{\partial^2 T}{\partial z^2}\right)+\frac{q_v}{\rho c} \tag{4-8}$$

对于无热源的导热，$q_v=0$，则

$$\frac{\partial T}{\partial \tau}=a\left(\frac{\partial^2 T}{\partial x^2}+\frac{\partial^2 T}{\partial y^2}+\frac{\partial^2 T}{\partial z^2}\right) \tag{4-9}$$

4.1.2　围岩导热控制微分方程

在隧道施工过程中，随着隧道的开挖，毛洞阶段由于洞内温度高于围岩温度，热量将从洞内向围岩传递，使得围岩温度升高。随着时间的增加，洞内与围岩之间的温差越来越小，在某一时刻达到平衡。施作初衬和二衬时，在混凝土灌注过程中，水泥由于水化热的作用而放出大

量的热，热量也向围岩传递，使得围岩温度升高。随着时间的增加，水泥的水化热越来越少，围岩温度达到某一温度后逐渐降低。因此，隧道开挖至贯通前整个施工过程，导热过程既与空间有关，又与时间有关，属于有热源的非稳态导热过程。

由于沿隧道轴向的围岩温度差很小，该方向的热流密度几乎为零，于是可将围岩温度场视为二维非稳态温度场，则该问题的导热方程可简化为：

$$\frac{\partial T}{\partial \tau}=a\left(\frac{\partial^2 T}{\partial x^2}+\frac{\partial^2 T}{\partial y^2}\right)+\frac{q_v}{\rho c} \tag{4-10}$$

4.1.3 边界条件

根据铁道第一勘察设计院所测地层温度数值可知，当地层达到一定的深度时，地层温度基本保持不变。由于隧道有较大的埋深，所以，计算隧道围岩温度场时，当时间 $\tau=0$ 时，毛洞阶段围岩的初始温度均为地层的原始温度；初衬阶段围岩的初始温度是对应于不同施工工况情况下相对应的毛洞阶段围岩各点的温度值；二衬阶段围岩的初始温度是对应于不同施工工况情况下相对应的初衬阶段围岩各点的温度值。毛洞、初衬及二衬阶段，洞内温度或水泥的水化热对隧道围岩温度的影响有一定的范围，超出这一范围的地温仍然保持原始地温不变，即在无穷远处，围岩温度为定值（原始地层温度），则初始条件和边界条件可描述为：

边界条件：

$$\left.\begin{array}{ll} x=\pm\infty & T=t_0 \\ y=\pm\infty & T=t_0 \\ \tau=0 & T=t_0 \end{array}\right\} \tag{4-11}$$

初始条件：

$$\left.\begin{array}{ll} \tau=0 & \dfrac{\partial T}{\partial x}=\dfrac{\partial T}{\partial y}=0 \\ q=-\lambda \left.\dfrac{\partial T}{\partial n}\right|_{\Gamma}=a(t_w-t_f) & \end{array}\right\} \tag{4-12}$$

其中，T 为岩体温度（℃）；t_0 为原始岩体温度（℃）；t_w 为隧道围岩壁面温度（℃）；t_f 为隧道中空气温度（℃）；q 为边界上任一点的热流密度（W/m^2）。

4.1.4 围岩导热控制微分方程的差分解法

由于此问题的边界条件复杂，且属于非线性问题，因此，很难得到它的解析解，为此将采用数值解法得到它的数值解。在数值解的过程中，用差商代替微商而得到相应的差分方程，因导热方程对区域内各个点都成立，所以对任意一个内节点 (i,j) 也成立。式(4-10)对应节点 (i,j) 和时段 n 的微分方程可写成如下形式的差商方程：

$$\left.\begin{array}{l} \dfrac{\partial^2 T}{\partial x^2}\approx\dfrac{T^n_{i+1,j}-2T^n_{i,j}+T^n_{i-1,j}}{(\Delta x)^2} \\ \dfrac{\partial^2 T}{\partial y^2}\approx\dfrac{T^n_{i,j+1}-2T^n_{i,j}+T^n_{i,j-1}}{(\Delta y)^2} \\ \dfrac{\partial T}{\partial \tau}\approx\dfrac{T^{n+1}_{i,j}-T^n_{i,j}}{\Delta \tau} \end{array}\right\} \tag{4-13}$$

将上式代入一般隐式差分方程得：

$$k\left(\frac{T_{i+1,j}-2T_{i,j}+T_{i-1,j}}{\Delta x^2}+\frac{T_{i,j+1}-2T_{i,j}+T_{i,j-1}}{\Delta y^2}\right)_{i,j}^{n+1}+$$

$$(1-k)\left(\frac{T_{i+1,j}-2T_{i,j}+T_{i-1,j}}{\Delta x^2}+\frac{T_{i,j+1}-2T_{i,j}+T_{i,j-1}}{\Delta y^2}\right)_{i,j}^{n} \tag{4-14}$$

$$=\frac{1}{a}\left(\frac{T_{i,j}^{n+1}-T_{i,j}^{n}}{\Delta\tau}\right)_i^n+\frac{1}{\rho c}Q_{i,j}^n$$

式中，$0<k\leqslant 1$ 为差分方程的权系数。

4.1.5 围岩温度场计算程序及参数

在冻土隧道施工过程中，随着开挖、施作初衬和二衬等作业的进行，产生施工热源和洞内外热量交换，隧道围岩的地温场将相应地发生变化，而这种地温场的变化破坏了冻土地层中的热力学平衡，使其热物理力学性能发生改变，其中包括冻土的融沉性、冻土回冻过程的膨胀性以及冻土地基的承载力等工程力学性能的改变。因此，分析施工过程中隧道围岩地温场的变化规律具有十分重要的意义。

为了分析地温场在各种工程因素影响下的变化规律，采用了基于 Windows98 操作平台下的 Ansys5.7 大型商业有限元计算软件，分别进行毛洞、初衬及二衬不同阶段的围岩温度场计算分析。为了方便，在计算过程中作如下假定：

1. 由于在施工过程中隧道周围地层的温度变化幅度不会太大，因此，假定在计算过程中材料的热力学属性(热传导系数、对流换热系数、比热、密度等)为常数。

2. 为简化计算，同时保证不失一般性，计算中假定达到一定埋深后，地层原始地温沿深度方向保持不变。

3. 假定隧道周围岩层为均质、各向同性材料。

4. 进入隧道一定距离后，由于沿隧道轴向的围岩温度差很小，该方向的热流密度几乎为零，所以可将围岩温度场视为二维非稳态温度场。

各计算参数见表 4-1。

表 4-1 热力学计算参数

材 料	密度 $kg\cdot m^{-3}$	热传导系数 $W\cdot(m\cdot ℃)^{-1}$	比热 $kJ\cdot(kg\cdot ℃)^{-1}$	对流换热系数 $W\cdot(m^2\cdot ℃)^{-1}$
钢筋混凝土	2 400	1.74	0.96	12
围岩	1 920	1.82	0.84	12

计算中，根据青藏铁路昆仑山、风火山隧道所处的地理环境条件，天然冻土下限为 100～120 m、多年冻土地温在－2 ℃左右的实际情况，选定冻土层厚度为 100～120 m，平均温度为－2 ℃，混凝土浇筑入模温度为 5 ℃，混凝土硬化过程中水泥在不同时间内所释放的水化热计算结果见表 4-2。

在施工过程中，围岩温度场的变化随洞内气温、围岩暴露时间及隔热保温不同而不同。本章选取昆仑山隧道进口 DK976＋450 断面，施工工期为 2002 年 4 月～8 月，对其毛洞阶段、不同时间施作初衬、不同时间施作二衬等几种情况下的围岩温度场分别进行了计算和分析(见图 4-3 和图 4-4)。

表 4-2 不同龄期混凝土的水化热、绝热温度和内部温度

龄期 d	水化热 kJ·kg⁻¹	绝热温度 ℃	内部温度 ℃	龄期 d	水化热 kJ·kg⁻¹	绝热温度 ℃	内部温度 ℃
1	117.4	5.4	8.24	15	1.5	79.9	52.94
2	76.7	16.6	14.96	16	1.2	80.4	53.24
3	57.0	28.7	22.22	17	0.9	80.7	53.42
4	42.1	39.9	28.94	18	0.6	81.0	53.6
5	31.3	49.3	34.58	19	0.4	81.2	53.72
6	23.1	56.9	39.14	20	0.4	81.3	53.78
7	17.1	62.9	42.74	21	0.3	81.4	53.84
8	12.8	67.6	45.56	22	0.1	81.5	53.90
9	9.3	71.1	47.66	23	0.2	81.6	53.96
10	7.0	73.8	49.28	24	0.1	81.64	53.98
11	5.1	75.8	50.48	25	0.1	81.68	54.00
12	3.9	77.3	51.38	26	0.1	81.7	54.02
13	2.8	78.5	51.98	27	0.06	81.73	54.03
14	2.1	79.3	52.58	28	0.04	81.75	54.05

图 4-3 昆仑山隧道开挖工作面

图 4-4 昆仑山隧道一次混凝土模筑衬砌

实测的 2002 年 4 月～8 月洞内平均气温如表 4-3 所示。

表 4-3 洞内参考平均温度

月份	4	5	6	7	8
温度(℃)	2.37	4.32	6.95	8.25	9.20

4.1.6 毛洞计算及结果分析

1. 计算模型

根据青藏铁路昆仑山、风火山隧道的实际情况，同时考虑到冻土层的计算范围既要保证计算结果的精确性，又要保证计算时少占机时和计算机内存空间，冻土计算范围选为距隧道中心 45 m 方形区域，单元类型为四节点四边形单元。计算模型见图 4-5。

2. 计算结果

在上述假设条件下，本章主要计算分析了昆仑山隧道施工过程中冻土层在不同施工作业时期围岩温度场变化规律、距隧道周边不同距离位置上的点在不同时刻温度的变化规律。

(1)开挖未支护毛洞围岩暴露不同时间的温度场分布情况见图 4-6～图 4-9。

(2)开挖未支护毛洞围岩温度场沿径向不同距离位置上点的温度分布规律。

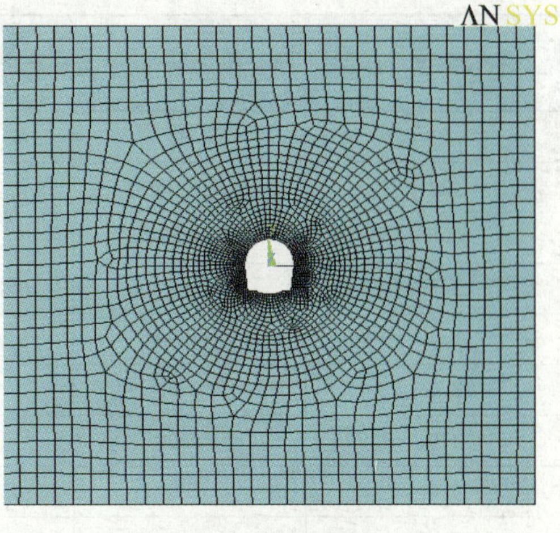

图 4-5 计算模型

在隧道开挖后，围岩全部暴露在空气中，由于洞内空气温度高于围岩温度，所以热量将从洞内向围岩传递，使得围岩温度升高，冻土融化。设开挖后围岩暴露(即毛洞)时间为 30d，由于暴露时间长短不同，使得温度场分布及冻融圈范围也不同，为分析在隧道开挖过程中围岩温度场的变化情况以及冻土冻融圈范围，计算中选取一条沿 x 轴向的温度路径加以分析，该温度路径在不同时期的计算结果如表 4-4、图 4-10 和图 4-11 所示。

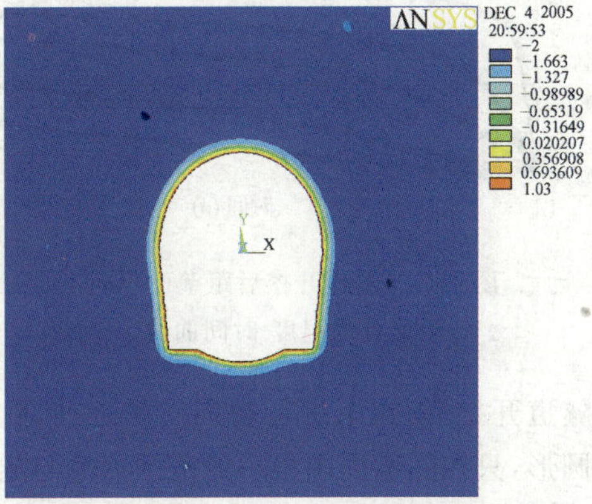

图 4-6 隧道开挖 1 d 后围岩温度场分布

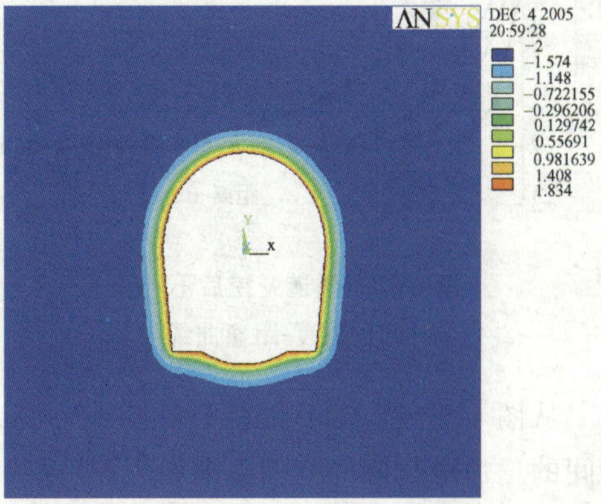

图 4-7 隧道开挖 3 d 后围岩温度场分布

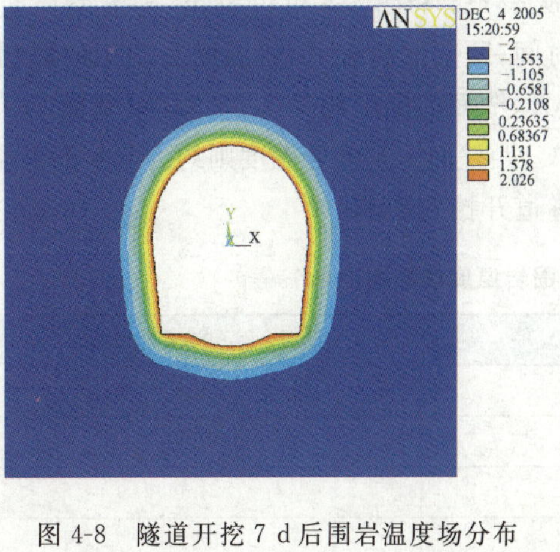

图 4-8 隧道开挖 7 d 后围岩温度场分布

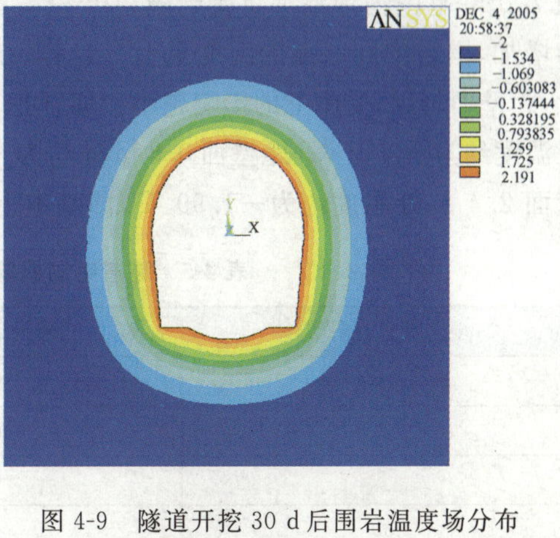

图 4-9 隧道开挖 30 d 后围岩温度场分布

表 4-4 距壁面不同距离的点在不同时间的温度计算结果(℃)

距岩面距离(m)	时间(d)			
	1	3	7	30
0	0.90	1.63	1.87	2.10
0.4	−1.23	−0.07	0.65	1.45
0.8	−1.84	−1.14	−0.31	0.84
1.5	−1.99	−1.89	−1.46	−0.16
2.4	−2.00	−1.99	−1.87	−0.89
3.0	−2.00	−2.00	−1.97	−1.38
4.0	−2.00	−2.00	−1.99	−1.67
6.0	−2.00	−2.00	−2.00	−1.95
7.0	−2.00	−2.00	−2.00	−1.99

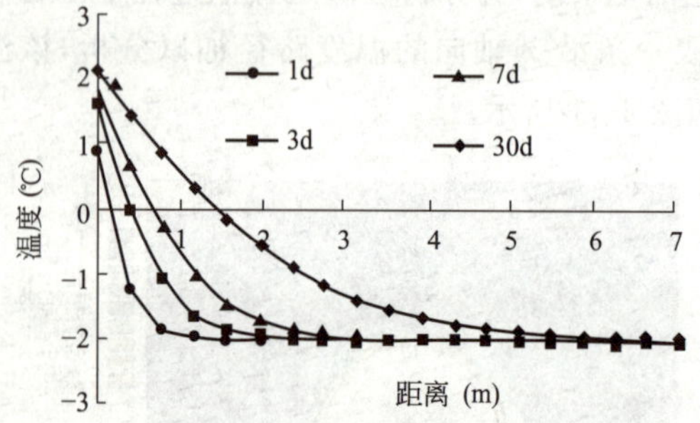

图 4-10 隧道开挖后不同时间的温度-距离曲线

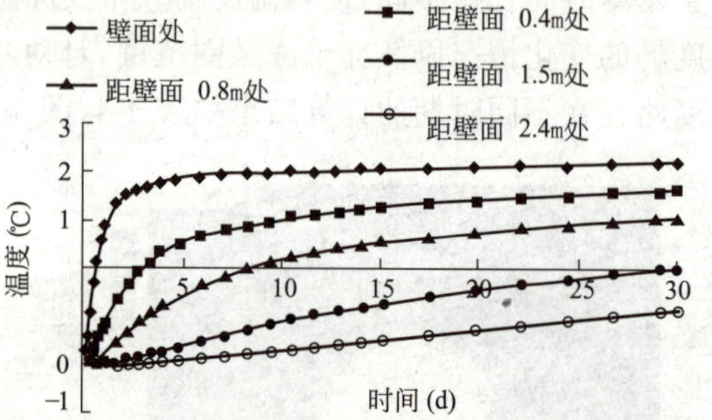

图 4-11 隧道开挖后距壁面不同距离处的温度-时间曲线

从图 4-6～图 4-11 和表 4-4、表 4-5 可以看出，隧道开挖后，在未进行初期支护之前，随着时间的增加融化圈的范围逐渐增大，等温线近似为圆形，只在隧道周围很小的范围内呈与隧道形状接近的曲线。开挖 1 d 后，最大融化圈的范围约为 0.12 m，3 d 后约为 0.35 m，7 d 后约为 0.59 m，而 30 d 后，融化圈可达 1.42 m，比开挖 1 d 后的最大融化圈大 1.30 m 左右；距壁面大约 7.0 m 范围内地温都将受到隧道开挖的影响。从表 4-4 和图 4-8 可以看出，随着暴露时间的增加，围岩中同一点的温度呈上升趋势；在同一时间，距壁面越近，围岩温度受施工的影响越大，距壁面越远，受施工的影响越小。如开挖后第 3 天，壁面的温度约为 1.63 ℃，距壁面 0.4 m 处温度约为 −0.07 ℃，距壁面 0.8 m 处约为 −1.14 ℃，距壁面 1.5 m 处温度则约为 −1.89 ℃，距壁面 2.4 m 处温度约为 −1.99 ℃，即基本上不受隧道开挖的影响。

表 4-5 隧道毛洞暴露时间对围岩温度场影响汇总

围岩暴露时间(d)	融化圈深度(m)	温度影响深度(m)
1	0.12	1.5
3	0.35	2.4
7	0.59	4.0
30	1.42	7.0

4.1.7 初衬后围岩的温度场计算及结果分析

在施作初期支护的过程中，除了洞内较高温度的影响外，浇筑混凝土放出的水化热也是影响周围地温场变化的主要因素，即施作初期支护的过程中热源主要包括两个方面：洞内较高的空气温度及混凝土的水化热。

由于昆仑山、风火山隧道所处地理环境的特殊性，在施工时采用的混凝土为高强度混凝土。高强度混凝土与普通混凝土相比，水泥用量大，水化温度升高快，很容易产生温度裂缝。在混凝土浇筑过程中，一方面水泥在水化过程中释放大量的热量，外加混凝土传热性能差，结构内部热量不易散发，形成内外温度差，导致混凝土产生应变；另一方面结构物的约束会阻止这种应变，从而产生温度应力，一旦温度应力超过混凝土所能承受的极限抗拉强度时，就会产生温度裂缝。因此，计算混凝土的水化热、分析水化热对隧道围岩温度场的影响是很有必要的。

1. 混凝土水化热计算

水泥与水作用时会释放出大量的热，这种由于水化而放出的热，称之为水化热。水泥的放热过程可以延续很长时间，但大部分热量是在早期，特别是在最初 3 d 内放出。当使用硅酸盐水泥建造大型基础、桥墩、水坝等大体积混凝土工程时，由于水化热积聚在内部不易发散，常使内部温度上升到 50～60 ℃，内外温差所引起的应力，足以使混凝土产生温度裂缝，从而影响工程质量。

水化热及放热速率与水泥的矿物成分及水泥细度有关。各种熟料矿物在不同龄期的水化热不同，工程上可按下式大致估算水泥的水化热：

$$1\text{g 水泥的水化热}=569(39C_3S)+260(28C_2S)+837(11C_3A)+126(22C_4AF)\ (\text{kJ}) \tag{4-15}$$

式中括号内指各种矿物含量的百分率。各种熟料矿物具有不同的特性，表 4-6 列出硅酸盐水泥熟料主要矿物的名称、含量范围与特性。

表 4-6 硅酸盐水泥熟料主要矿物的名称、含量范围与特性

项　目	硅酸三钙	硅酸二钙	铝酸三钙	铁铝酸四钙
简写符号	C_3S	C_2S	C_3A	C_4AF
含量范围(%)	37～60	15～37	7～15	10～18
水化速度	较快	慢	最快	快
水化热	较多	少	最多	中
强度	最高	早期低、后期高	低	低

在计算水泥的水化热时，假设各主要矿物的含量为：硅酸三钙 39%、硅酸二钙 28%、铝酸三钙 11%、铁铝酸四钙 22%，则

$$1\text{kg 水泥的最终水化热 } Q_0=569\times39\%+260\times28\%+837\times11\%+126\times22\%=400(\text{kJ})$$

因为水泥的水化热并不是一次全放完，而是随时间逐步放完的，水泥的水化热随时间而变化的公式为：

$$Q=Q_0(1-e^{-m\tau}) \tag{4-16}$$

假设入模温度 T_2 为 5 ℃，且

$$T_{(\tau)}=\frac{W\times Q}{\rho\times c}(1-e^{-m\tau}) \tag{4-17}$$

$$T_{u(\tau)}=T_2+T_{(\tau)}\cdot\xi \tag{4-18}$$

式中 $T_{(\tau)}$——水化热绝热温度；

$T_{u(\tau)}$——混凝土内部温度；

W——水泥的用量，取 416 kg；

ρ——混凝土的质量密度，取 2 400(kg/m^3)；

c——混凝土的比热，取 0.96(kJ/kg·℃)；

m——与水泥品种、浇捣时温度有关的经验系数，取 0.3；

ξ——混凝土散热系数，取 0.6。

根据式(4-16)、式(4-17)和式(4-18)可算出在不同龄期水泥的水化热、水化热绝热温度、混凝土内部温度，结果如表 4-2 所示。

2. 计算结果

由于隧道施工过程中各断面初期支护的施作时间不同，计算分别针对开挖后立即施作初衬、开挖 3 d 后施作初衬、开挖 7 d 后施作初衬及开挖 30 d 后施作初衬等几种情况进行了讨论，这几种情况均假设 3 个月后施作二衬。因为各种情况下温度场的分布情况、同一时间的温度－距离曲线、同一点的温度－时间曲线等均有相同的变化规律，只是在数值上有所差别，因此，选用开挖 7 d 后施作初衬情况下的温度场变化作为特例来说明围岩温度场的分布规律。

(1)初衬后围岩温度场的分布规律

初衬混凝土不同施作时机的围岩温度场分布规律如图 4-12 所示。

(2)初衬后围岩温度场沿径向不同距离位置上点的温度分布规律

计算中选取一条沿隧道横截面中心水平方向(x 轴)的温度路径加以分析，该温度路径在不同时期的计算结果如图 4-12(d)所示。

(3)围岩不同暴露时间的温度数值比较

围岩暴露不同时间后施作初衬混凝土，不同时间的围岩深度与温度关系见表 4-7～表 4-11。

表 4-7 围岩不同暴露时间浇筑初衬混凝土 1d 后温度路径上各点的温度(℃)

距壁面距离(m)	毛洞暴露时间(d)			
	0	3	7	30
0	8.94	9.44	9.67	10.22
0.6	0.58	1.51	2.14	3.06
1.2	−1.82	−1.39	−0.81	0.41
2.4	−1.99	−1.98	−1.85	−0.92
3.6	−2	−1.99	−1.98	−1.57
4.8	−2	−2	−1.99	−1.85
6.0	−2	−2	−2	−1.95
7.2	−2	−2	−2	−1.98
8.0	−2	−2	−2	−1.99

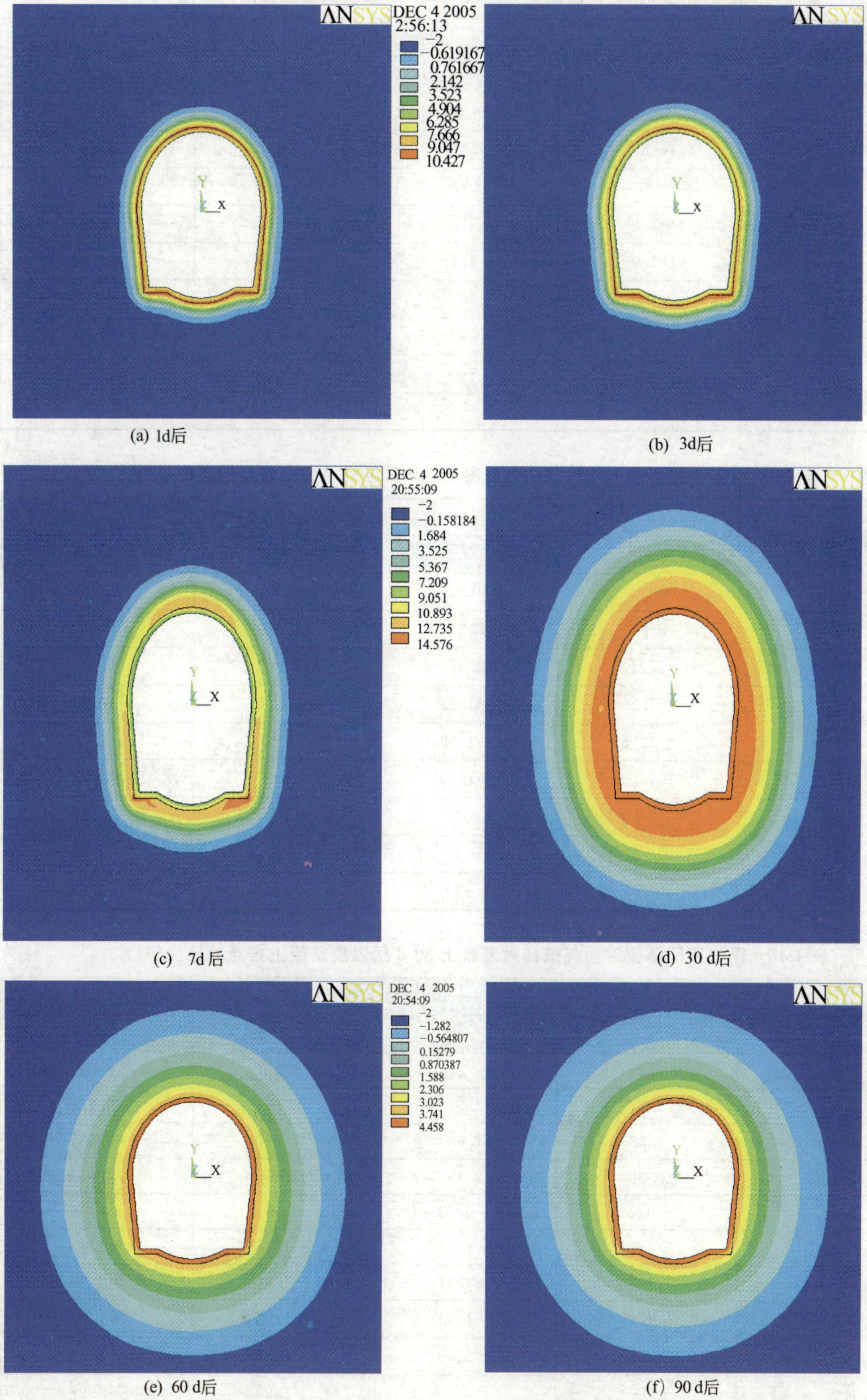

图 4-12 开挖 7 d 后浇筑初衬混凝土不同时间后的围岩温度场变化规律

表 4-8　围岩不同暴露时间浇筑初衬混凝土 3 d 后温度路径上各点的温度(℃)

距壁面距离(m)	毛洞暴露时间(d)			
	0	3	7	30
0	15.88	16.28	16.52	17.82
0.6	6.53	7.14	7.61	8.66
1.2	0.04	0.48	0.96	2.06
2.4	−1.95	−1.89	−1.72	−0.83
3.6	−1.99	−1.99	−1.96	−1.52
4.8	−2	−2	−1.99	−1.83
6.0	−2	−2	−2	−1.94
7.2	−2	−2	−2	−1.98
8.0	−2	−2	−2	−1.99

表 4-9　围岩不同暴露时间浇筑初衬混凝土 7 d 后温度路径上各点的温度(℃)

距壁面距离(m)	毛洞暴露时间(d)			
	0	3	7	30
0	10.48	10.68	10.85	12.45
0.6	8.01	8.36	8.67	9.95
1.2	3.21	3.55	3.90	5.00
2.4	−1.35	−1.23	−1.04	−0.21
3.6	−1.95	−1.93	−1.87	−1.41
4.8	−1.99	−1.99	−1.98	−1.75
6.0	−2	−2	−1.99	−1.92
7.2	−2	−2	−2	−1.97
8.0	−2	−2	−2	−1.98

表 4-10　围岩不同暴露时间浇筑初衬混凝土 30 d 后温度路径上各点的温度(℃)

距壁面距离(m)	毛洞暴露时间(d)			
	0	3	7	30
0	2.26	2.29	2.33	4.08
0.6	2.01	2.07	2.16	3.63
1.2	1.59	1.68	1.79	3.03
2.4	0.38	0.48	0.61	1.45
3.6	−0.79	−0.72	−0.64	−0.09
4.8	−1.53	−1.50	−1.45	−1.13
6.0	−1.85	−1.84	−1.81	−1.65
7.2	−1.95	−1.95	−1.94	−1.86
8.0	−1.98	−1.98	−1.97	−1.92
9.2	−2	−2	−1.99	−1.97
10.0	−2	−2	−2	−1.99

表 4-11 围岩不同暴露时间浇筑初衬混凝土 90 d 后温度路径上各点的温度(℃)

距壁面距离(m)	毛洞暴露时间(d)			
	0	3	7	30
0	5.58	5.60	5.61	6.87
0.6	4.07	4.09	4.11	5.29
1.2	2.86	2.89	2.92	4.00
2.4	1.12	1.16	1.20	2.07
3.6	0.01	0.05	0.09	0.75
4.8	−0.73	−0.70	−0.66	−0.19
6.0	−1.23	−1.21	−1.17	−0.86
7.2	−1.55	−1.53	−1.51	−1.31
8.0	−1.67	−1.65	−1.64	−1.48
9.2	−1.82	−1.81	−1.81	−1.70
10.0	−1.91	−1.90	−1.90	−1.84
12.0	−1.97	−1.97	−1.96	−1.94
13.6	−2	−1.99	−1.99	−1.97
15.0	−2	−2	−2	−1.99

计算结果表明，由于受混凝土水化热的影响，在混凝土浇筑、养护及其他施工工序阶段，冻土地温场发生了很大的变化，部分冻土融化产生融化圈。但其他条件均相同时，毛洞暴露时间越短，冻土的融化圈越小；暴露时间越长，融化圈越大。几种施工工序情况下，均假设 3 个月后施作二衬，那么隧道开挖后立即施作初衬时，90 d 后的融化圈大约为 3.53 m；3 d 后施作初衬时，90 d 后的融化圈约为 3.56 m；7 d 后施作初衬时，90 d 后的融化圈约为 3.61 m；30 d 后施作初衬时，90 d 后的融化圈约为 4.76 m。

从图 4-13 可以看出，在同一时期，距壁面越近，温度越高；距壁面越远，温度越低，达到一定距离后，则基本保持初始温度(−2 ℃)不变，即不受其影响。近壁面处，受混凝土水化热的影响较大，在第 3 天时温度达到最高，以后由于水化热逐渐减少，则温度逐渐降低(即产生回冻)。如壁面处在第 1 天时温度为 9.67 ℃，随着水化热的大量放出，第 3 天时达到最高为 16.52 ℃，到第 7 天时降低为 10.85 ℃，到第 30 天时则降为 2.33 ℃，这与混凝土水化热大部分在早期释放特别是在最初 3 d 内释放吻合较好。等水化热放完后(由于 30 d 后释放的水化热已经很少，故假设 30 d 释放完)，洞内空气成为主要影响因素。由于 4 月份施工，以后大气温度逐渐升高，致使洞内空气温度偏高，使得在 30 d 后冻土温度有所回升。从表 4-7～表 4-11 的数据也可以得到同样的结论。

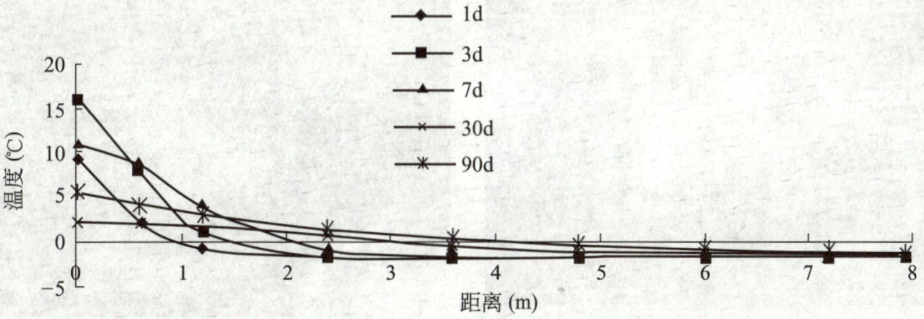

图 4-13 毛洞暴露 7 d 后施作初衬情况下不同时间的温度-距离曲线

通过计算比较可知，隧道开挖后，毛洞暴露时间越长融化圈就越大。由于冻土融化后，其物理力学参数（如：c，φ 等）发生了很大变化，使得围岩应力场及位移场发生改变，从而影响到围岩的稳定性。为了尽量减小融化圈的范围，隧道开挖后，应尽快施作初衬（见图 4-14）。在施工过程中，及时测量洞内及围岩的温度，并及时反馈，采用信息反馈法指导施工。

图 4-14　隧道的工作面与一次衬砌

4.1.8　二衬后围岩的温度场计算及结果分析

在以前的冻土工程实践中经常使用的保温材料主要有工程当地的草皮、泥炭、黏性土等天然材料，以及硅藻土砖、石棉板、草袋和泡沫混凝土等预制材料。天然保温材料虽然造价低，但是保温效果比较差，在对保温效果要求比较高的环境中是无法采用的。合成材料 EPS 和 PU 板是轻型的工业保温材料，隔热性能好，具有导热系数低、吸水率低、耐老化、成型板尺寸稳定等特点，是比较理想的隔热材料。

经过对比分析试验，昆仑山和风火山隧道在施工时所采用的保温、隔热材料是具有较低导热系数的聚胺酯泡沫材料，其热物理参数见表 4-12，现场施工情况如图 4-15 所示。

1. 施作二衬后围岩温度场的计算分析

因为在实际的施工过程中，施作初衬、二衬及保温层的时间各不相同，且前面已经分析了

图 4-15　隧道保温材料的施工

表 4-12 保温材料热物理参数

保温材料	密度(kg·m^{-3})	导热系数(W·(m·℃)$^{-1}$)	比热(kJ·(kg·℃)$^{-1}$)
聚胺酯	60	0.018 56	1.38

不同时间施作初衬时围岩温度场的分布情况,以前面的计算为基础,计算中按围岩暴露 7 d后施作初衬,初衬后分别从 7 d后、1 个月、2 个月及 3 个月后施作二衬等几种情况进行了讨论,这几种情况下均分析 3 个月内隧道温度场状态。由于在施工中混凝土的配合比相同,因此计算中混凝土的水化热如表 4-2 所示,且各种情况下温度场的分布情况、同一时间的温度－距离曲线、同一点的温度－时间曲线等均有相同的变化规律,只是在数值上有所差别,因此,根据现场施工情况选用开挖 7 d后施作初衬、3 个月后施作保温材料及二衬的温度场变化作为特例来说明围岩温度场的分布规律。混凝土不同施作时机的围岩温度场分布规律如图 4-16 所示。

2. 沿径向不同距离位置上点的温度分布规律

选取横截面中心水平 x 轴向的温度路径加以分析,该温度路径在不同时期的计算结果如图 4-17～图 4-19 和表 4-13～表 4-18 所示。

表 4-13 3 个月后施作二衬情况下保温层内、外侧温度表(℃)

时间(d)	保温层内侧	保温层外侧
1	15.08	5.98
3	36.00	8.06
5	38.66	8.93
7	33.22	9.48
15	13.00	7.92
20	8.18	6.81
28	5.76	5.62
30	5.53	5.41
60	4.83	3.73
90	4.71	3.06

表 4-14 不同情况下混凝土浇筑 1 d后温度路径上各点的温度(℃)

距壁面距离(m)	施作二衬的时间(d)			
	7	30	60	90
0	9.30	3.07	3.87	5.24
0.6	7.85	2.26	2.72	4.13
1.2	4.15	1.82	1.89	3.01
2.4	−0.73	0.68	0.66	1.30
3.6	−1.82	−0.53	−0.23	0.17
4.8	−1.97	−1.29	−0.85	−0.55
6.0	−1.99	−1.75	−1.35	−1.16
8.2	−2	−1.97	−1.85	−1.67
10.5	−2	−2	−1.97	−1.89
13.2	−2	−2	−2	−1.99

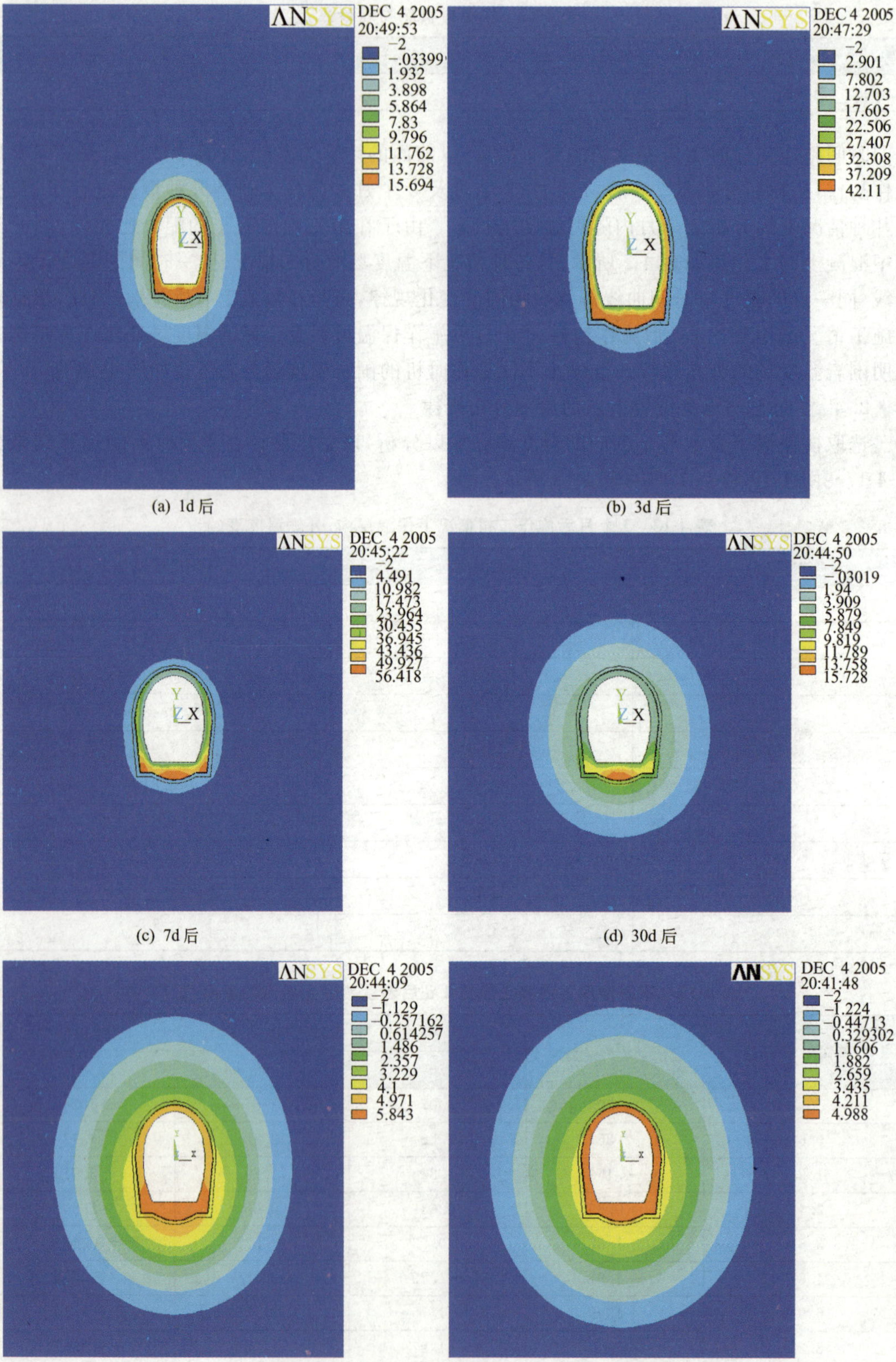

(a) 1d 后　(b) 3d 后

(c) 7d 后　(d) 30d 后

(e) 60d后　(f) 90d后

图 4-16　混凝土浇筑不同时间后围岩温度场分布

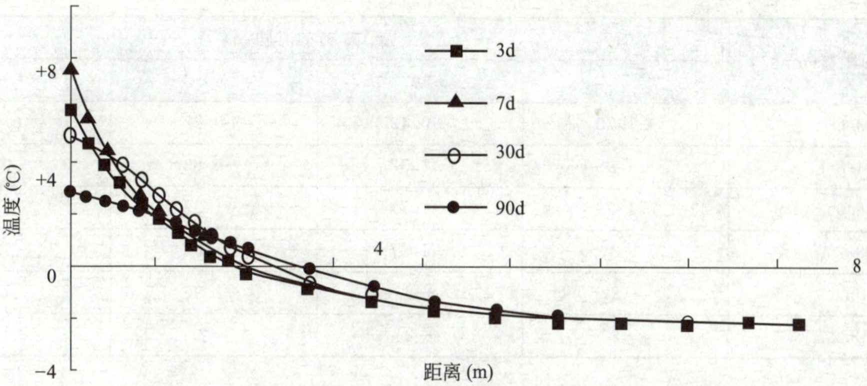

图 4-17 3个月后施作二衬情况下不同时间的温度-距离曲线

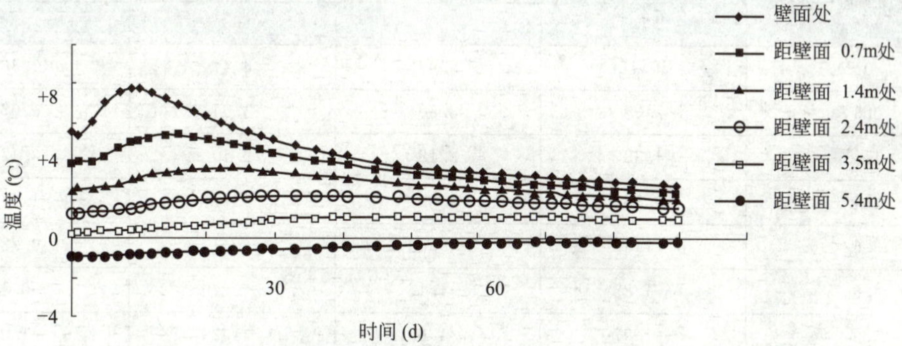

图 4-18 3个月后施作二衬情况下距壁面不同距离处的温度-时间曲线

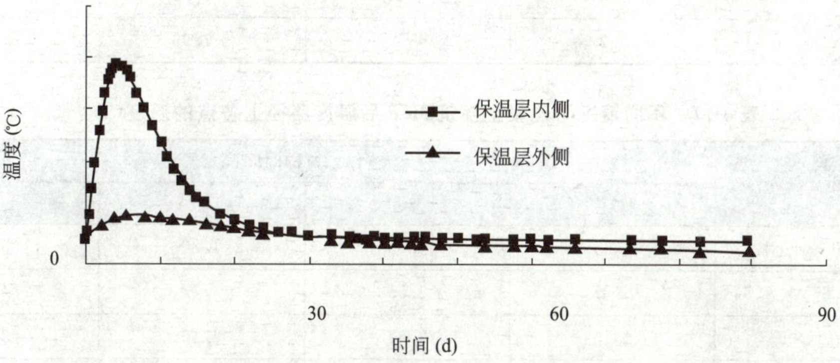

图 4-19 3个月后施作二衬情况下保温层内、外侧的温度-时间曲线

表 4-15 不同情况下混凝土浇筑 3 d 后温度路径上各点的温度(℃)

距壁面距离(m)	施作二衬的时间(d)			
	7	30	60	90
0	9.60	4.21	4.82	6.10
0.6	7.07	2.58	2.99	4.26
1.2	4.21	1.82	1.97	3.07
2.4	−0.28	0.66	0.69	1.35

续上表

距壁面距离(m)	施作二衬的时间(d)			
	7	30	60	90
3.6	−1.70	−0.49	−0.22	0.20
4.8	−1.95	−1.32	−0.83	−0.43
6.0	−1.99	−1.71	−1.33	−1.17
8.2	−2	−1.97	−1.82	−1.68
10.5	−2	−2	−1.96	−1.90
13.2	−2	−2	−2	−1.98

表 4-16　不同情况下混凝土浇注筑 7 d 后温度路径上各点的温度(℃)

距壁面距离(m)	施作二衬的时间(d)			
	7	30	60	90
0	10.18	5.97	6.41	7.56
0.6	7.08	3.59	3.94	5.07
1.2	4.38	2.18	2.40	3.42
2.4	0.38	0.65	0.77	1.47
3.6	−1.39	−0.43	−0.17	0.28
4.8	−1.85	−1.16	−0.79	−0.44
6.0	−1.97	−1.65	−1.29	−1.02
8.2	−2	−1.95	−1.81	−1.63
10.5	−2	−2	−1.95	−1.89
13.2	−2	−2	−1.99	−1.98

表 4-17　不同情况下混凝土浇筑 30 d 后温度路径上各点的温度(℃)

距壁面距离(m)	施作二衬的时间(d)			
	7	30	60	90
0	5.65	4.05	4.26	5.01
0.6	5.07	3.55	3.77	4.54
1.2	4.15	2.87	3.10	3.85
2.4	1.94	1.34	1.58	2.22
3.6	0.08	0.06	0.32	0.82
4.8	−1.01	−0.74	−0.46	−0.09
6.0	−1.60	−1.32	−1.06	−0.88
8.2	−1.96	−1.86	−1.69	−1.52
10.5	−1.99	−1.97	−1.90	−1.81
13.2	−2	−2	−1.98	−1.95
15.5	−2	−2	−2	−1.99

表 4-18 不同情况下混凝土浇筑 90 d 后温度路径上各点的温度(℃)

距壁面距离(m)	施作二衬的时间(d)			
	7	30	60	90
0	2.73	2.26	2.41	2.83
0.6	2.45	1.96	2.13	2.58
1.2	2.13	1.65	1.84	2.29
2.4	1.39	1.00	1.19	1.65
3.6	0.59	0.33	0.53	0.95
4.8	−0.05	−0.22	−0.04	0.32
6.0	−0.71	−0.75	−0.57	−0.37
8.2	−1.43	−1.48	−1.35	−1.14
10.5	−1.84	−1.80	−1.70	−1.59
13.2	−1.97	−1.95	−1.92	−1.86
15.5	−2	−1.99	−1.97	−1.94
17.0	−2	−2	−1.99	−1.98

计算结果表明,由于受混凝土水化热的影响,在混凝土浇筑、养护及其他施工工序阶段,冻土地温场发生了很大的变化,部分冻土融化产生融化圈,但其他条件均相同时,施作初衬与施作二衬间隔时间对冻土的融化圈有一定的影响。几种施工工序情况下,时间间隔为 7 d 时,30 天后的融化圈大约为 4.42 m;时间间隔为 1 个月时,3 个月后的融化圈约为 4.51 m;时间间隔为 2 个月时,3 个月后的融化圈约为 4.62 m;时间间隔为 3 个月时,3 个月后的融化圈约为 5.22 m。故在施工过程中,施作初衬与二衬的时间间隔可以适当放宽一些,但仍须尽可能早地施作二衬。

图 4-16 显示,由于保温层的作用,大部分的较高温度都发生在初衬以内或其附近,使得围岩不会出现较高的温度,从而使其融化圈大大减小。图 4-19 和表 4-13 显示,在前 20 d 内,同一时间保温层内侧和外侧的温度相差很大,在第 5 天时,保温层内侧温度为 38.66 ℃,外侧温度为 8.93 ℃,差值达到最大,约为 30 ℃。随着时间的增长,水化热逐渐减少,以致 30 d 后内外侧温度基本相同,待水化热放完以后,只有洞内空气这一项热源,因保温层的厚度较小,则以后保温层内外两侧的温度相差较小。可见,在多年冻土区修筑铁路隧道,增设保温隔热层是必要的。

4.1.9 洞内气温对围岩温度场的影响

施工季节不同,洞内气温也就不同,从而引起的隧道围岩的融化圈范围也就不同。为了定量分析洞内空气温度对融化圈的影响,对洞内气温分别为 2.37 ℃,4.32 ℃和 10 ℃等几种情况对毛洞阶段围岩融化圈的影响进行了计算分析,结果如图 4-20 所示。

由计算结果可以看出,洞内气温不同,融化圈的范围也不同,洞内气温越高,融化圈的范围越大。洞内气温为 2.37 ℃时,30 d 后融化圈的范围为 1.42 m;洞内气温为 4.32 ℃时,30 d 后融化圈的范围为 1.99 m;洞内气温为 10 ℃时,30 d 后融化圈的范围为 3.0 m。因此,在隧道

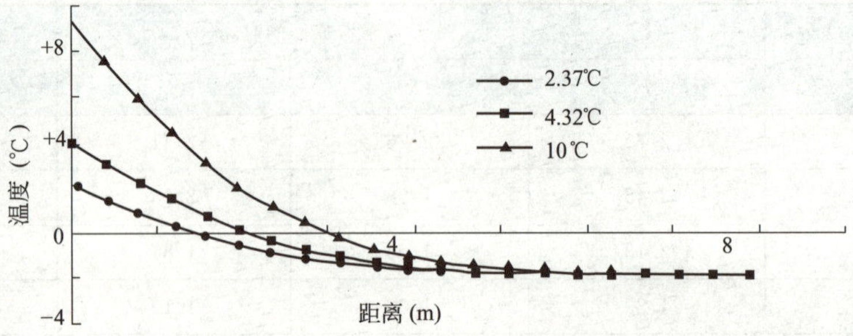

图 4-20　洞内不同气温下 30 d 后毛洞围岩温度-距离曲线

施工过程中，应控制洞内的温度，防止洞内温度过高而使围岩融化圈过大，以致影响围岩的稳定性。

4.1.10　原始地温对围岩温度场的影响

在其他条件均相同的情况下，原始地温对隧道围岩温度场也有一定的影响。对原始地温为－1.5 ℃，－2 ℃，－2.5 ℃三种情况分别进行了温度场模拟，所得温度-距离曲线如图 4-21 所示。

从计算结果可以看出，原始地温越高，围岩的融化圈范围就越大。原始地温为－2.5 ℃时，毛洞围岩融化圈的范围约为 1.21 m；原始地温为－2 ℃时，毛洞围岩融化圈的范围约为 1.38 m；原始地温为－1.5 ℃时，毛洞围岩融化圈的范围约为 1.75 m。为了能够准确描述围岩的温度场，准确测量地温是非常重要的。

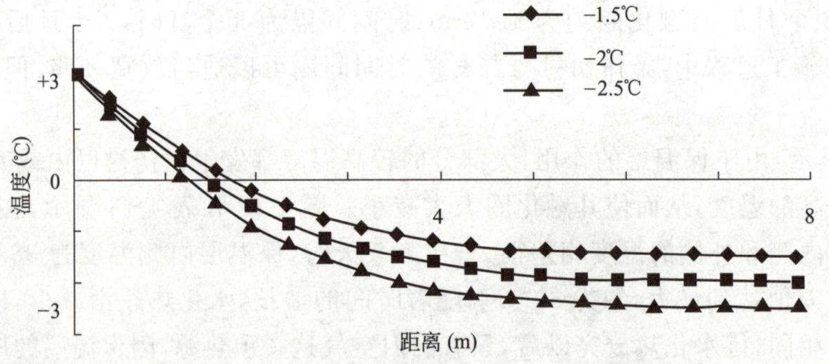

图 4-21　不同原始地温下毛洞暴露 30 d 后的温度-距离曲线

4.1.11　结果分析

由以上分析可知：

1. 冻土隧道施工中，洞内气温是影响冻土围岩融化圈深度的重要指标，当洞内气温分别为 2.37 ℃，4.32 ℃和 10 ℃时，毛洞状态 30 d 后围岩融化圈深度分别为 1.42 m，1.99 m 和 3.0 m。

2. 洞内月平均气温为 2.37 ℃、围岩原始地温为－2 ℃时，隧道开挖后冻土围岩的暴露时间越长，对围岩融化圈深度的影响越大，见表 4-19。当围岩暴露时间分别为 1 d 和 30 d 时，其融化圈深度分别为 0.12 m 和 1.42 m，其原始地温影响圈深度分别为 1.5 m 和 7.0 m。

表 4-19 不同施工阶段对围岩原始地温场扰动汇总

毛洞阶段			初衬后阶段				施作二衬 30 d 后	
围岩暴露时间(d)	围岩融化圈深度(m)	地温影响圈深度(m)	围岩融化圈深度(m)		地温影响圈深度(m)		围岩融化圈深度(m)	地温影响圈深度(m)
			30 d 后	90 d 后	30 d 后	90 d 后		
0			3.11	3.53	9.1	12.0		
1	0.12	1.5						
3	0.35	2.4	3.19	3.56	10.3	13.6		
7	0.59	4.0	3.29	3.61	11.8	13.6	4.42	10.5
30	1.42	7.0	3.88	4.79	13.4	15.31	4.51	13.2
60							4.62	13.2
90							5.22	15.5

3. 昆仑山隧道 2002 年 4 月～8 月份洞内月平均气温分别为 2.37 ℃,4.32 ℃,6.95 ℃,8.25 ℃和 9.20 ℃,围岩原始地温为－2 ℃时,初衬混凝土施工对冻土围岩地温场的扰动中,混凝土水化热的影响最大,其次是洞内气温和衬砌混凝土施做时间(或围岩暴露时间)的影响。衬砌混凝土水化热的影响主要集中在前 30 d,而衬砌施做时机的影响显著(见表 4-6)。隧道开挖后及时衬砌和 30 d 后再初衬时,衬砌后 30 d 围岩融化圈深度分别为 3.11 m 和 3.88 m,其地温场影响圈深度分别为 3.53 m 和 4.79 m。

4. 冻土隧道初衬和二衬之间设置了 5 cm 厚聚胺酯泡沫保温、隔热层,在二衬混凝土施做后 5 d 保温层内外侧温度分别为 38.66 ℃和 8.93 ℃,达到了约 30 ℃的最大温差,起到了良好的保温、隔热作用。

5. 因隔热、保温层的作用,二次衬砌混凝土施工对冻土围岩地温场的扰动相对较小,洞内气温高于围岩原始地温,二衬施做的迟早也将影响围岩融化圈的深度,同时更受衬砌前、后对围岩原始地温场扰动程度的影响。表 4-19 表明,在围岩暴露 7 d 后初衬的扰动地温场下,初衬后 7 d,30 d 及 90 d 再施做二衬,二衬后 30 d 围岩的融化圈深度分别为 4.42 m,4.51 m 和 5.22 m。

6. 上述温度场分析说明,在冻土隧道施工中,首先应能控制洞内环境气温,寒季结合施工通风向洞内供暖,方便施工作业并保证施工质量;暖季难以向洞内供冷时,应充分利用其昼夜温差,控制洞内环境气温。洞内环境气温一般略高于或高于围岩原始地温,施工中应尽可能缩短围岩暴露时间,及早施做初衬、保温层和二次衬砌。

4.2 隧道实测温度资料分析

在昆仑山隧道的施工过程中,对隧道开挖后未施做初衬的毛洞,隔一定距离对断面的拱顶、拱腰、拱脚、墙中等部位,分别在每天的零时、8 时、16 时进行岩面温度的观测,同时对洞内外的气温进行了观测。

4.2.1 温度数据处理

对 1 号横洞不同里程拱脚、正洞 DK976＋520～DK977＋560 段拱脚 2002 年 4 月观测的温度资料进行处理，结果见图 4-22 和图 4-23。

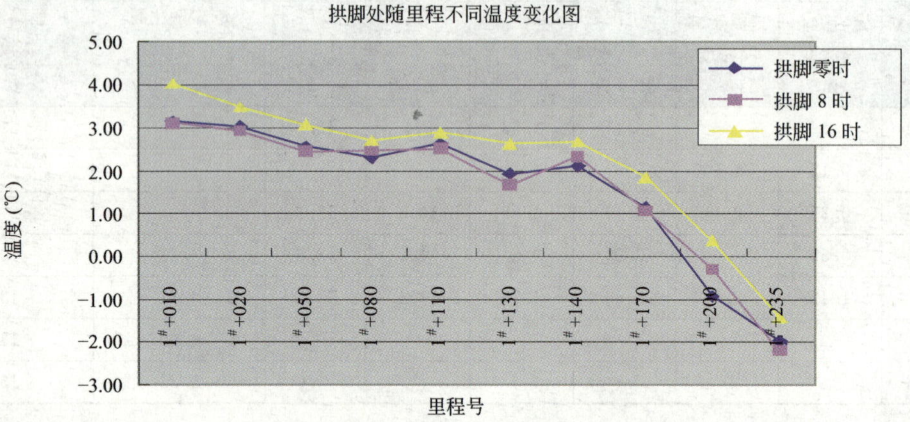

图 4-22　1 号横洞不同里程拱脚温度变化图

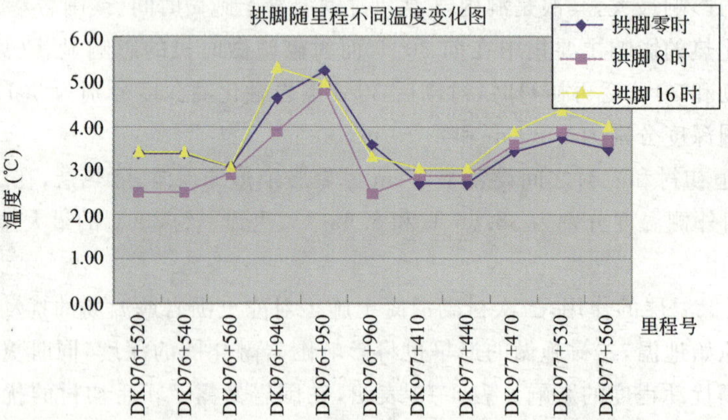

图 4-23　1 号横洞不同里程拱脚温度变化图

对 1 号横洞 2002 年 4 月份观测的气温资料进行处理，结果见图 4-24。

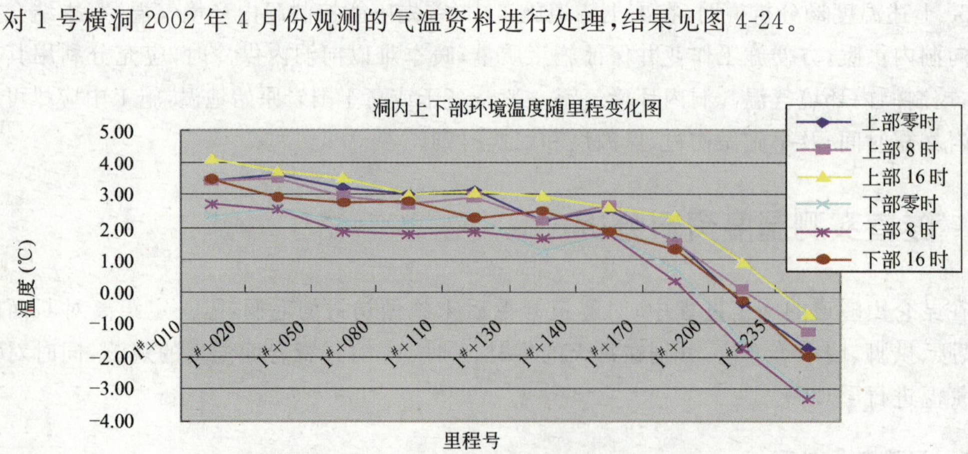

图 4-24　1 号横洞不同里程气温变化图

对1号横洞进口至正洞DK977＋560段2002年4月份墙中及拱顶的温度资料进行处理，不同里程墙中与拱顶的温度对比见图4-25。

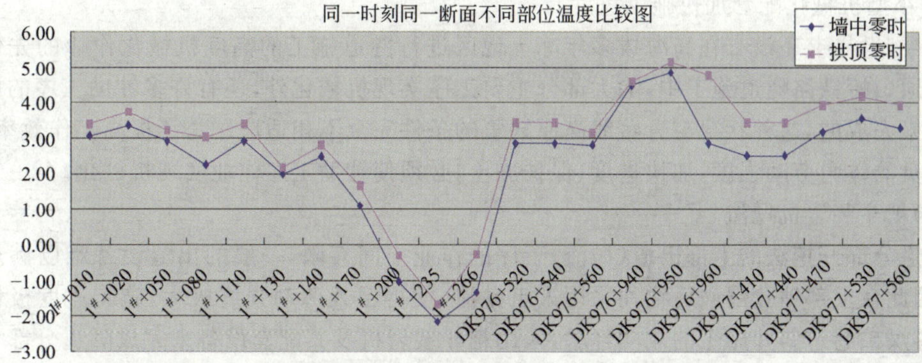

图4-25 不同里程墙中与拱顶温度对比图

对DK976＋940断面3～9月份的温度资料进行处理，温度变化曲线见图4-26。

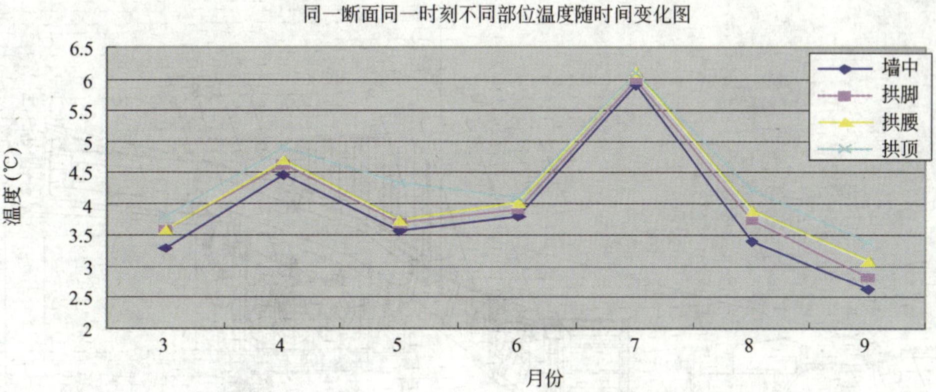

图4-26 DK976＋940断面不同月份温度变化图

4.2.2 数据分析

分析图4-22～图4-26，可以得出如下结论：

1. 从图4-22～图4-24可以看出，每天零时、8时、16时中，16时的温度最高，8时的温度最低；

2. 从图4-25、图4-26可以看出，同一洞内断面拱顶温度最高，按拱顶、拱腰、拱脚、墙中顺序温度依次递减；

3. 从图4-26可以看出，一年中7、8月份的温度最高，3月份温度开始升高，9月份温度下降，开始进入寒季。

4.3 运用隧道围岩温度场规律指导施工

通过隧道围岩温度场的研究，揭示了为保护冻土围岩，控制围岩暴露时间、控制洞内空气温度是必须的。施工中采用了机械化配套以加快施工进度、尽早施做隧道结构、采用有效的通风方式等施工措施。

4.3.1 控制围岩暴露时间

1. 小型机械化配套加快施工进度

至今，世界上还没有在高海拔多年冻土地区进行隧道施工的高度机械化作业的先例。国内在普通山岭铁路隧道施工中，除大部分主要工序实现机械化外，还有许多辅助工序的施工是由人力来完成的，这种状况与青藏线高原缺氧的条件完全不相适应。为了提高工作效率，减轻施工人员的体力劳动强度，加快进度、保护冻土，必须使辅助工序作业实现机械化。

(1)耙斗装岩机抛渣

隧道分部开挖法的上部出渣（抛渣）工序的作业空间有限，一般的出渣设备难以满足施工要求，因此在上部钻孔爆破后往往采用人工抛渣，使得工人劳动强度极大，施工进度极慢。为此，借鉴煤矿巷道斜井施工的成功经验，采用耙斗装岩机及其配套设备来完成隧道分部开挖法的上部出渣（抛渣）作业，取得了较为满意的效果。根据昆仑山隧道施工的具体情况，将有关厂家生产的耙斗装岩机（斗容 0.3～0.6 m^3）的技术性能参数进行比选，最后选择 PY-60B 型或 P60B 型耙斗装岩机（见图 4-27），其性能参数见表 4-20。

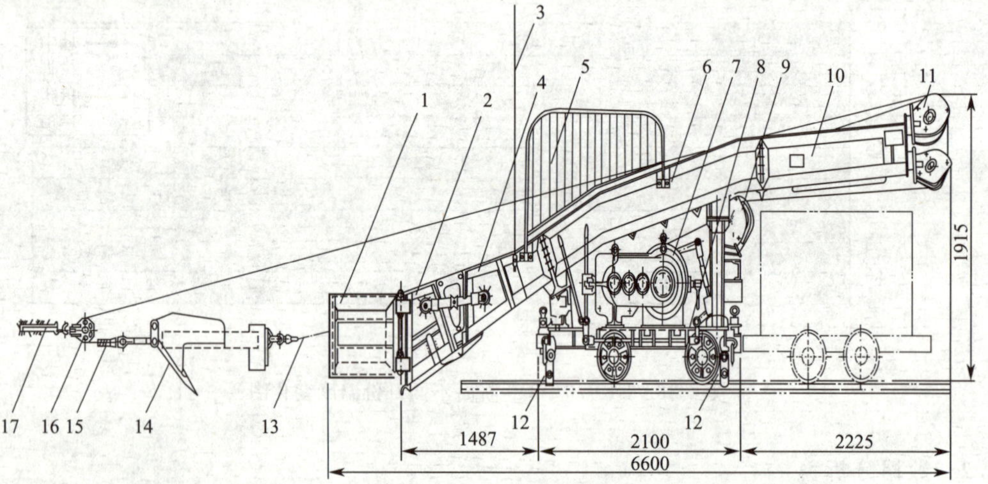

图 4-27 耙斗装岩机外形图

1—挡板；2—簸箕口 3—保护立杆；4—连接槽；5—栏杆；6—中间槽 7—绞车；8—台车；9—架绳轮；10—卸料口；11—导绳轮；12—卡轨器 13—主绳；14—耙斗；15—尾绳；16—尾轮；17—固定楔

表 4-20 PY-60B 型耙斗装岩机性能参数

项　目	指　标
技术生产率(m^3/h)	80～100
耙斗容积(m^3)	0.6
主电动机功率(kW)	14
电压(V)	380、660
转速(r/h)	980
轨距(mm)	600,750,762,900
外形尺寸(mm)	7 730×1 850×2 340
机重(kg)	6 140

(2)小型挖掘机捡底、挖水沟

在施做隧道仰拱前,必须进行隧道捡底及开挖水沟的作业。以往这一工序都是采用锹、镐及风镐等工具来完成,工人劳动强度大,工作效率低,为此,选择使用小型液压挖掘机来完成这一工序的作业。从移动方便与否考虑,轮胎式液压挖掘机较好,表 4-21 列出了部分轮胎式挖掘机的技术性能参数。

表 4-21 轮胎式挖掘机技术参数

产品型号	WYL-16	WZ2C/WZ2C-2	R130W	50LAR130-V	W4-60C
标准斗容(m^3)	0.6	0.2/0.7	0.51	0.5	0.6
机重(t)	16	6.4	11.94	13.6	13.6
行走速度(km/h)	20	18	9.5/32.5	37	0~31.38
铲斗挖掘力(kN)	96	39.2	72	81.7	75.86
最大挖掘半径(m)	8.5	5.8	7.93	7.56	7.93
工作压力(MPa)	25	14	28	35	14
参考价(万元)	42	20	76	85	43.8
生产厂家	河北冀川实业总公司	北京建筑机械厂	常州现代工程机械有限公司	大宇重工业烟台有限公司	贵州詹阳机械工业有限公司

国外的厂家,如英国 JCB 公司生产的 812 型(0.5m^3)、814 型(0.6m^3)、816 型(0.5m^3)挖掘机,美国 CASE 公司生产的 480E、488P 液压挖掘机,ALPINE 公司和 Liebherr 公司生产的小型液压挖掘机,日本小松公司生产的 PW270~PW100 型液压挖掘机,以及美国、西欧国家的有关厂家生产的轮胎式小型液压挖掘机等也可选择。这些挖掘机大都可选择多种配件完成相应的作业,如配液压锤可冲击破碎大块岩石避免改炮、配冻土斗可挖掘冻土等。

(3)反铲挖掘机械找顶

隧道在装药爆破后、喷射混凝土支护前,为了确保后续工作的安全性且保证喷层的质量,必须对拱顶的危石进行清除(即我们常说的找顶作业)。以往的找顶作业,主要是由工人手持撬棍站在渣堆上,用手电光照射,凭肉眼判断危石来进行作业,对工人没有很好的保护措施,且劳动强度很大,作业极不安全。目前国内没有专业的找顶机械。

在日本,隧道工程历来在液压挖掘机上配备液压破岩锤,作为爆破后找顶、隧道周边整形及仰拱整形的辅助工具。在瑞典隧道工程中,有的将 TEX250 型液压破碎式撬毛臂安装在装载机斗臂上进行找顶工作,撬毛臂的技术参数见表 4-22。

表 4-22 撬毛臂主要技术参数

项 目	指 标
冲击能量	240 J
冲击频率	15 Hz
工作油压	10 MPa
油流量	70 L/min
重量	240 kg

芬兰塔姆洛克公司生产的 SCALERDH420 型及 SCALERDH495 型找顶机,其撬渣头采用具有足够冲击力的液压冲击锤,可把松动的岩石撬落,但不会扰动牢固的围岩,这两种找顶机皆为轮胎式,在车辆工作臂下备有推土板,以清扫隧道底板上的散落石渣,其主要技术性能参数见表 4-23。

对风火山隧道和昆仑山隧道,经过比选,均选择了履带式液压反铲挖掘机(加长臂杆型或长斗杆型)。如日立 EX210LC(H15)-5 型找顶机,其比压约为 0.15 MPa,最大挖掘半径可达 15.3 m,取得了较好的效果。

表 4-23 找顶机主要技术参数

机　　型	SCALER DH495	SCALER DH420
行走方式	轮胎	轮胎
最大工作范围(宽×高)	12 m×9 m	10 m×11.8 m
走行速度(km/h)	10/5.6(40%坡道)	10
重量(kg)	13 500	17 500
外形尺寸(长×宽×高)	10.6 m×1.96 m×2.85 m	12.5 m×2.59 m×2.9 m
附注	工作臂装于中心铰接的台车上，工作臂行程 1 500 mm	工作臂行程 1 500 mm，4 个液压支腿稳定车辆底盘进行作业

(4)防干扰作业桥施做仰拱

隧道仰拱的施做往往影响到运输作业的顺利进行，由于《高原冻土隧道施工细则》要求仰拱施做必须先行于拱墙，以便施做拱墙衬砌后能及时形成封闭环承受载荷。为解决隧道施工运输与仰拱施做的干扰问题，研制了防干扰栈桥，并获得专利。此项技术在昆仑山隧道施工中的成功运用，解决了长期困扰国内隧道施工中运输与仰拱施做的相互干扰问题，填补了国内空白。

图 4-28、图 4-29 分别为仰拱栈桥方案示意图和轨道布置图。

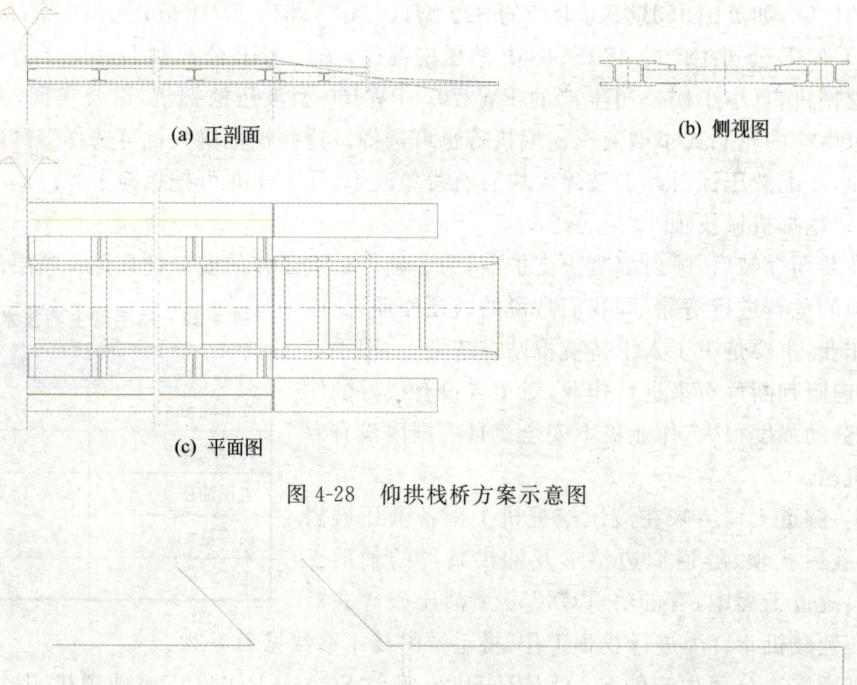

(a) 正剖面　(b) 侧视图　(c) 平面图

图 4-28 仰拱栈桥方案示意图

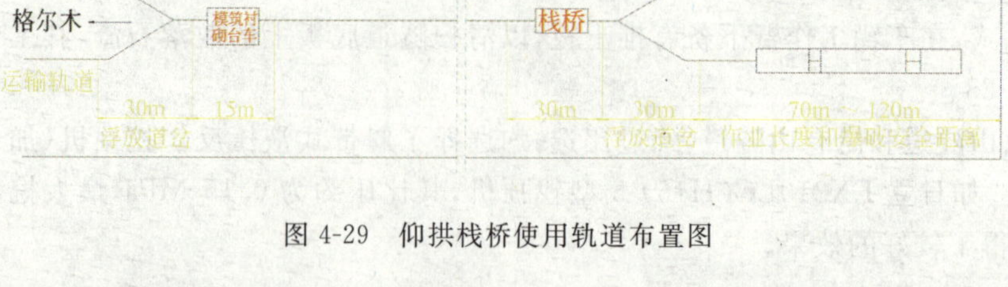

图 4-29 仰拱栈桥使用轨道布置图

技术说明:该仰拱施工防干扰栈桥是根据昆仑山隧道的施工设计及机械配套方案、轨道布置、承受荷载等要求进行的方案设计,能通过重载运输车辆和三臂轮式凿岩台车,一次施工长度为 8.5～10 m。本方案按 900 mm 轨距四轨三线制布置轨道,行驶车辆按四轴,每轴重按 15 t设计,满足 14 m^3 梭式矿车和 12 t 电瓶机车通过要求;轮胎式车辆按两轴、每轴轴重 30 t 设计,满足凿岩台车 Boomer353 的通过要求。该栈桥工作时,主梁两端应在施工运输轨道的道心内给予支承,保证凿岩台车、轨行车辆在栈桥上安全通过;该栈桥移动前必须撤除主梁两端的支承,使栈桥支承在施工轨道上,采用电瓶机车或其他车辆钢丝绳牵引并在运输轨道上滑行即可。栈桥的焊接方式:H 型钢翼缘板长焊缝必须采用埋弧自动焊和声波无损探伤技术,确保焊缝有较高的综合机械性能,其余焊缝可采用手工电弧焊或二氧化碳气体保护焊。栈桥的外形尺寸(长×宽)约 27 550 mm×3 200 mm,总重约 24 t。

2. 尽早施做隧道结构

根据隧道围岩温度场的研究,开挖 1 d 后,最大融化圈的范围约为 0.12 m,3 d 后约为 0.35m,7 d 后约为 0.59 m,而 30 d 后,融化圈可达 1.42 m,比开挖 1 d 后的最大融化圈大 1.30 m 左右。从研究结果可以看出,开挖后围岩暴露的时间越长,融化圈的半径越大。由于洞内环境气温一般略高于或高于围岩原始地温,所以控制融化范围、保护围岩冻土的有效手段是施工中应尽可能缩短围岩暴露时间,及早施做初衬、保温层和二次衬砌,切断与空气的热交换。

4.3.2 控制洞内空气温度

采用有效的通风方式及措施,将开挖段的温度控制在允许的范围内,也是控制融化、保护冻土的有效措施。

5 多年冻土隧道工程的开挖与衬砌

青藏铁路昆仑山隧道位于青藏高原多年冻土区北端，属中高山区，地形起伏较大，山坡陡峻，多有坡积碎石分布，山谷河顺沟流淌，参见图 5-1。由于青藏高原严寒缺氧，昆仑山隧道工程的开挖与衬砌的矛盾就变得尤为突出：多年冻土隧道开挖后需要及时支护，温度过高，不利于冻土围岩稳定；温度过低，又不利于施工人员作业以及衬砌混凝土强度的增长。在隧道施工前，研究人员曾建议在隧道洞内增设热源，以维持适宜于施工人员作业的环境，开始施工时，隧道洞内也采用过燃煤取暖的方法，但这种取暖方式不仅不利于围岩的稳定，而且使本来就缺氧的环境更加恶化。因此，寻求合理的分区温度场，既能维护围岩的稳定，又能满足施工人员作业环境及衬砌施工的需要，就成为当务之急。本章通过对昆仑山隧道自然环境和施工环境特征的分析，根据其工程地质和水文地质特征，首先进行隧道开挖数值仿真模拟，以便发现可能存在的由围岩强度及其变形特征所引起的稳定性问题，然后通过瞬态传热分析，考虑因施工环境温度引起的冻土围岩局部崩塌的影响，最终形成了多年冻土区隧道的开挖施工控制与预测方法，从而实现安全作业。

图 5-1　青藏铁路从雪山脚下穿过

5.1　自然环境特征

青藏高原多年冻土区工程的施工面临高原缺氧和气候严寒的困难，对该地区的昆仑山隧道工程则更是如此，严寒的气候虽然促进了多年冻土的形成，但对于隧道工程施工而言，却未必全是好事：多年冻土有利于隧道开挖及毛洞的稳定，但严寒气候下的超低温状态却不利于施工人员作业及衬砌结构的施工和养护；混凝土的施工需要较高的温度环境以保证混凝土较为正常的强度增长，而较高的温度环境可能会对冻土环境产生较大的破坏。因此，如何保证施工过程中的结构物稳定及施工人员的生命安全，就成为昆仑山隧道工程施工难题的焦点。自然气温特征的研究就为寻求一个较为合理的施工温度环境提供依据，使其既保证开挖时毛洞的稳定性，又确保衬砌施工时混凝土强度有较为正常的增长。

昆仑山隧道全长 1 686 m，位于青藏高原昆仑山北麓低、中高山区，隧道线路高程4 666～4 672 m，隧道埋深 2～106 m，区内地形起伏较大，山坡陡峻，山体极为破碎，植被稀少，以寒冻风化地貌为主。区内寒冷干旱，空气稀薄，气压低，气候多变，温差大，四季不明，有“一日四季”之说。每年的气温最高出现在 7 月份，最低为 1 月份，而地温的峰值则略有滞后，一年冻结期长达 7～8 个月。蒸发量远远大于降水量，年平均降水量 220.9 mm，年平均蒸发量 1 469.8 mm，相对湿度平均为 44.8%。年平均气温 −4.27 ℃，极端最高气温 23.7 ℃，极端最低气温 −37.7 ℃，最大风速 23.0 m/s，主导风向西风，平均雷暴日数年最多 22 d。

仅以昆仑山隧道贯通前后，即 2002 年 8～10 月为例说明隧道进口端洞外气温和地表温度的特征。气温的最大值为 19.2 ℃(8 月 5 日 16 时)，最小值为 −18.5 ℃(10 月 22 日 22 时)，气温月均值分别为 8 月 6.5 ℃、9 月 0.1 ℃、10 月 −4.5 ℃，日均值为 8 月 1.7～12.4 ℃、9 月 −6.2～6.6 ℃、10 月 −14.7～0.3 ℃。地表温度的最大值为 36.0 ℃(8 月 15 日 15 时)，最小值为 −16.7 ℃(10 月 23 日 8 时且分析数据止于此)，月均值为 8 月 9.6 ℃、9 月 2.9 ℃、10 月 −0.9 ℃，日均值为 8 月 5.8～14.0 ℃、9 月 −0.7～9.1 ℃、10 月 −10.4～2.7 ℃。8～10 月，地表温度月均值高于气温，二者月均值差为 3 ℃左右。按每月 15 日的 24 时点值统计，气温的日较差为 9～15 ℃，地表温度的日较差为 24～38 ℃。一日之内，地表温度的变化明显高于气温的变化，地表温度的日均值、月均值均高于气温。一日之内的变化，气温和地表温度一般在清晨 6 时～8 时为最低值，午后 15 时～18 时达到最高值。地表温度白天明显高于气温，夜间二者则互有高低。8 月至 10 月，气温和地表温度的月均值逐月下降，二者下降梯度比较一致，8、9 月间约为 −6～−7 ℃/月，9、10 月间约为 −4 ℃/月。

根据测温资料统计分析，昆仑山隧道进口段施工期(2001 年 12 月 16 日～2002 年 9 月 29 日)气温变化走向如图 5-2 所示。

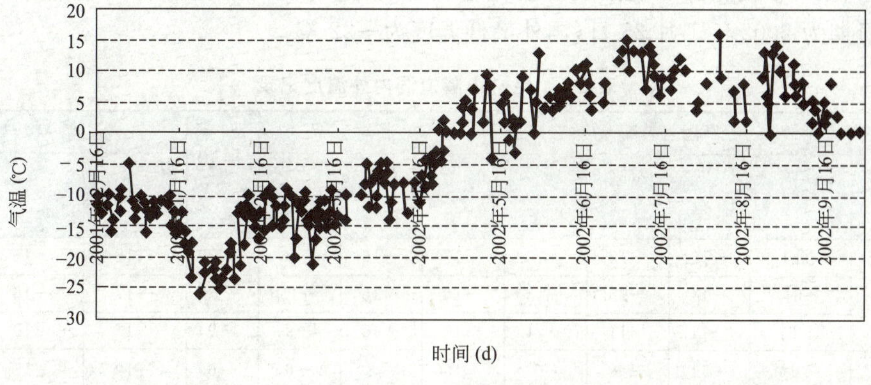

图 5-2 昆仑山隧道进口段气温变化散点图

气温变化曲线为：

$$T=-4.27+16\sin\left(\frac{2\pi}{365}t_{\mathrm{d}}-\frac{5\pi}{8}\right) \tag{5-1}$$

式中 T——温度(℃)；

t_d——时间(d)。

5.2 施工环境特征

施工环境特征主要指的是隧道开挖作业时的温度场特征和氧分压特征，这两个特征值直接影响着位于高原多年冻土区的昆仑山隧道施工的安全与生产成本，乃至隧道施工的成败。青藏高原冻土区工程的施工均面临高原缺氧和气候严寒的困难，而该地区的隧道工程则更是如此，如青藏铁路昆仑山隧道的氧分压仅为10.66 kPa，而被医学上称为生命禁区的氧分压为10.11 kPa，两个数值极为接近，这就引出施工作业人员如何生存的问题(实际施工时采用了多渠道供氧的方法)。严寒气候下的超低温状态不利于施工人员作业，而较高的温度环境可能会对冻土环境产生较大的破坏，加大多年冻土的融化圈，直接危及施工人员的安全，乃至后期隧道结构的安全。因此，如何保证施工过程中的结构物稳定和施工人员的生命安全，就演变成了首先要选择和实现一个较为合理的施工温度环境，既要保证开挖时毛洞的稳定性，又要确保衬砌施工时混凝土强度有较为正常的增长，这便是施工环境研究的意义所在。

从2001年12月16日开始，对昆仑山隧道实施了施工环境(即洞内)全方位的温度量测，测温时间止于隧道贯通时，即2002年9月29日，历时288 d，共测量11 505组、103 545个数据，对隧道的施工环境，形成了一个立体的温度场。在获得2001年12月16日的数据后，经过分析，提出了分区温度场的概念，即不同工序在不同温度环境(分区温度场)下作业。认为在自然状态下的施工环境温度有可能满足隧道施工的需要，即隧道开挖作业(如爆破、出渣)和混凝土的水化热产生的热量有可能满足衬砌混凝土养护的需要(此后的测温资料充分证明了这个推断)，于是，撤走了洞内所有的升温燃煤火炉，大大地改善了施工作业环境，维护了施工人员的生命安全。分区温度场概念的提出和应用，使原来担心的问题简化了很多，衬砌施工所需的温度场在正常施工环境下即可满足，因此，如何测控自然状态下的施工环境温度场，使之符合本隧道开挖施工的需要，变成了昆仑山隧道开挖施工的焦点问题。以下的数据分析建立在昆仑山隧道进口段开挖及毛洞部分测量的温度基础之上，其他工作面的情况基本相似。

一个典型的洞内施工环境温度量测记录表(如昆仑山隧道洞内外温度记录)如表5-1所示，量测日期为2002年1月25日，洞外最低温度为−22 ℃。

表5-1 昆仑山隧道洞内外温度记录

		围岩表面温度(℃)						拱顶(℃)	环境温度(℃)		备注
里程	时间	左侧			右侧				下部	上部	
		墙中	拱脚	拱腰	墙中	拱脚	拱腰				
DK976+250	零时	−16	−16	−16	−17	−16	−16	−16	−18	−16	衬砌
	8时	−14	−15	−13	−16	−16	−15	−13	−17	−16	衬砌
	16时	−11	−11	−11	−10	−10	−9	−9	−12	−10	衬砌
DK976+280	零时	−11	−9	−7	−10	−8	−6	−6	−19	−17	衬砌
	8时	−11	−9	−7	−11	−8	−7	−7	−18	−17	衬砌
	16时	−8	−3	−4	−8	−4	−4	−3	−13	−10	衬砌
DK976+310	零时	−8	−6	−5	−8	−5	−6	−4	−17	−15	衬砌
	8时	−9	−6	−5	−9	−7	−5	−5	−15	−14	衬砌
	16时	−6	−3	−3	−7	−3	−4	−3	−13	−10	衬砌

续上表

里程	时间	围岩表面温度(℃)						拱顶(℃)	环境温度(℃)		备注
		左侧			右侧				下部	上部	
		墙中	拱脚	拱腰	墙中	拱脚	拱腰				
DK976+340	零时	−7	−4	−3	−6	−4	−2	−2	−17	−15	衬砌
	8 时	−7	−4	−3	−5	−4	−3	−3	−14	−13	衬砌
	16 时	−4	−1	−1	−5	−2	−2	−2	−10	−8	衬砌
DK976+370	零时	−7	−3	−2	−5	−3	−2	−2	−15	−10	衬砌
	8 时	−7	−3	−2	−5	−2	−2	−2	−12	−10	衬砌
	16 时	−4	−2	−1	−4	−1	−1	−1	−9	−7	衬砌
DK976+400	零时	−6	−2	1	−3	−1	−2	3	−12	−8	衬砌
	8 时	−4	−1	1	−4	−1	1	1	−10	−8	衬砌
	16 时	−3	−1	0	−4	−1	−1	0	−9	−6	衬砌
DK976+430	零时	−1	3	2	−1	1	1	3	−10	−8	衬砌
	8 时	−1	2	3	−1	1	2	3	−5	−3	衬砌
	16 时	−1	1	2	−1	1	1	2	−7	−3	衬砌
DK976+460	零时	1	2	3	2	1	1	4	−5	−2	围岩
	8 时	−2	0	1	−3	0	0	1	−4	−1	围岩
	16 时	−1	0	0	−2	−1	0	1	−5	−1	围岩
DK976+470(开挖面)	零时	2	1	2	1	2	2	4	−4	1	围岩
	8 时	−2	−1	0	−1	−1	0	0	−3	−1	围岩
	16 时	−1	1	1	−1	1	0	0	−4	−1	围岩

注:施工单位:中铁五局四项目部;监理单位:铁一院青藏铁路监理站。

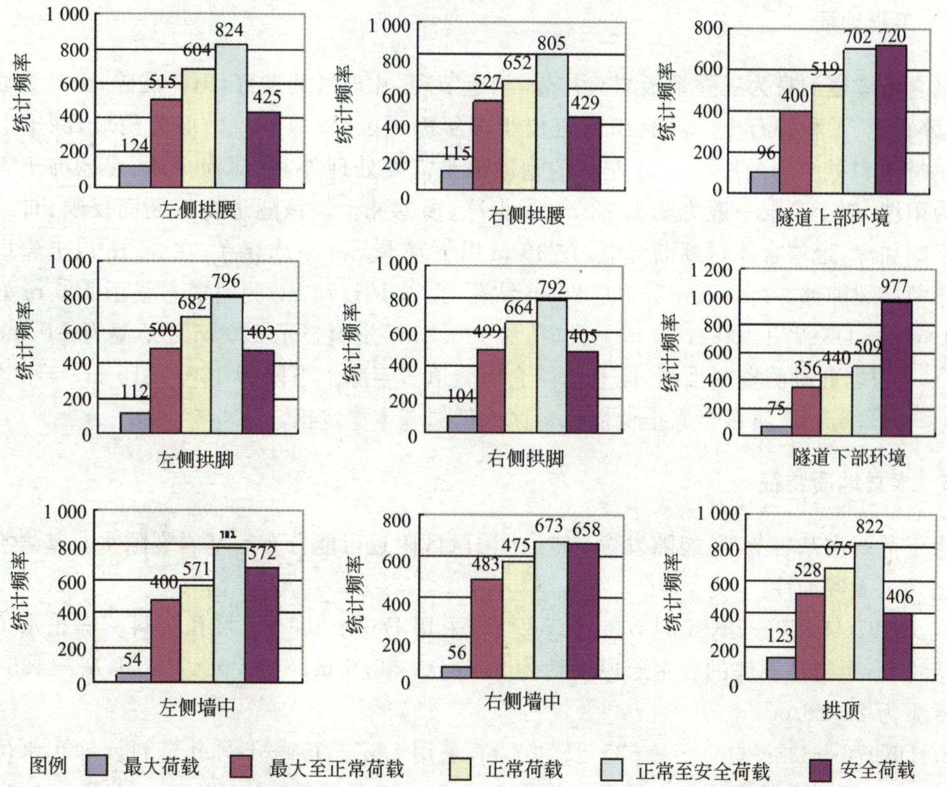

图 5-3 昆仑山隧道进口段洞内施工环境温度不同位置柱状图

隧道施工现场温度量测数据表明，隧道洞内施工环境温度范围为－19 ℃～10 ℃，根据各种环境温度出现的频数和便于施工控制与预测的原则，将温度荷载分为最大荷载(10～9 ℃)、正常荷载(4～1 ℃)和安全荷载(负温)。在开挖控制与预测时，最大至正常荷载按最大荷载处理，正常至安全荷载按正常荷载处理，这种处理方式显然偏于安全。昆仑山隧道进口段洞内施工环境温度统计如图 5-3 所示。

从图 5-3 可以看出，隧道上部环境温度 4℃以下(含 4 ℃)约占 80%，最高温度 9～10 ℃出现的频率不到 4%，由此可见，将施工温度场分为三种荷载是合理的。各种荷载出现的频数见表 5-2。

表 5-2　施工环境温度统计表

荷载类型	温度范围(℃)	统计频数								
		左侧			右侧			拱顶	环境温度	
		墙中	拱脚	拱腰	墙中	拱脚	拱腰		下部	上部
最大荷载	10～9	54	112	124	56	104	115	123	75	96
最大～正常	10～4	480	500	515	483	499	527	528	356	400
正常荷载	4～1	571	682	684	575	664	652	675	440	519
正常～安全	4～0	781	796	824	673	792	805	822	509	702
安全荷载	＜0	672	483	425	658	485	429	406	977	720

5.3　昆仑山隧道工程地质和水文地质特征

5.3.1　工程地质

昆仑山隧道洞身为三叠系板岩夹片岩，构造节理、片理极其发育，山体破碎，山坡为坡积角砾土、碎石土、洪积碎石土。昆仑山隧道位于多年冻土区，隧道进口山坡为阴坡，冻土上限约 2.7 m，除进口处分布的厚 1.8 m 左右的饱冰冻土需要处理外，余部为少冰、多冰冻土。出口山坡为阳坡，冻土上限一般为 2.1～3 m，为少冰、多冰冻土。该隧道物探断面反映，自地表随深度不断加深，地层含冰量逐渐降低，在 36 m 以下基本无冻结冰存在，在 36 m 以上岩层中局部分布薄层裂隙冰。DK976＋565 左 20 m 钻孔(孔深 101.74 m)测温资料显示 100 m 处地温为－0.64 ℃，DK977＋400 右 20 m 钻孔(孔深 120.73m)资料显示 120 m 处地温为－0.39 ℃～0.29 ℃。根据此勘测资料推测，昆仑山昆仑山隧道多年冻土下限为 100～110 m，年平均地温－1.81～－2.65 ℃，属多年冻土低温稳定区或低温基本稳定区。

5.3.2　水文地质特征

由于乱石沟基岩节理、裂隙发育，冻土下限融区附近可能分布有基岩裂隙水。基岩裂隙水对隧道圬工无侵蚀性。

1. DK976＋250～DK976＋832，长 582 m，采用 D6Z—253—1 号孔资料。静止水位标高 4 658.30 m，至隧道洞底的含水层厚度约为 12 m，$h_0=0.5$ m，$k=0.0647$ m/d，$R_y=185$ m，计算涌水量为 29.26 m^3/d。

2. DK976＋832～DK977＋635，长 803 m，采用 D6Z—254—1 号孔资料。静止水位标高 4 672.08 m，至隧道洞底的含水层厚度约为 16m，$h_0=0.5$ m，$k=0.1728$ m/d，$R_y=183.6$ m，计算涌水量为 193.29 m^3/d。

因此，昆仑山隧道计算正常涌水量为 222.55 m^3/d，最大涌水量为 445.10 m^3/d(见图 5-4)。

图 5-4 南冲沟流水情况(2003-8)

5.3.3 地应力状态分析

昆仑山隧道最大埋深 106 m，位于冻土区内，洞身岩性以三叠系板岩夹片岩为主，受构造及冻融风化作用的影响，岩体破碎，不具备高地应力集中的地质条件。隧道洞身深孔钻探和施工开挖也未发生岩心饼化、开裂和岩爆等高地应力现象。

中国地质科学院地质力学研究所对昆仑山隧道及周边地区进行的实测地应力及应力场有限元模拟表明，昆仑山隧道处于较低地应力状态，属正常地应力状态区。

地震基本烈度为 8 度，2001 年 11 月 14 日昆仑山地区发生了里氏 8.1 级强烈地震，在距离昆仑山隧道出口约 1 km 处撕开一条宽 1.4～1.6 m、长 300 多公里的裂缝，这次大地震对地应力的释放是有利的。

图 5-5 昆仑山公路哑口的纪念碑为 2001 年地震所振断

5.4 昆仑山隧道开挖仿真分析

无支护隧道围岩的稳定有三种形式：局部崩塌、拱形崩塌和变形持续增大。局部崩塌是由于松弛围岩的自重超过围岩周围的约束力而造成的局部围岩脱落，一般发生在隧道的顶部；拱形崩塌和变形持续增大现象则与围岩的强度和变形性质及隧道初始应力状态密切相关，拱形崩塌一般从隧道的侧壁开始，而变形持续增大则通常始于隧道的底部。在后面的表述中，将与围岩强度和性质相关的拱形崩塌和变形持续增大统称为围岩失稳，而与此相关的稳定状态称为隧道的围岩稳定。

昆仑山隧道的围岩稳定评估是根据新奥法理论，把支护与地层作为共同受力变形的整体，并按连续介质力学原理计算支护与周围地层的受力状态，并采用结构可靠度理论对结构进行强度检算，以确保整个施工过程的安全。锚杆对地层的加固作用是通过提高其作用范围的地层参数来实现的。计算方法采用弹塑性有限元方法，屈服准则采用 Mohr-Coulomb 准则，计算影响范围为 3 倍洞径。其边界条件为：顶面为自由面，两边为横向约束，底面边界为竖向约束。

在隧道开挖之前，围岩中的初始应力场$\{\sigma_0\}$按岩体在自重作用下的应力（自重应力场）计算，采用释放荷载法，释放荷载（竖向荷载）值取决于地应力，计算时按荷载释放系数确定。根据经验，计算荷载释放系数为开挖过程中释放 30%和初期支护与临时支护承受 70%荷载。昆仑山隧道二次衬砌作为结构的安全储备，承受水压力，并在拆除临时支护后与初期支护共同承担使用阶段的围岩压力。水平荷载由竖向荷载乘以岩体侧压力系数确定。

围岩力系参数是在试验的基础上，参照《公路隧道设计规范》和《铁路隧道设计规范》进行工程对比取值，经锚杆加固后的地层则视为该范围内的围岩力学指标作相应提高（同时参照《公路隧道设计规范》、《地铁设计规范》、《铁路隧道设计规范》等进行工程类比取值），计算参数见表 5-3。

表 5-3 围岩计算参数表

名 称	弹性模量 kPa	容重(kN/m^3)	泊松比	黏聚力 c(kPa)	内摩擦角 φ(°)
Ⅳ级围岩地层	400×10^3	21	0.3	500	34
C20 喷混凝土	28×10^6	22	0.22	2 000	55
C30 钢筋混凝土	31×10^6	25	0.17	5 000	60
锚杆加固范围围岩	500×10^3	22	0.4	700	42

为了选择较为合理的开挖方案，模拟了上下导坑法和全断面法等不同施工方法的开挖过程。在计算中将施工过程模拟为 6 个施工阶段，包括施工前的初始状态分析、各施工步的开挖、施做支护、拆除临时支护及施做二次衬砌等。初期支护与二次衬砌施做按填土（材料常数采用设计标号混凝土力学参数）工序模拟，从开挖到初期支护发挥作用前地应力释放 30%，初期支护与临时支护施做后承受其余 70%荷载，二次衬砌在拆除临时支护后施做，与初期支护共同承受使用阶段的围岩压力。

有限元开挖过程仿真计算结果分析表明：昆仑山隧道洞室周围岩石以压应力为主，在隧道墙脚、仰拱拱脚、边墙出现一定的拉应力，通过配筋加强后，能够满足结构安全的要求；在开挖施工过程中，拱顶最大沉降为 5 mm，拱腰最大位移为 3 mm，拱脚最大位移值为 5 mm，边墙中位移值为 2 mm，隧道仰拱隆起 6 mm。采用上下导坑法和全断面法开挖时，隧道围岩变形仿真结果见表 5-4。

实际施工时，昆仑山隧道开挖方案采用了全断面一次成型开挖法。由于隧道围岩变形很小，围岩实际变形值没有观测到，由此可见，对于多年冻土区的昆仑山隧道而言，围岩稳定不成问题。

表 5-4 围岩变形计算结果比较表(mm)

开挖方式	拱顶	拱腰	拱脚	边墙中部	仰拱
全断面	3	2	3	1	5
台阶法	5	3	5	2	6

5.5 瞬态传热分析

正如前面所述,多年冻土隧道开挖后的稳定分为围岩稳定和局部崩塌,由于昆仑山隧道围岩的稳定性不成问题,而且经过计算分析,温度变化所引起的变形很小,在实际施工中该变形值又没有观测到,因此,由温度变化引起的变形可以忽略不计。据此,因温度上升引起围岩融化而导致的局部崩塌就成为该隧道稳定问题的焦点,进而,昆仑山隧道的局部崩塌就变成了因浅层融化、剥落、掉块而危及施工安全的问题。

5.5.1 有限元模型

昆仑山隧道全长 1 686 m,埋深 2～106 m 不等,且多数地段为深埋,开挖净空宽 8.4 m、高 10 m,因此,选取昆仑山隧道横截面作为有限元几何模型。模型厚度为一个单位,隧道埋深 30 m,下边界距离隧道底部 20 m,隧道两侧各 25.8 m。由于隧道为对称结构,所以,沿隧道中线取一半为有限元几何模型,则模型宽 30 m、高 60 m。昆仑山隧道有限元模型如图 5-6(a)所示。

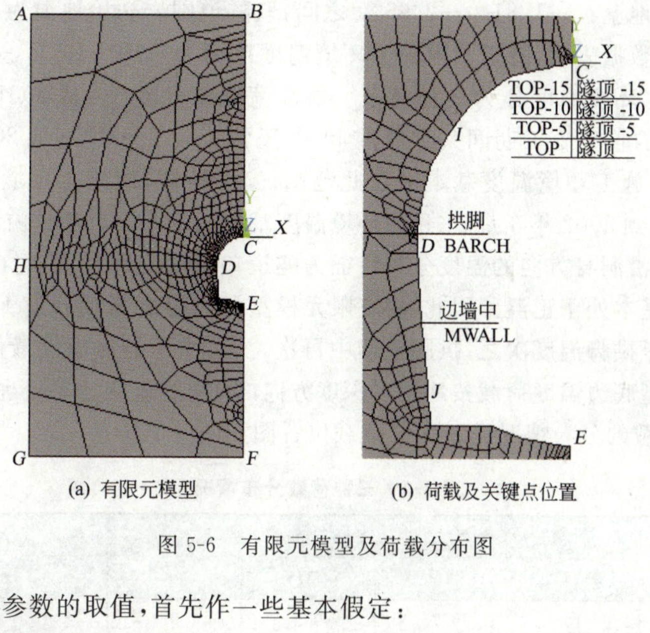

(a) 有限元模型 (b) 荷载及关键点位置

图 5-6 有限元模型及荷载分布图

关于工程材料参数的取值,首先作一些基本假定:

1. 围岩均一且各向同性、连续;
2. 围岩中的裂隙冰是均匀分布的;
3. 不考虑热辐射作用的影响。

模型的工程材料参数见表 5-5。围岩所具有的热传导系数、比热和焓见表 4-1,采用国际

通用单位，根据需要，计算时间的单位为小时，焓由下式确定

$$Q = L\rho_d(W - W_u) \tag{5-2}$$

式中 Q——焓（J/m³）；

L——冰的水化潜热（J/kg）；

ρ_d——围岩的干密度（kg/m³）；

W——围岩的含水量；

W_u——未冻水含量。因为未冻水含量很小，所以忽略不计。

围岩的含水量为0.12%～0.24%，取含水量为0.12%计算，结果偏于安全。

表 5-5 工程材料参数

项 目	单位	温 度			
		−15 ℃	−0.1 ℃	0 ℃	10 ℃
容重	kg/m³	2 300	2 300	2 300	2 300
密度	kg/m³	2 760	2 760	2 760	2 760
传导系数	W/m·k	1.824	1.824	1.433	1.433
比热	J/kg·k	703	703	839	839
冰的水化潜热	J/kg	0	3.330E5	3.346E5	
含水量		0.12%～0.24%			

5.5.2 边界条件

昆仑山的平均地温在−1.81～−2.65 ℃之间，取隧道围岩初始地温为−2.5 ℃。隧道施工的现场温度量测数据表明，隧道洞内施工环境温度范围为−19～10 ℃，采用施工环境特征分析的结果，将施工环境温度分为3种荷载。最高荷载9～10 ℃，从2001年12月16日到2002年9月26日的整个施工期间共出现过11 d；正常荷载1～4 ℃，从2002年4月1日到2002年6月11日，施工环境温度基本上在此范围；安全荷载，即施工环境温度处于负温，从2001年12月16日到2002年3月31日的环境温度基本处于零下。隧道内温度场分布并不均匀，温度上高下低，沿洞身方向的温度分布特征为隧道口温度变化较大，衬砌施工时该处温度较高，开挖面顶部基本处于正温。因此，将有限元模型洞内温度荷载分为4个分区，洞顶至拱腰温度最高，拱腰至拱脚温度次之，拱脚至墙中再次之，墙中至洞底温度最低。模型上边缘受大气温度影响，模型底边温度荷载按地温沿深度方向以3%的递变速率处理，模型左右两边按对称处理。3种荷载的分布情况见表5-6，荷载位置图如图5-6(b)所示。

表 5-6 三种荷载分布情况

施工环境温度(℃)	荷 载 位 置					
	CI	*ID*	*DJ*	*JE*	*AB*	*GF*
最不利荷载	10	9.75	9.5	9	10	−0.7
正常荷载	4	3	2	1	−4	−0.7
安全荷载	−1	−1	−1	−1	−4	−0.7

注：1. 空气对流系数为10 W/(m²·K)；

2. *GF*边受温度荷载作用。

5.5.3 参考点的选择

为了弄清该隧道浅层围岩内部温度变化与施工安全的关系，选取了一些重要的观察点，如隧顶TOP点、拱脚BARCH和边墙中点MWALL，另外，还根据工程经验选择了围岩内部的一些点作为参考点，并给这些参考点赋予特定的与施工作业安全有关的含义，捕捉这些点温度随时间的变化规律，分析参考点与观察点的温度变化关系，进而讨论施工工序与观察点温度变化的关系，最终寻求一个合理的温度场，以提高昆仑山隧道开挖作业的安全性。

观察点位于围岩外表，它们的温度通过直接量测取得，而参考点位于围岩内部，不便直接量测，它们的温度变化情况需通过观察点的温度变化来反映，而参考点的选取与隧道开挖施工安全密切相关。根据需要，昆仑山隧道将开挖作业分为4个阶段：安全施工阶段、相对安全阶段、安全预警阶段和安全隐患阶段。安全施工阶段是指开挖和出渣作业引起毛洞围岩融化剥落掉块的现象极少，施工作业处在较为安全的环境，这就要求围岩不会出现融化，即围岩一直处于负温状态；在相对安全阶段，一般不会出现严重的因围岩融化而脱落掉块的现象，偶有掉块，但不会对施工人员的安全构成威胁；安全预警阶段说明围岩融化已达到一定的程度，有可能出现围岩因融化而掉块的现象，虽然掉块的概率不高，且对施工人员造成严重伤害的可能性不大，但已对施工安全构成威胁，施工尚可进行，却需采取防范措施；当到达安全隐患阶段时，围岩融化面较大，融化深度也较深，围岩因融化而掉块的概率增大，甚至可能出现较大范围的坍塌，掉块坍塌可能对施工人员造成较严重的伤害，对施工安全构成较大威胁，施工作业存在安全隐患，施工尚可进行，但安全防范措施必须到位。根据上述隧道开挖施工阶段安全状态的划分原则，参照前苏联水工隧洞规范允许的无支护隧道崩塌尺寸值1～10 cm，并考虑昆仑山隧道围岩的破碎程度，岩块块径一般2～30 cm，形成了参考点的选取原则：当隧顶围岩一直处于负温状态时，施工安全状态为施工安全阶段；当隧顶融化深度不超过5 cm时，施工安全状态为相对安全阶段；当隧顶围岩融化深度在5～10 cm时为安全预警阶段；当隧顶围岩融化深度在10～15 cm时，施工安全状态为安全隐患阶段。因此，参考点就选为位于隧顶围岩内部深5 cm、10 cm和15 cm的3个点，见图5-6(b)。之所以选择隧顶，是因为隧顶温度最高，且脱落掉块对施工人员的安全威胁最大。

5.5.4 计算结果分析

1. 最不利荷载结果分析

最不利荷载作用下的关键点(观察点和参考点)温度-时间曲线如图5-7所示。

图5-7中每条曲线至少有一个平台，而这平台正是冰受热融化产生相变的表现。可以直观地看出，平台的长短与焓密切相关，焓值越大，平台越长，而且平台的长度远比斜坡底长，这说明围岩初始温度的高低对融化时间影响不大。结合式(5-2)不难推断：平台长短与围岩的含水量成正相关，含水量越高，平台越长。昆仑山隧道围岩的含水量为0.12%～0.24%，本文计算含水量取值0.12%，偏于安全。各关键点融化温度与时间的关系见表5-7。

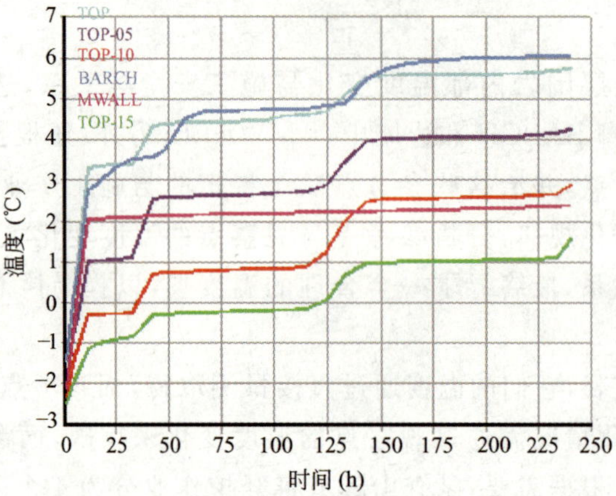

图 5-7 最不利荷载作用下关键点温度与时间关系曲线

表 5-7 最不利荷载作用下围岩温度与时间关系表

温度(℃) / 时间(h)	隧顶	拱脚	边墙中	隧顶-05	隧顶-10	隧顶-15
3.0	−0.168	−0.123	−1.185	−1.130	−1.785	−2.182
4.0	0.115	0.143	−0.798	−0.824	−1.536	−2.029
6.9	0.775	0.693	0.949	−0.500	−1.137	−1.701
8.0	2.091	0.730	1.595	0.147	−0.841	−1.553
33.1	3.408	3.515	2.104	1.114	−0.251	−0.850
34.1	3.548	3.534	2.107	1.513	0.010	−0.739
124.0	4.630	4.805	2.217	2.760	0.919	−0.146
125.0	4.677	4.814	2.218	2.877	1.248	0.055

表 5-7 表明：(1)从打眼爆破开始，4 h 后隧顶 TOP 点出现正温，此时的拱脚 BARCH 点和边墙 MWALL 点的温度分别为 0.143 ℃和−0.798 ℃；(2)8 h 后拱顶围岩内 5 cm 显示正温，此时拱顶、拱脚和边墙中点的温度分别为 2.091 ℃，0.73 ℃和 1.595 ℃；(3)拱顶围岩内 10 cm 出现正温的时间为 34.1 h，而拱顶围岩内部 15 cm 显示正温的时间为 125 h，也就是说，在最不

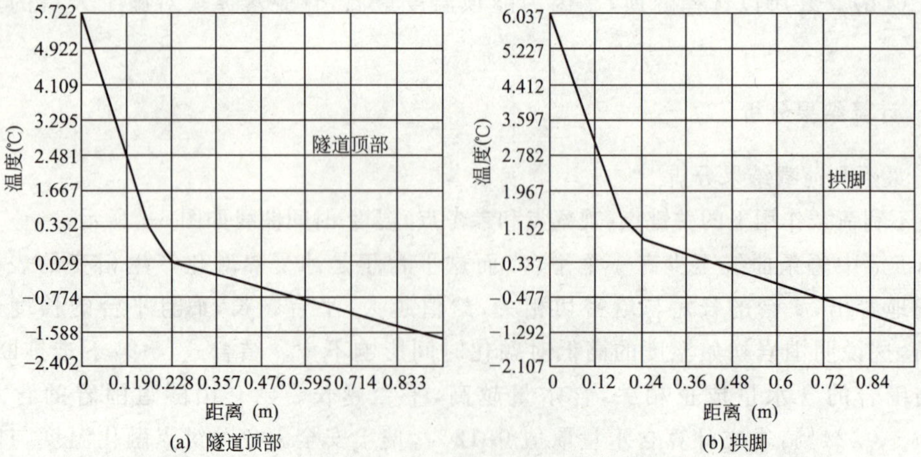

(a) 隧道顶部 (b) 拱脚

图 5-8 240 h 后隧顶和拱脚沿围岩深度方向温度分布曲线

利荷载的作用下，安全施工阶段仅为 4 h，相对安全阶段的工作时间为 4 h，安全预警阶段的工作时间为 26.1 h，而安全隐患阶段的工作时间为 90.9 h。当开挖作业持续到第 10 天(240 h)时，隧顶和拱脚处沿围岩内深度方向的温度分布如图 5-8 所示。

2. 正常荷载结果分析

正常荷载作用下的关键点温度随时间变化如图 5-9 所示。

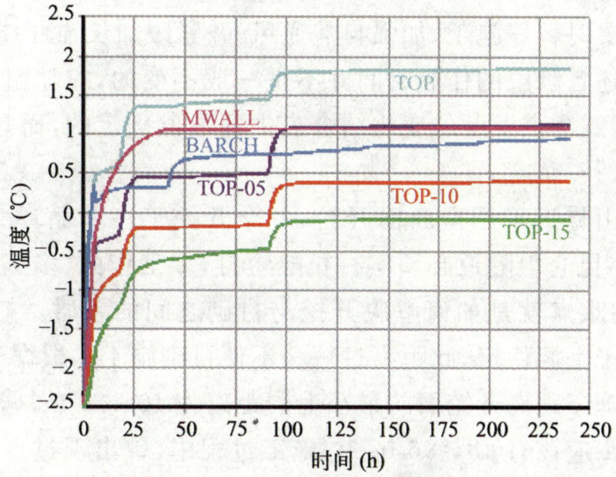

图 5-9 正常荷载作用下关键点温度与时间关系曲线

图 5-9 表明，各观察点的温度变化明显不同步，隧道上部快于下部，在 240 h 之内，隧顶围岩内 15 cm 点一直维持在负温状态，各关键点的融化与时间的关系见表 5-8。

表 5-8 正常荷载作用下围岩温度与时间关系表

温度(℃) / 时间(h)	隧顶	拱脚	边墙中	隧顶-05	隧顶-10	隧顶-15
3	−0.168	−0.122	−1.185	−1.130	−1.785	−2.182
4	0.115	0.143	−0.798	−0.824	−1.536	−2.029
12	0.544	0.255	0.303	−0.356	−0.892	−1.403
16	0.586	0.290	0.543	−0.314	−0.806	−1.260
18.9	0.875	0.304	0.667	−0.071	−0.652	−1.133
19.9	1.036	0.305	0.702	0.084	−0.539	−1.060
24	1.293	0.307	0.818	0.382	−0.272	−0.835
48	1.368	0.649	1.063	0.453	−0.192	−0.596
72	1.416	0.726	1.066	0.477	−0.174	−0.514
91.5	1.479	0.740	1.067	0.614	−0.066	−0.433
92	1.522	0.740	1.067	0.696	0.009	−0.390
96	1.750	0.743	1.067	1.006	0.304	−0.185
240	1.844	0.939	1.071	1.119	0.406	−0.081

表 5-8 表明，(1)隧顶在 4 h 后显示正温，即安全施工阶段也是 4 h；(2)隧顶围岩内 5 cm 出现正温的时间是 19.9 h，处于相对安全阶段的工作时间有 15.9 h；(3)隧顶围岩内 10 cm 点变为正温的时间是 92 h，安全预警阶段的施工时间为 72.1 h；(4)隧顶围岩内 15 cm 点在这 10 d内一直处于负温状态，也就是说，从第 92 小时到 240 小时的施工均处于安全隐患阶段。

由于最小荷载均为负温，所以，施工环境温度和隧道围岩温度都处于负温状态，对于施工极其有利，所有的施工工序均正常进行。

如前所述，4 个阶段的安全状态不一样，施工时所采取的安全防护措施自然也有所区别：安全施工阶段的环境温度和隧道围岩温度均处于负温状态，因此施工时无需采取特殊的安全防护措施；当施工处于相对安全阶段时，应适当通风，以降低施工环境温度；在安全预警阶段的施工则需要加强通风，以降低洞内施工环境温度，同时紧跟挂网喷混凝土临时支护；进入安全隐患阶段施工时，须合理安排工序的作业时间，光面爆破及出渣应安排在一天中洞外环境气温最低的时间段作业，必要时暂停施工，加强自然通风，并紧跟加长锚杆挂网喷混凝土支护。

需要说明的是，上述各阶段的作业时间并不是一成不变的，它随温度荷载的变化而变化，各个阶段的界定是根据观测点温度的变化结合表中的数值确定的，而且所有的观测点温度必须同时满足条件。

实际施工时，昆仑山隧道采用全断面开挖，一个开挖工序单循环大约需要 16 h，掘进约 3.2 m。根据工期要求，昆仑山隧道必须实行长隧短打，多工作面、多工序平行作业的原则，而实现多工序平行作业的难点就是如何解决开挖与衬砌之间的矛盾。衬砌施工距离开挖面过远，有利于衬砌而不利于毛洞稳定，此距离过短又不便衬砌施工。根据开挖作业空间和衬砌施工安全的的需要，衬砌施工距离开挖面的最小毛洞距离为 10～20 m，据此推算，从开挖到衬砌施工，毛洞稳定时间至少应该有 48～96 h。在施工过程中，曾出现过多次剥落掉块现象，这些落石块径大多在 2～15 cm 之间，但有三次坍塌较大，面积 1.5～8 m^2、厚 12～50 cm，而当时拱顶围岩温度高达 10 ℃以上。由此可见，实际施工情况与上述计算分析具有较好的吻合性，而所有这些工序作业的调整都是通过对观察点温度的监控实施的。在施工过程中，每天 3 次（0：00，8：00 和 16：00）沿隧道每 10～50 m 量测观察点及隧道洞内施工环境的温度，根据计算分析结果表 5-9，指导施工。

表 5-9 施工控制温度和工程措施表

荷载情况			最不利荷载	正常荷载	安全荷载
安全施工阶段	时间(h)		4	4	1. 隧道洞内环境和围岩温度均为负温 2. 正常施工
	控制值(℃)	隧顶	<0	<0	
	工程措施		正常施工		
相对安全阶段	时间(h)		8	19.9	
	控制值(℃)	隧顶	<2.0	<1.03	
		拱脚	<0.73	<0.30	
		边墙中	<1.59	<0.70	
	工程措施		需适当通风		
安全预警阶段	时间(h)		34	92	
	控制值(℃)	隧顶	<3.54	<1.52	
		拱脚	<3.53	<0.74	
		边墙中	<2.10	<1.06	
	工程措施		加强通风，网喷混凝土		
安全隐患阶段	时间(h)		125	240	
	控制值(℃)	隧顶	<4.67	<1.84	
		拱脚	<4.81	<0.93	
		边墙中	<2.21	<1.07	
	工程措施		自然通风，加长锚杆网喷混凝土		

需要说明的是，根据隧道内施工环境温度监测结果(表 5-2 中的拱顶围岩温度)，表 5-9 监控覆盖率约为 74.7%，在整个施工期间，隧道围岩温度低于 4 ℃(含 4 ℃)的约占 76%，而围岩温度在 9～10 ℃之间的不到 4%。当围岩温度超出表 5-9 的范围时，须根据实际情况重新计算，以预测围岩的融化状态。在 2001 年 12 月 16 日获得首次测温记录后，经分析认为，在隧道施工这种特定环境下，混凝土的水化热可以基本满足自身强度增长的需要，由于混凝土的水化热和施工热量，洞内温度亦可基本满足施工人员作业的要求，而无需额外热源。于是，撤走了隧道内所有的升温燃煤炉，极大地改善了施工环境，同时也满足了青藏铁路施工暂规－5～10 ℃的要求，从而将施工对多年冻土环境的干扰降到最低。

5.6　施工控制与预测方法

综上所述，选择一个较为合理的温度环境，既满足开挖毛洞的稳定需要，又能保证衬砌结构混凝土强度有较为正常的增长，是多年冻土区隧道施工的关键问题，而开挖时毛洞的环境温度又受施工环境(如爆破、机械作业、混凝土的水化热等)的影响，因此，施工过程的温度环境(温度场)是一个动态环境。多年冻土隧道的施工温度场控制实际上是动态温度场的控制与预测，就象利用神经网络提出盾构隧道施工中的变形预测与控制那样，我们基于有限元分析提出了多年冻土隧道施工控制与预测的方法，其基本思想如图 5-10 所示。

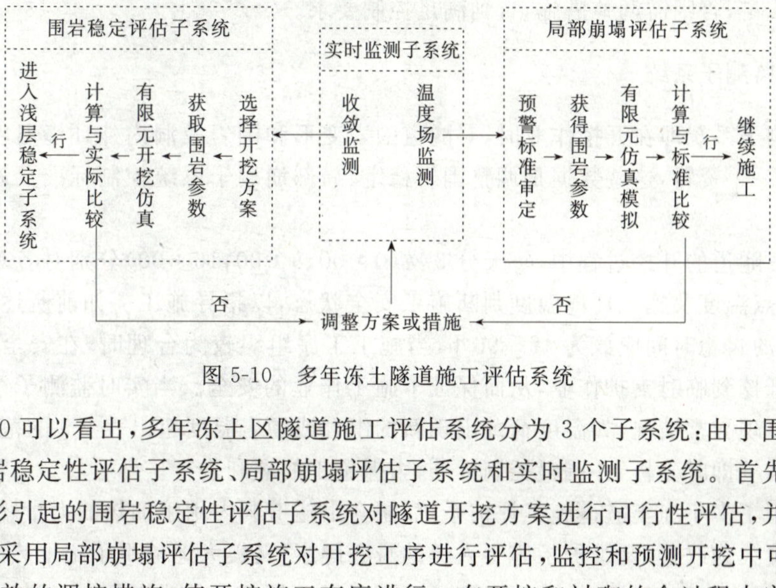

图 5-10　多年冻土隧道施工评估系统

从图 5-10 可以看出，多年冻土区隧道施工评估系统分为 3 个子系统：由于围岩强度和变形引起的围岩稳定性评估子系统、局部崩塌评估子系统和实时监测子系统。首先采用由于围岩强度和变形引起的围岩稳定性评估子系统对隧道开挖方案进行可行性评估，并确定最佳开挖方案，然后采用局部崩塌评估子系统对开挖工序进行评估，监控和预测开挖中可能出现的问题，并提供有效的调控措施，使开挖施工有序进行。在开挖和衬砌的全过程中实时监测子系统，不断采集新的数据，并将采集的数据反馈到围岩稳定和局部崩塌评估子系统，以验证和调整评估子系统中的评价标准值，评估子系统根据实时监测子系统采集的数据，判断开挖和衬砌的施工状况，并发出相应的施工指令。

5.6.1　围岩稳定评估子系统

由围岩强度和变形引起的围岩稳定性评估子系统的功能是利用有限元开挖仿真技术，选择合理的开挖方案及临时支护措施，将实时监测子系统中所采集的数据与计算值进行比较，以验证理论的正确性，并用调整后的方案实施开挖，其基本流程为：1. 根据地形特征及围岩结构特征，充分考虑进度要求，选择合理的开挖方案，如台阶法开挖和全断面开挖；2. 通过试验并结合相关技术规范，获取部分融化状态和冻结状态两种状态下的围岩参数，分别进行计算；3. 建立合理的计算模型，利用数值模拟技术模拟开挖过程，获取其应力及位移变化特征，从而初步判断该方案的可行性，并提出该方案实施过程中需采用的加强措施；4. 实际施工时，将实时监测子系统中的收敛监测值与计算值进行比较，如果计算值与实际值基本吻合，则围岩参数不作调整，反之，则须调整计算参数，直至基本相符。待方案可行后便进入局部崩塌评估子系统。

5.6.2 局部崩塌评估子系统

由于是多年冻土，隧道的施工将不可避免地引起围岩的融化，这种融化将改变围岩的结构及强度性能，从而引起围岩稳定和局部崩塌问题。若施工环境温度过高、围岩暴露时间过长，就可能引起围岩稳定问题（前面已述），因此，如何控制施工环境温度场，尽可能避免出现围岩稳定问题，同时，还须考虑局部崩塌时不致危及施工人员生命安全，便成了局部崩塌评估子系统的中心任务：1. 搜集相关资料，通过试算，初步确定预警标准值；2. 通过试验获取冻结围岩参数；3. 建立有限元模型，根据施工环境温度，模拟隧道冻结围岩受施工环境影响产生的冻融变化，根据计算融化深度及围岩破碎程度，结合相关资料，选择较为合理的融化深度作为参考点，用围岩表面温度及环境温度作为控制值划分施工作业阶段（安全阶段、相对安全阶段、预警阶段和安全隐患阶段）；4. 将实时监测子系统中的温度场监测值与控制值进行比较，如果符合要求则继续施工，否则需调整措施，直到满足控制要求。

5.6.3 实时监测子系统

实时监测子系统即在开挖作业时，对隧道围岩变形和围岩及洞内外环境温度进行定期监测，以获取第一手资料，这些数据是调整围岩稳定、局部崩塌子系统控制标准及评估开挖稳定状态的依据。

在昆仑山隧道的开挖过程中，每天分 3 次（0：00，8：00，16：00）分别对各观测点进行测温，根据观测点温度及施工环境温度判断施工安全状态，以指导施工。如前所述，从开挖到临时支护，毛洞的自稳时间应该为 48～96 h，当施工工序组织较为合理时，在安全预警阶段，便可以完成从开挖到临时支护作业，从而保证了施工作业的安全。当实时监测子系统中的温度场监测数据出现异常情况，如温度荷载出现新的组合或围岩温度超出表 5-9 的范围时，应采用有限元仿真系统即时分析，并调整控制标准，力保施工的顺利进行。

由于采用了多年冻土隧道施工评估系统，昆仑山隧道洞内用于加热的大量燃煤炉被撤走，使得施工环境大为改善，既维护了施工人员的身心健康，又极大地减少了施工热源对多年冻土的破坏，保护了冻土环境，同时，分区温度场还满足了不同工序作业的要求。在昆仑山隧道的开挖施工期间（2001 年 12 月 16 日～2002 年 9 月 26 日），洞内环境温度基本被控制在青藏铁路施工暂规要求的－5～10 ℃之间。

6 施工温度场研究及通风、供氧技术

昆仑山和风火山隧道均位于高原多年冻土地带，围岩原始温度在$-2\sim-3$ ℃之间，大气中氧分压仅11%左右，氧含量不足海平面的60%，大气密度分别为0.73 kg/m³ 和0.75 kg/m³。极端恶劣的生存环境和施工条件对施工人员的安全和健康造成极大威胁，同时，严寒的洞内施工环境，将严重影响隧道支护、衬砌结构的质量和工程作业的正常进行，而正温又对冻土围岩的保护不利。《青藏铁路高原多年冻土区隧道工程施工技术细则》要求将洞内施工段的气温保持在$-5\sim+5$ ℃之间，所以采用怎样的施工通风及供氧方式是施工首先要解决的关键问题。

6.1 施工温度场研究

6.1.1 建立隧道洞内环境空气温度场物理模型

1. 空气温度场物理模型的基本假定

隧道长度尺寸远大于其横断面的尺寸，研究隧道洞内环境气体温度场沿其深度的变化规律时，因沿长度方向横断面尺寸不变、施工方法不变，为简化计算，将隧道内气体在三维空间的流动，当作沿轴向的一维流动来研究，又因低速流动，可将其简化为不可压缩的非稳定流体。

所谓一维流动是指隧道和风管内任意一截面上的全部流体属性均相同的流动，即流体属性沿流线法向的变化率较其沿流线方向的变化率小到可以忽略不计。实际上，隧道和风管的各截面上流体的属性是变化的，把一维流动的假设用于隧道内的空气流动时，其实是处理各截面上的某几种平均属性。

取隧道纵向微段内的气体作为研究对象，根据能量守恒定律，对微元体进行热平衡分析，那么在$d\tau$时间内导入与导出微段的净热量加上内热源的发热量应等于微段内能的增加，即导入与导出微段体的净热量＋微段体内热源的发热量＋微段体的流动功＝微段体内能的增加，用公式表示为：

$$\Delta W_1+\Delta W_2+\Delta W_4=\Delta W_3 \tag{6-1}$$

2. 导入与导出微段体的净热量

依靠流体的运动把热量由一处传递到另一处的现象称为热对流，又因为有温差的存在，热对流必然同时伴有热传导，所以导入与导出微段体的净热量应包括热对流和热传导两部分。

若热对流过程中单位时间内通过单位面积有质量为m(kg/m²·s)的流体由温度T的地方流到温度为$T+\frac{\partial T}{\partial x}\mathrm{d}x$处，此时热对流单位时间、单位面积传递的热量为：

$$q_t=mc_p\left(T+\frac{\partial T}{\partial x}\mathrm{d}x-T\right)=mc_p\frac{\partial T}{\partial x}\mathrm{d}x \tag{6-2}$$

式中　c_p——气体的定压比热。

在$d\tau$时间内，隧道微段内由热对流导入与导出的净热量为：

$$I_1=\mathrm{d}Q_x-\mathrm{d}Q_{x+\mathrm{d}x}=-q_t A_1\mathrm{d}\tau=-mc_p\frac{\partial T}{\partial x}\mathrm{d}xA_1\mathrm{d}\tau \tag{6-3}$$

式中 A_1——隧道断面面积；

$\mathrm{d}Q_x$——隧道微段内导入的热量，$\mathrm{d}Q_x=q_xA_1\mathrm{d}\tau$；

$\mathrm{d}Q_{x+\mathrm{d}x}$——隧道微段内导出的热量，$\mathrm{d}Q_{x+\mathrm{d}x}=q_{x+\mathrm{d}x}A_1\mathrm{d}\tau=\left(q_x+\frac{\partial q_x}{\partial x}\mathrm{d}x\right)A_1\mathrm{d}\tau$。

在 $\mathrm{d}\tau$ 时间内，沿坐标轴方向，导入与导出隧道微段内的净热量为：

$$I_2=\mathrm{d}Q_x-\mathrm{d}Q_{x+\mathrm{d}x}=-\frac{\partial q_x}{\partial x}\mathrm{d}xA_1\mathrm{d}\tau \tag{6-4}$$

根据傅里叶定律：

$$q_x=-\lambda\frac{\partial T}{\partial x} \tag{6-5}$$

式中 λ——空气的热传导系数。

得到：

$$I_2=\mathrm{d}Q_x-\mathrm{d}Q_{x+\mathrm{d}x}=\lambda\frac{\partial^2 T}{\partial x^2}\mathrm{d}xA_1\mathrm{d}\tau \tag{6-6}$$

热对流和热传导导入与导出微段体的净热量：

$$\Delta W_1=I_1+I_2=\lambda\frac{\partial^2 T}{\partial x^2}\mathrm{d}xA_1\mathrm{d}\tau-mc_p\frac{\partial T}{\partial x}\mathrm{d}xA_1\mathrm{d}\tau \tag{6-7}$$

3. 围岩和风筒向隧道微段内气体散发的热量

在 $\mathrm{d}\tau$ 时间内，隧道微段内热源的发热量为：

$$\Delta W_2=q_tA_1\mathrm{d}x\mathrm{d}\tau=\frac{\alpha(T_y-T_t)U\mathrm{d}x}{A_1\mathrm{d}x}A_1\mathrm{d}x\mathrm{d}\tau+\frac{k_1(T_p-T_t)\mathrm{d}x}{A_1\mathrm{d}x}A_1\mathrm{d}x\mathrm{d}\tau$$

$$=\alpha(T_y-T_t)U\mathrm{d}x\mathrm{d}\tau+k_1(T_p-T_t)\mathrm{d}x\mathrm{d}\tau \tag{6-8}$$

式中 T_y——洞周岩面温度(℃)；

T_t——隧道内气体温度；

k_1——风筒传热系数；

α——岩面与空气对流换热系数；

U——隧道断面的周长(m)；

T_p——风筒内气体温度。

4. 隧道微段空气内能的增加

流动介质本身具有的一定的内能、宏观动能和重力位能，随介质流进或流出时微段体的总能量 $E=U+\frac{1}{2}mv^2+mgz$，因隧道洞内流速不变，因高程的影响极小、可以看作高程不变，所以 $\Delta E=\Delta u$。即：

$$\Delta W_3=\Delta u=\rho c_p\frac{\partial T_t}{\partial \tau}A_1\mathrm{d}x\mathrm{d}\tau \tag{6-9}$$

式中 ρ——空气的密度；

其他符号意义同前。

当介质在流进和流出微段时，后面的流体推动前面的流体而前进，这时的流动功为：

$$\Delta W_4=\frac{\partial p_t}{\partial x}\mathrm{d}xv_tA_1\mathrm{d}\tau \tag{6-10}$$

式中 v_t——隧道内风速；

p_t——隧道风流风压；

A_1——隧道横截面面积。

5. 隧道内微段气体热平衡方程

将式(6-7)、(6-8)、(6-9)和(6-10)代入式(6-1),有:

$$\rho c_p \frac{\partial T_t}{\partial \tau} A_1 \mathrm{d}x\mathrm{d}\tau = \lambda \frac{\partial^2 T_t}{\partial x^2} A_1 \mathrm{d}x\mathrm{d}\tau - m_t c_p \frac{\partial T_t}{\partial x} A_1 \mathrm{d}x\mathrm{d}\tau + \alpha(T_y - T_t) U \mathrm{d}x\mathrm{d}\tau +$$

$$k_1(T_p - T_t)\mathrm{d}x\mathrm{d}\tau + \frac{\partial p_t}{\partial x}\mathrm{d}x A_1 v_t \mathrm{d}\tau$$

整理得

$$\rho c_p \frac{\partial T_t}{\partial \tau} = \lambda \frac{\partial^2 T_t}{\partial x^2} - m_t c_p \frac{\partial T_t}{\partial x} + \frac{\alpha(T_y - T_t)U}{A_1} + \frac{k_1(T_p - T_t)}{A_1} + \frac{\partial p_t}{\partial x} v_t \tag{6-11}$$

式中 ρ——洞内空气的密度;

m_t——隧道内空气质量流量;

其他符号意义同前。

6.1.2 建立风筒内气体温度场物理模型

1. 气体温度场物理模型的基本假定

风筒长度远大于其截面尺寸,沿长度方向尺寸不变,为简化计算,将风流视为一维低速流动的、不可压缩的非稳定流体。

根据能量守恒定律,对风筒取微元段进行热平衡分析,那么在 $\mathrm{d}\tau$ 时间内导入与导出微段的净热量加上内热源的发热量应等于微段内能的增加,表达式同式(6-1)。

2. 导入与导出微段体的净热量

风筒内流体热强度:$q_p = mc_p\left(T + \frac{\partial T}{\partial x}\mathrm{d}x - T\right) = mc_p \frac{\partial T}{\partial x}\mathrm{d}x$

在 $\mathrm{d}\tau$ 时间内,风筒微段内由热对流导入与导出的净热量为:

$$I_1 = \mathrm{d}Q_x - \mathrm{d}Q_{x+\mathrm{d}x} = -q_p A_2 \mathrm{d}\tau = -mc_p \frac{\partial T}{\partial x}\mathrm{d}x A_2 \mathrm{d}\tau \tag{6-12}$$

式中 A_2——风筒的截面积;

其他符号意义同前。

$$I_2 = \mathrm{d}Q_x - \mathrm{d}Q_{x+\mathrm{d}x} = \lambda \frac{\partial^2 T}{\partial x^2}\mathrm{d}x A_2 \mathrm{d}\tau \tag{6-13}$$

热对流和热传导导入与导出微段体的净热量:

$$\Delta W_1 = I_1 + I_2 = \lambda \frac{\partial^2 T}{\partial x^2}\mathrm{d}x A_2 \mathrm{d}\tau - mc_p \frac{\partial T}{\partial x}\mathrm{d}x A_2 \mathrm{d}\tau \tag{6-14}$$

3. 隧道内空气向风筒内散发热量

在 $\mathrm{d}\tau$ 时间内,风筒微段内热源的发热量为:

$$\Delta W_2 = q_t A_2 \mathrm{d}x\mathrm{d}\tau = \frac{k_1(T_t - T_p)\mathrm{d}x}{A_2 \mathrm{d}x} A_2 \mathrm{d}x\mathrm{d}\tau = k_1(T_t - T_p)\mathrm{d}x\mathrm{d}\tau \tag{6-15}$$

4. 风筒微段空气内能的增加

风流内能:

$$\Delta W_3 = \rho c_p \frac{\partial T_p}{\partial \tau} A_1 \mathrm{d}x\mathrm{d}\tau \tag{6-16}$$

流动进：

$$\Delta W_4=\frac{\partial p_p}{\partial x}\mathrm{d}xA_2v_p\mathrm{d}\tau \tag{6-17}$$

式中 v_p——风筒内的风速(m/s)；

p_p——风筒内的风压；

A_2——风筒截面积。

5. 风筒内微段气体热平衡方程

将式(6-14)、(6-15)、(6-16)和(6-17)代入式(6-1)有：

$$\rho c_p\frac{\partial T_p}{\partial \tau}A_2\mathrm{d}x\mathrm{d}\tau=\lambda\frac{\partial^2 T_p}{\partial x^2}A_2\mathrm{d}x\mathrm{d}\tau-m_pc_p\frac{\partial T_p}{\partial x}A_2\mathrm{d}x\mathrm{d}\tau+k_1(T_t-T_p)\mathrm{d}x\mathrm{d}\tau+\frac{\partial p_p}{\partial x}\mathrm{d}xA_2\mathrm{d}x$$

整理建立热平衡方程为：

$$\rho c_p\frac{\partial T_p}{\partial \tau}=\lambda\frac{\partial^2 T_p}{\partial x^2}-m_pc_p\frac{\partial T_p}{\partial x}+\frac{k_1(T_t-T_p)}{A_2}+\frac{\partial p_p}{\partial x}v_p \tag{6-18}$$

6.1.3 空气温度场模型计算参数

1. 隧道的参数

隧道参数按昆仑山、风火山隧道Ⅴ级围岩衬砌支护设计断面计算。

面积 $A_t=62.57\ \mathrm{m}^2$；

周长 $U_t=29.46$ m；

水力半径 $R=\dfrac{A_t}{U_t}=\dfrac{62.57}{29.46}=2.12$ m；

水力直径 $d_e=4R=8.48$ m；

隧道内理论风速为

$v_t=\dfrac{Q}{A_t}=\dfrac{15}{62.57}=0.24$ m/s，按实测风速 0.2 m/s 计算，

其中，Q——风管气体体积流量，取 15 m^3/s(见风管几何参数)；

隧道内空气质量流量 $m_t=\dfrac{\rho Q}{A_t}=0.18\ \mathrm{kg/(m^2\cdot s)}$，

其中，ρ——气体的密度，取 0.75 $\mathrm{kg/m^3}$。

2. 风管几何参数

风筒采用 ϕ1.2 m 玻璃棉毡材料，导热系数 $\lambda_2=0.058$ W/(m·℃)，厚度为 2 mm，面积 $A_p=\dfrac{\pi d^2}{4}=1.131\ \mathrm{m}^2$；

风筒通风量为 900 $\mathrm{m^3}$/min，即 15 $\mathrm{m^3}$/s，风筒内理论风速为 $v_p=\dfrac{Q}{A_p}=\dfrac{15}{1.131}=13.26$ m/s，按实测风速 10 m/s 计算；

风筒内风流质量流量：$m_p=\dfrac{\rho Q}{A_p}=9.95\ \mathrm{kg/(m^2\cdot s)}$；

风筒内摩擦阻力系数取值 $\xi=(1.821R_e-1.64)^{-2}=0.012$。

由内摩擦所引起的压力下降数值的大小是与流体的平均流速的平方成正比，即

$$\frac{\mathrm{d}p_p}{\mathrm{d}x}=\xi\frac{l}{d}v_p^2 \tag{6-19}$$

式中 p_p——风筒内风流压强(N/m^2)；

ξ——摩擦阻力系数；

l——风管长度(m)。

6.1.4 隧道内气体对流换热系数

隧道内摩擦阻力的大小与隧道面积的平方成正比，隧道内风速速度很小，内摩擦阻力很小，可以忽略不计。

隧道内空气与围岩壁面的对流换热系数为 α，考虑到隧道表面粗糙度，高原低气压、低温，结合大坂山隧道实测结果，取 $\alpha=12\ W/(m^2\cdot ℃)$。

6.1.5 风筒内气体对流换热系数计算

风筒内外风流间的热交换是复杂的，既有风筒内风流与风筒内壁之间、风筒外壁与隧道风流之间的对流换热，又有风筒内、外壁间的导热。通过这些复杂的热传递，风筒内空气将会逐渐降温，隧道内空气将会被升温。从理论上讲，风流在风筒内流动仅有热传递而不产生质传递，但当风筒漏风时，风筒内、外空气将产生质交换，这就使风筒与隧道的风流速度计算变得很复杂，考虑到风筒的漏风系数较小，为了简便计算，在计算隧道与风筒内风温时，忽略漏风系数的影响。

在管道中流动的流体可以划分为两个区域，紧靠管壁的区域，其中流体为层流，而管道中心部分则为紊流。在紧靠管壁的层流区域内，从管道壁向流体传递的热量是由于导热作用，而在紊流部分热量的传递主要是由于对流换热，在这一区域内的导热作用不大。

传热系数 k_1 按下式计算：

$$k_1=\frac{1}{\dfrac{1}{\alpha_1\pi d_1}+\dfrac{1}{2\pi\lambda_2}\ln\dfrac{d_2}{d_1}+\dfrac{1}{\alpha_2\pi d_2}} \tag{6-20}$$

式中 α_1——外筒内壁与风筒气体对流换热系数，结合大坂山隧道实测值结果取 $\alpha_1=12\ W/(m^2\cdot ℃)$；

d_1——风筒外径；

α_2——风筒内壁与隧道气体对流换热系数；

d_2——风筒内径；

λ_2——风筒材料的导热系数，$\lambda_2=0.058\ W/(m\cdot ℃)$。

流体的流动有层流和紊流之分，筒内的气体流动状态可根据下面雷诺数的值来判断，如果流体流动的雷诺数大于其临界值，即 $R_e>2000$，流动状态为紊流流动。

雷诺数：$R_e=\dfrac{\rho v_p d_1}{u}=\dfrac{0.75\times10\times1.2}{9.218\times10^{-6}}=9.76\times10^5>10^4$，所以流动状态为紊流。

其中，u 为空气动力黏性系数(kg/m·s)，参照大坂山隧道实测值和有关手册，取 $u=9.218\times10^{-6}$ kg/m·s。

普朗特数：$p_r=\dfrac{uc_p}{\lambda}=\dfrac{9.218\times10^{-6}\times1.0\times10^3}{0.0243}=0.38$，

缺乏高原条件空气传热系数值，取标准大气压时 $\lambda=0.0243\ W/(m\cdot ℃)$。

光滑管中努塞尔数 N_u 采用迪特斯-波尔特(Dittus-Boelter)公式进行计算：

$$N_u=0.027R_e^{0.8}p_r^{0.3}=0.027\times(9.76\times10^5)^{0.8}\times0.38^{0.3}=1\ 249.85。$$

设风筒内对流换热系数 $\alpha_2=\dfrac{N_u\lambda}{\mathrm{d}}=\dfrac{1\ 249.85\times0.024\ 3}{1.2}=25.31\ \mathrm{W/(m^2\cdot℃)}$；

风筒材料的导热系数 $\lambda_2=0.058\mathrm{W/(m\cdot℃)}$；

则风筒传热系数为：

$$k_1=\frac{1}{\dfrac{1}{\alpha_1\pi d_1}+\dfrac{1}{2\pi\lambda_2}\ln\dfrac{d_2}{d_1}+\dfrac{1}{\alpha_2\pi d_2}}=26.93\ \mathrm{W/(m^2\cdot℃)}。$$

6.1.6 隧道内热源强度的计算

不考虑隧道内气体温度沿径向的变化，气体热量以 x 轴隧道纵向方向导入，随后热量除了以导热和对流方式继续沿 x 轴方向传递外，同时在径向还通过对流换热从围岩及风筒向周围介质散热或吸热。由于隧道长度方向远大于径向，近似地认为隧道内温度分布沿 x 方向一维流动，在径向上以对流换热向周围介质散热或吸热，但径向上的边界条件在数学上不存在。为了反映这部分对流换热，从能量守恒角度，可以把它视为与 x 方向隧道气体导热和对流同时存在的内热源。由于气体温度沿 x 轴变化，相应的内热源强度沿 x 轴方向也是变化的。

隧道微段内热源强度：

$$q_t=\frac{\alpha(T_y-T_t)U\mathrm{d}x}{A_1\mathrm{d}x}+\frac{k_1(T_p-T_t)\mathrm{d}x}{A_1\mathrm{d}x}\tag{6-21}$$

式中 T_y——岩温；

T_t——隧道内气体温度；

T_p——风筒内气体温度；

U——隧道横截面周长；

A_1——隧道横截面面积；

k_1——隧道内空气与风筒的换热系数。

该热源强度式中，T_t，T_p 是沿程变化量。

6.1.7 风筒内热源强度的计算

由于风筒长度方向远大于径向，也可以近似地认为风筒内温度分布沿轴向一维流动，径向的对流换热这部分热量，可以从能量守恒角度把它视为与轴向风筒气体导热和对流同时存在的内热源。由于气体温度沿轴向变化，相应的内热源强度沿轴向也是变化的。

风筒与隧道之间互为热源，单位长度内交换的热量相等，因此对于风筒微段内热源强度计算如下：

$$q_p=\frac{k_1(T_t-T_p)\mathrm{d}x}{A_2\mathrm{d}x}\tag{6-22}$$

式中 T_t——隧道内气体温度；

T_p——风筒内气体温度；

A_2——风筒横截面面积。

6.1.8 偏微分方程的差分解法

1. 内节点差分方程

在区域离散的基础上，利用数学方法对导热微分方程进行离散化处理。数学方法就是在求解区域网格的各个节点处，用差商代替微商，使原导热方程转化为差分方程，即：

$$\left.\begin{aligned}\frac{T_{i+1}-T_i}{\Delta x}=\frac{\mathrm{d}T}{\mathrm{d}x}+o(\Delta x)\\\frac{T_i-T_{i-1}}{\Delta x}=\frac{\mathrm{d}T}{\mathrm{d}x}+o(\Delta x)\end{aligned}\right\}\tag{6-23}$$

两式相加，得

$$\frac{T_{i+1}-T_{i-1}}{2\Delta x}=\frac{\mathrm{d}T}{\mathrm{d}x}+o[(\Delta x)^2]\tag{6-24}$$

式中，$\frac{T_{i+1}-T_i}{\Delta x}$、$\frac{T_i-T_{i-1}}{\Delta x}$、$\frac{T_{i+1}-T_{i-1}}{2\Delta x}$均为差商，分别为向前差商、向后差商和中心差商；$\frac{\mathrm{d}T}{\mathrm{d}x}$称为微商。用中心差商代替微商时引入的偏差为$o[(\Delta x)^2]$，比用向前差商或向后差商代替微商时引入的偏差$o(\Delta x)$要高一个数量级，即中心差商比向前差商与向后差商能更准确的表示微商。

再用二阶差商代替二阶微商时，也采用中心差商：

$$\frac{\mathrm{d}^2T}{\mathrm{d}x^2}=\frac{T_{i+1}-2T_i+T_{i-1}}{(\Delta x)^2}+o[(\Delta x)^2]\tag{6-25}$$

同时对时间τ的差商表示式中，也存在向前差商、向后差商、中心差商的概念。因此，隧道内气体热平衡方程式(6-11)用中心差分改写为：

$$\begin{aligned}\frac{T^t_{i,j+1}-T^t_{i,j}}{\Delta\tau}=&\lambda\frac{T^t_{i+1,j+1}-2T^t_{i,j+1}+T^t_{i-1,j+1}}{\Delta x^2}-m_t c_p\frac{T^t_{i+1,j+1}-T^t_{j-1,j+1}}{2\Delta x}+\frac{\alpha(T_y-T^t_{i,j+1})U}{A_1}+\\&\frac{k_1(T_p-T^t_{i,j+1})}{A_1}+\frac{p^t_{i,j+1}+p^t_{i-1,j+1}}{\Delta x}v_t+o[(\Delta x)^2+(\Delta y)^2]\end{aligned}\tag{6-26}$$

式中，T_t，p_t 分别为隧道内风流的温度和压力。

上式为隧道内空气能量热平衡方程对应的差分方程，$o[(\Delta x)^2+(\Delta y)^2]$称为差分方程的截断误差。

同理，将式(6-18)风筒内气体热平衡方程用中心差分改写，并忽略截断误差项，有：

$$\begin{aligned}\rho c_p\frac{T^p_{i,j+1}-T^p_{i,j}}{\Delta\tau}=&\lambda\frac{T^p_{i+1,j+1}-2T^p_{i,j+1}+T^p_{i-1,j+1}}{\Delta x^2}-m_p c_p\frac{T^p_{i,j+1}-T^p_{i-1,j+1}}{\Delta x}+\\&\frac{k_1(T^t-T^p_{i,j})}{A_2}+\frac{p^p_{i,j+1}+p^p_{i-1,j+1}}{\Delta x}v_p\end{aligned}\tag{6-27}$$

式中，T_p，P_p 分别为风筒内风流的温度和压力。

2. 边界节点差分方程

给定温度边界条件：风筒的风机出口，即 $x=0$ 处气体在 $\tau>0$ 后温度保持 T_w 不变。

给定对流换热边界条件：风筒右边界 $x=l$ 处、隧道掌子面 $x=0$ 和隧道洞口 $x=l$ 处都与环境进行对流换热交换，对流换热方程为：

$$-\lambda\frac{\partial T}{\partial x}=\alpha(T-T_\infty)\tag{6-28}$$

式中 T——边界节点任意时刻的温度；

T_∞——边界节点长时间后趋于稳定的温度；

其他符号意义同前。

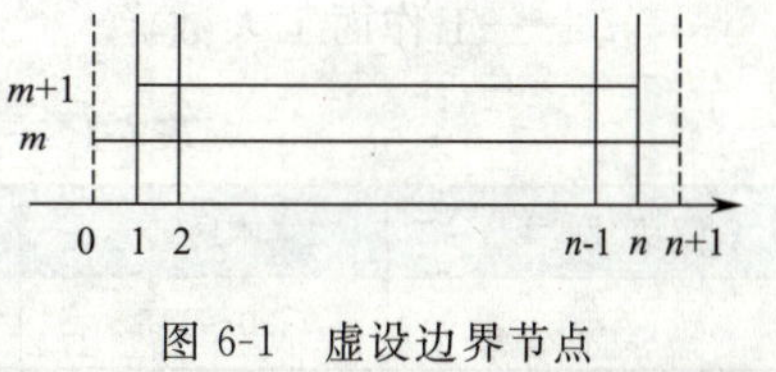

图 6-1 虚设边界节点

对于对流边界条件采用设置虚节点的方法来提高计算精度，如图 6-1 所示。设置虚节点以后，边界节点按内部节点来计算。

左边界节点按内部节点计算，节点差分方程为：

$$\left.\begin{aligned}&\rho c_p \frac{T_{1,j+1}^t - T_{1,j}^t}{\Delta\tau} = \lambda \frac{T_{2,j+1}^t - 2T_{1,j+1}^t + T_{0,j+1}^t}{\Delta x^2} - m_t c_p \frac{T_{1,j+1}^t - T_{0,j+1}^t}{\Delta x} + \\ &\qquad \frac{\alpha(T_y - T_{1,j}^t)U}{A_1} + \frac{k(T_p - T_{1,j}^t)}{A_1} + \frac{p_{1,j+1} + p_{0,j+1}}{\Delta x}v_t - \\ &\qquad \lambda \frac{T_{1,j+1}^t - T_{0,j+1}^t}{\Delta x} = \alpha(T_{1,j+1}^t - T_\infty^t)\end{aligned}\right\} \tag{6-29}$$

右边界节点按内部节点计算，节点差分方程为：

$$\left.\begin{aligned}&\rho c_p \frac{T_{n,j+1}^t - T_{n,j}^t}{\Delta\tau} = \lambda \frac{T_{n+1,j+1}^t - 2T_{n,j+1}^t + T_{n-1,j+1}^t}{\Delta x^2} - m_t c_p \frac{T_{n,j+1}^t - T_{n-1,j+1}^t}{\Delta x} + \\ &\qquad \frac{\alpha(T_y - T_{n,j}^t)U}{A_1} + \frac{k_1(T_p - T_{n,j}^t)}{A_1} + \frac{p_{n,j+1}^t + p_{n-1,j+1}^t}{\Delta x}v_p - \\ &\qquad \lambda \frac{T_{n+1,j+1}^t - T_{n,j+1}^t}{\Delta x} = \alpha(T_{n,j+1}^t - T_\infty^t)\end{aligned}\right\} \tag{6-30}$$

由以上两个节点方程联立可消去所设虚节点 $T_{0,j+1}$、$T_{n+1,j+1}$，和内节点方程联立，便于方程求解。同样，对式(6-27)风筒内气体热平衡差分方程有式(6-29)和式(6-30)类似的对流换热边界条件。

6.1.9 洞内空气温度场的计算结果分析

1. 隧道开挖工作面温度影响因素

隧道开挖工作面的热源主要有机械散热、人员散热、围岩散热、爆破散热、风流通过工作面膨胀放热。

机械散热：机电设备从馈电线路上接受的电能主要做有用功部分转化为热能，而转化成热能的那部分电能，几乎全部散发到流经设备的风流中，因此，机械设备的散热量为：

$$Q_w = \frac{\sum_{i=1}^{n} 860 \times \frac{t_i}{24} \times 0.55 \times 0.8 \times N_{ei}}{3\ 600} \tag{6-31}$$

式中 Q_w——风流所获得的热量(kW)；

t_i——工作面内第 i 台机电设备实际运行时间(h)；

N_{ei}——工作面内第 i 台机电设备实际运行功率(kW)；

n——工作面机电设备的台数。

人员的放热：在隧道中工作人员的放热量主要取决于他们所从事劳动的繁重程度及持续时间，工人工作时的热量可以按下式确定

$$Q_r = q_r n_r \tag{6-32}$$

式中 q_r——一个工人的放热量，数值见表 6-1；

n_r——工作面工人数。

表 6-1 一个工人的能量代谢产热量(W/人・h)

劳动繁重程度	休息时	轻度体力劳动	中等体力劳动	繁重体力劳动
q_r	90～115	200	275	470

虽然洞内作业人员散布在不同作业地点，为简化计算，可假设洞内作业人员集中在开挖工作面。

爆破散热：

$$Q_b = q_b \frac{w_b}{24 \times 3\ 600} \tag{6-33}$$

式中 q_b——1 kg 炸药爆炸时所生成的热量，因炸药种类而异，见表 6-2；

w_b——平均每天炸药消耗量，每天按 24 h 计算。

表 6-2 1 kg 炸药爆炸时生成的热量(kJ)

单体炸药				硝铵类炸药					
硝化甘油	萘安	黑索今	梯恩梯	硝酸铵	安萘炸药	铵梯炸药	铵克炸药	岩石 2 号	铵油炸药
6 216	5 860	5 818	4 186	1 440	3 957	4 229	4 145	3 638	3 412

围岩散热：当围岩的原始温度与在隧道中流动的空气的温度存在温差时，就要产生换热，根据温差的正负，热源自风流传向围岩或自围岩传给风流。

隧道围岩向风流的散热主要是通过对流和传导来进行的，隧道围岩向风流的传热是个非常复杂的过程。依据牛顿换热公式有：

$$Q_R = \alpha (T_y - T_t) \tag{6-34}$$

式中 Q_R——岩体热流密度(W/m^2)；

α——岩面与空气的对流换热系数($W/m^2 \cdot ℃$)。

围岩向风流的传热与围岩的潮湿状况有关。在围岩干燥的情况下，围岩通过壁面主要以对流方式向风流传热，并伴有辐射现象使风流增温；在围岩潮湿的情况下，则不仅有热交换而且还伴有水分蒸发的物质交换。风流通过工作面膨胀吸热：

$$Q_p = q_m (Z_1 - Z_2) g \times 10^{-3} \tag{6-35}$$

式中 q_m——风流通过工作面的质量流量(kg/s)；

Z_1, Z_2——工作面入口和出口端面中心的标高(m)；

g——重力加速度(m/s^2)。

工作面风流增湿吸热：岩体内的水分或生产用水蒸发时吸热，吸收的热是指水蒸发耗去了部分用于增加风流显热的热，而风流又增湿，即把耗去的这部分热以潜热形式留在风流中。这部分潜热量为：

$$Q_g = q_m \gamma (\omega_2 - \omega_1) \tag{6-36}$$

式中 ω_1, ω_2——工作面入口和出口断面上风流的含湿量(g/kg)。

2. 隧道开挖工作面风温预测

(1)工作面风温预测模型

为了简化计算，可作以下基本假设：a. 隧道及风筒内风流遵循理想气体状态方程式；b. 隧道的形状、断面面积、围岩性质和隧道坡度等保持不变；c. 隧道围岩的热力学参数(对流换热系数、比热)为常值；d. 风筒中的风量为定常。

隧道和风筒都是长度方向远大于横向尺度的细长管道，可以将其中的通风传热转化为一维紊流换热。将隧道内的空气流动作为一维不可压缩流体的稳态流动，并考虑风流与周围介质之间的能量交换过程，建立一维不可压缩流体稳态的数学模型，见图 6-2。

设工作面的环境温度为 t_1，通过分析工作面的热源特征，列能量方程：

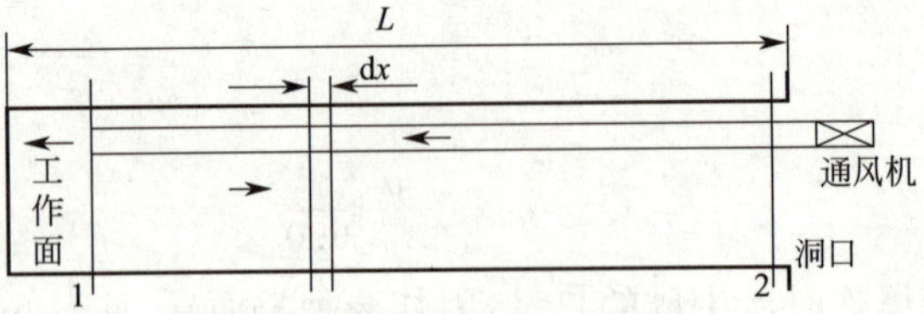

图 6-2　隧道通风热力学模型

$$q_{m_1}(h_1-h_{1i})=\alpha[T_y-(T_{1i}+T_1)/2]S+\sum Q_M \tag{6-37}$$

式中　q_{m1}——工作面干空气质量流量(kg/s)；

T_1——工作面风筒外(即工作面)风流温度(℃)；

T_{1i}——工作面风筒内风流温度(℃)；

α——工作面风流与围岩的对流换热系数,(kW/m²·℃)；

T_y——原始岩温(℃)；

s——工作面围岩总暴露面积(m²)；

h_1——工作面风筒外空气的焓值(kJ/kg)；

h_{1i}——工作面风筒内空气的焓值(kJ/kg)。

式(6-37)中风筒内、外空气的焓值按下式计算：

$$h=1.01T+0.001d(2501+1.85t) \tag{6-38}$$

式中　h——空气的焓值(kJ/kg)；

T——空气的温度(℃)；

ω——1 断面空气含湿量(g/kg)。

式(6-37)中$\sum Q_M$为工作面各类绝对热源之和(kW),即：

$$\sum Q_M=Q_w+Q_p+Q_b+Q_p \tag{6-39}$$

(2)工作面风温计算

湿空气是一种混合气体,其总压力为大气压力,其值比较低,组成湿空气的各种气体及水蒸气的分压力更低,因此湿空气可作为理想气体混合物来处理。

在含有 1 kg 干空气的湿空气中,所混有的水蒸气的质量称为湿空气的含湿量,用符号 ω 表示：

$$\omega=622\,\frac{\varphi p_s}{p_0-\varphi p_s} \tag{6-40}$$

式中　ω——含湿量(g/kg)；

p_0——当地的大气压力(Pa)；

φ——相对湿度；

p_s——饱和状态下水蒸气分配。

湿空气的焓是以 1 kg 干空气为基准来表示的,它是 1 kg 干空气的焓和 0.001 kg 水蒸气的焓的总和。因为焓是状态参数,焓的变化与途径无关,包括干空气焓和水蒸气焓的计算式为：

$$h=1.01T+0.001\omega(2501+1.85T) \tag{6-41}$$

按上述模型及计算方法,对昆仑山 1 号横洞(断面面积 17.08 m²,周长 17.521 m,干空气质量流量为 6.784 kg/s)工作面温度进行计算,计算参数见表 6-3。考虑到人员散热量很少,这里忽略不计；工作面的入口和出口端面标高相同，风流通过工作面膨胀吸热为 0。为保证工作面的温度为 0 ℃（青藏线多年冻土区隧道暂行施工规定要求洞内温度为 −5～5 ℃），经计算，风筒末端风温应达到 1 ℃。

表 6-3 工作面风温计算参数

大气压	洞外空气湿度	洞内空气湿度	空气体积流量	风筒出口距工作面距离	原始岩温	对流换热系数
54000Pa	60%	65%	600 m^3/s	30 m	−2 ℃	12.0 W/(m^2·℃)

对风火山隧道进口（断面面积 62.57 m^2，周长 29.46 m，干空气质量流量为 6.784 kg/s，风筒出口距掌子面的距离为 15 m）工作面温度进行计算。工作面的入口和出口端面标高相同，风流通过工作面膨胀吸热为 0。经计算，机械散热、人员散热和隧道爆破散热量大，为保证工作面的温度为 0 ℃，风筒末端风温应达到 0 ℃。昆仑山及风火山隧道的通风管道设置见图 6-3。

图 6-3 昆仑山、风火山隧道的通风管道

6.1.10 风筒内沿程空气温度场

风筒内温度场受边界条件、初始条件和隧道内温度分布的影响，其温度场为时间和风管里程的二维函数，因此温度场的分布受时间和里程的影响。这里选取了风筒长度为 200 m、400 m和 600 m 处的气体温度随时间和里程的变化规律进行研究。

1. 风筒长度为 200 m。假设洞内环境气温恒为 −2 ℃，风机出口（风筒进口）风温为 6 ℃，隧道掌子面环境气温为 2 ℃时，风筒沿程温度分布如图 6-4 所示。

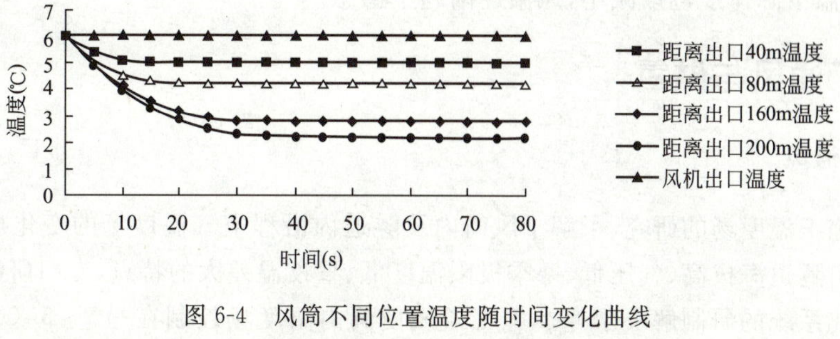

图 6-4 风筒不同位置温度随时间变化曲线

（风筒长 200 m，风筒进口风温 6 ℃）

2. 风筒长度为 400 m。假设洞内环境气温恒为－2 ℃，风机出口（风筒进口）风温为 13 ℃，隧道掌子面环境气温为 2 ℃时，风筒沿程温度分布如图 6-5 所示。

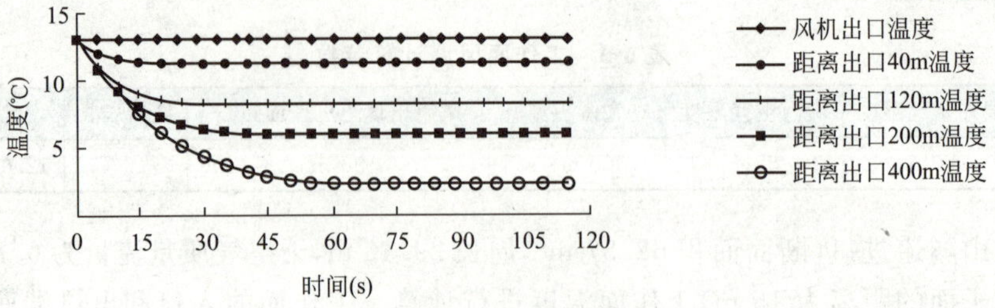

图 6-5 风筒不同位置温度随时间变化曲线

（风筒长 400 m，风筒进口风温 13 ℃）

3. 风筒长度为 600 m。假设洞内环境气温恒为－2 ℃，风机出口（风筒进口）风温为 6 ℃，隧道掌子面环境气温为 2 ℃时，风筒沿程温度分布如图 6-6 所示。

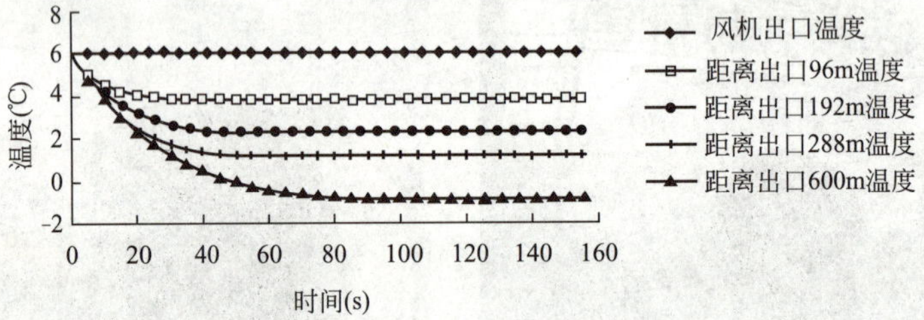

图 6-6 风筒不同位置温度随时间变化曲线

（风筒长 600 m，风筒进口风温 6 ℃）

由图 6-4～图 6-6 可知，随着风筒长度的增加，风筒内气体温度达到稳定需要的时间也随之增加，对应于 200 m，400 m 和 600 m 长度的风筒气体温度达到稳定的时间分别为 80 s，115 s 和 155 s。在寒季，200 m 与 600 m 长风筒的风机出口温度都为 6 ℃，风筒末端的温度却不同，其中 200 m 时为 2 ℃、600 m 时为－1 ℃，要想使风筒末端温度达到 0 ℃以上，随着风筒长度的增加，风机出口的温度需要提高。如要保证隧道风筒末端风温达到 2 ℃，对应于 200 m，400 m 和 600 m 长度的风筒，风机出口时的风温分别要达到 6 ℃，13 ℃和 25 ℃。在寒季，从风机出口到风筒出口筒内气体沿程温度逐渐降低，随着风筒长度的增加，筒内气体的热量损失逐渐增多，导致风筒内风温越来越低；在初始时刻，温度变化幅度比较大，风温下降很快，在达到稳态前，风温下降速度逐渐减小，风温逐渐趋于稳态。

6.2 施工通风与供氧

6.2.1 施工通风

通过对施工温度场的研究，了解了风筒内及隧道内沿程空气温度场的变化规律。针对昆仑山和风火山隧道海拔高、气压低、寒季极限温度低、昼夜温差大的特点，专门研制了加温预热通风系统。此系统的研制解决了寒季施工通风使洞内温度场控制在－5～5 ℃之间的要求。但暖季施工，根据现场监测结果，发现一些新的特点：一是独头掘进施工通风条件差，洞内尤其掌子面和衬砌施工段温度高，多为正温；二是由于洞外太阳辐射大，在自然通风下，洞内温度会上升，尤其是拱部围岩表面温度常处于正温，这加剧了冻土的热融，像昆仑山隧道这种节理发育、破碎的围岩易频繁出现掉块；三是洞内开挖段围岩表面温度宜控制在 0 ℃以下，以防止热融、掉块，这要求通风机有制冷能力，这对铁道部原科研项目的通风方案提出了新的要求。

1. 由于工期紧，同时具备制冷和预热功能的风机研制需要一定周期。施工中采用如下两种通风系统：一是普通通风系统用于隧道的暖季开挖阶段（0～5 ℃）；二是加温预热通风系统，适用于寒季隧道开挖阶段（－5～0 ℃）。

2. 由于昆仑山隧道洞身围岩挤压褶皱强烈、节理发育，岩层非常破碎，冻土围岩主要靠裂隙冰的黏结作用连成整体，一旦洞内环境温度超过 0 ℃，随着融化圈的扩大，融化圈内的围岩就会发生掉块及坍塌。据施工实践，围岩破碎、整体性差的冻土隧道开挖段施工环境温度宜控制在－5～0 ℃内，这个温度在寒季通过加温预热通风系统控制。在暖季，采用普通通风系统，同时采用一定的措施使环境温度控制在 5 ℃内，但对围岩应及时进行喷锚临时支护，保证施工安全。

3. 通风技术措施：寒季（－37～－10 ℃），采用加温预热通风系统，将风机置于洞口保暖大棚内的通风方式，即能确保开挖时－5～0 ℃的温度要求；在暖季，采用普通通风系统，利用日温差大的特点，采用日最低温度时段通风，可保证开挖段温度控制在 5 ℃以内（见图 6-7）。但为了保证开挖安全，必须尽快实施湿喷加系统锚杆支护手段，以封闭围岩，减少空气与冻土的热交换，延缓冻土冻融圈的扩展速率。

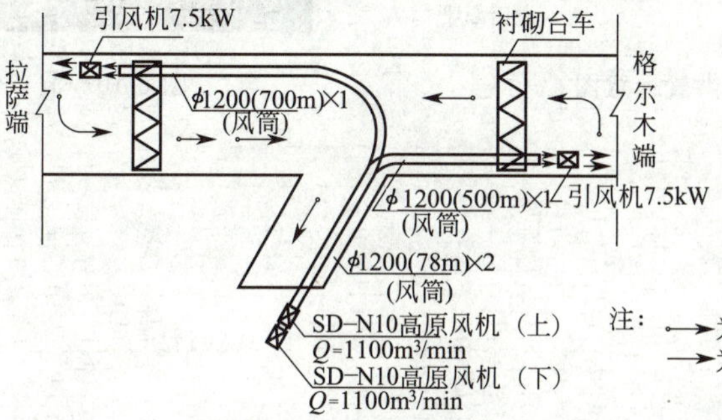

图 6-7　施工通风设计图

6.2.2 施工供氧

为防止高原缺氧和过度疲劳诱发重症高原病，保证施工人员的身体健康，采取如下措施（见图 6-8、图 6-9）：

1. 采用 6 h 工作制，按每天 4 班制并按 1.3 富余系数配备施工人员。

2. 风火山隧道施工采用现场制氧、洞内弥漫式供氧的供氧模式。

3. 昆仑山隧道施工采用配备 1.5 kg 重的背负式氧气瓶，补充作业过程中的氧需求。

4. 在洞口设氧吧，规定作业人员进出隧道须在氧吧进行氧疗；宿舍采用弥漫式供氧，增加宿舍空气中的氧分压。

5. 规定作业人员每月进行一次高压氧舱的氧疗。

6. 对洞内氧分压、湿度、温度、大气压力、巷道风速、粉尘、CO、CO_2 等进行监测，根据监测结果采取相应保障措施。

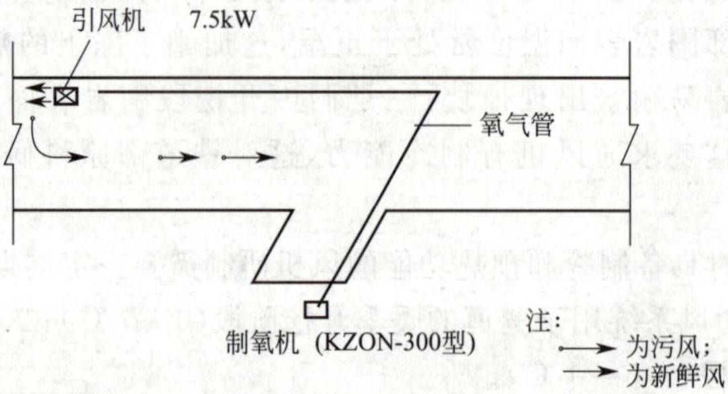

图 6-8 制氧站供氧系统图

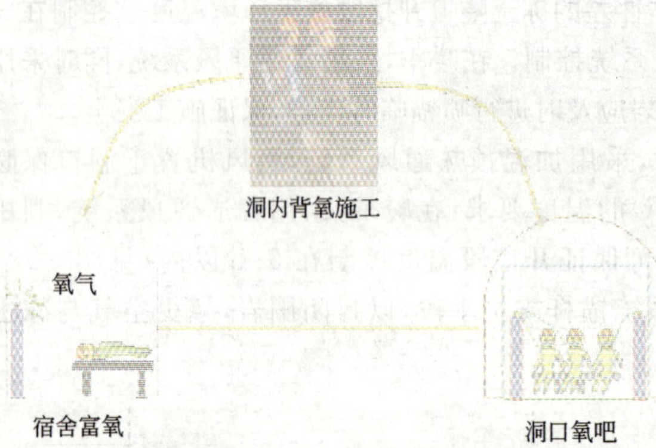

图 6-9 隧道的供氧示意图

图 6-10 洞口制氧机系统

7 湿喷混凝土支护技术及工艺试验研究

湿喷混凝土作为一种成熟的施工支护技术在普通的山岭隧道施工中得到了广泛的应用。但在高海拔、高寒的多年冻土地区铁路隧道施工中，高原高寒条件会对喷射混凝土支护施工工艺产生多大的影响，喷射混凝土能否在高原、高寒冻土地区隧道中实施，如何实施以及力学性能和耐久性能否满足设计要求，均是亟待解决的问题。

7.1 研究内容及程序

7.1.1 研究内容

在高原多年冻土地区的隧道工程中采用湿喷混凝土作为初期支护，是前所未有的事情，其能否与冻土围岩黏结牢固、能否保证混凝土质量，是高原多年冻土隧道安全施工的一大难题。原设计采用了模筑混凝土支护结构形式，由于该形式施工时间较长，使得开挖后的冻土围岩暴露时间过长，这对施工安全和保护冻土极为不利。

为了保证隧道施工的安全，开展了以湿喷混凝土支护配方及施工工艺为主的试验研究。经过大量的室内和现场试验，初步选定了水泥、骨料、外加剂、外掺料的配方及施工工艺，成功解决了这一技术难题，证实了湿喷混凝土作为临时支护在高原冻土隧道施工中的可行性，并将这一成果应用于施工实践，取得了较好的效果(见图 7-1)。

图 7-1　隧道临时支护的格栅钢架

根据高原冻土隧道的实际地质条件及施工条件，主要开展了以下试验：

1. 湿喷混凝土支护的施工工艺试验；2. 配合比试验；3. 喷射工艺系统合理温度试验；4. 抗冻和早强等添加剂合理的掺量试验；5. 湿喷混凝土工艺规程及技术条件试验；6. 湿喷混凝土主要室内试验：湿喷混凝土的强度试验、抗冻融试验、与岩面的黏结强度试验。

7.1.2 研究程序

主要的试验研究程序是：通过室内试验确定适用于高原多年冻土地区的湿喷混凝土合理

配合比，然后在昆仑山隧道进行高原高寒冻土区湿喷混凝土可行性工艺验证试验并进行强度测试，对湿喷混凝土配合比作进一步调整后，结合昆仑山隧道施工情况，在隧道内进行试验，以便最后确定湿喷混凝土的合理配合比及施工工艺。

7.2 工艺试验

7.2.1 原材料及外加剂试验

所有的原材料在使用前均在室内进行力学性能指标的测试，进行对比，以选择比较适合的材料。

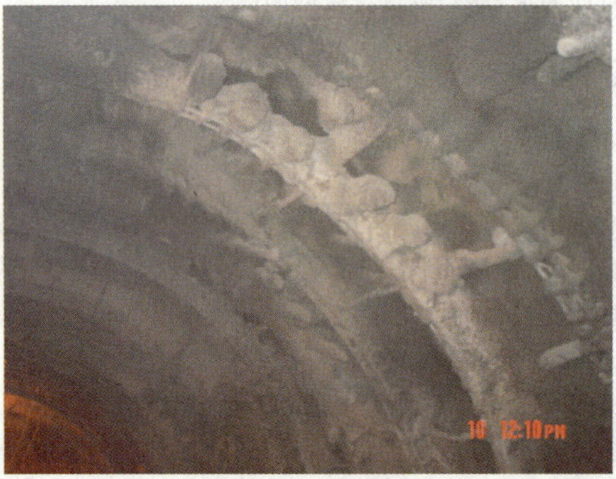

图 7-2 喷射混凝土以后的钢格栅

1. 水泥

宜采用强度等级不低于 32.5R 的硅酸盐水泥和普通硅酸盐水泥。通过室内对比试验，采用祁连山牌 32.5R 普通硅酸盐水泥，具体指标见表 7-1。

表 7-1 水泥具体指标

水 泥 品 种	初凝	终凝	细度	抗折程度	抗压强度
祈连山 P32.5 MPa	84 min	140 min	2.4	4.02(3d)MPa	26.6(3d)MPa
大通河 P32.5 MPa	86 min	151 min	2.8	3.5(3d)MPa	21.7(3d)MPa

2. 粗骨料

经硫酸盐溶液浸泡试验循环 5 次，在重量损失≤10%、最大粒径≤15mm 的所有碎石或卵石当中，经对比试验，选用格尔木采石场生产的花岗岩碎石，具体指标见表 7-2。

表 7-2 花岗岩碎石具体指标

堆积密度(kg/m^3)	1540	紧密密度(kg/m^3)	1630	表观密度(kg/m^3)	2630	空隙率	41%
含泥量	0.3%	泥块含量	0%	针片状含量	3.0%	坚固性	2%
颗粒级配(实际通过各筛径筛余百分数)：2.5：96.75 5：91.25 10：30.5 16：0							

3. 细骨料

使用细度模数大于 2.50 的坚硬洁净的中粗河砂。通过对比试验，选用了三岔河砂场的河砂,具体指标见表 7-3。

表 7-3 河砂具体指标

堆积密度(kg/m³)	1550	紧密密度(kg/m³)	1740	表观密度(kg/m³)	2680	空隙率	43%
含泥量	2.5%	泥块含量	0%	云母含量	0%	硫化物含量	0.17%
坚固性	2%	轻物质含量		0%		有机物含量	合格
颗粒分析:5.0:9 2.50:31 1.25:48 0.630:72 0.315:90 0.160:96							
级配区属:I				细度模数:3.2			

4. 聚丙烯纤维

因为是在冻土围岩上进行喷射施工,为增加喷射混凝土与围岩的黏结强度,必要时考虑在喷射混凝土中掺加增强纤维材料,通过试验和经济技术指标的比较(见表 7-4),选用聚丙烯纤维网 A。

表 7-4 聚丙烯纤维具体指标

聚丙烯纤维	价 格	28d 强度
A:1.5 kg/m³	70 元/kg	22.1MPa
B:0.9kg/m³	120 元/kg	18.4MPa

注:28d 标养试件采用大通河水泥、西宁防冻剂,配合比为 1∶2.01∶1.34∶0.47。

5. 防冻剂选择试验(共选用 4 个品种进行对比试验)

防冻剂是指在规定条件下,能显著降低混凝土液相冰点,使混凝土内部溶液不结冰或者不部分冻结,从而保证水泥的水化作用,并在一定时间内获得预期强度的外加剂。选择与水泥和速凝剂相容性好的防冻剂复合使用,可以改善喷射混凝土的工艺性能,提高混凝土的早期强度,确保混凝土不受冻害。为此,选用了 A,B,C,D 4 个品种的防冻剂进行对比试验。标准养护强度试验和抗冻试验结果分别见表 7-5 和表 7-6。

表 7-5 标养强度试验结果

防 冻 剂	坍 落 度	7d 强度	28d 强度	
A:1%	21.5 cm	20.4 MPa	26.7 MPa	配合比 1∶2.01∶1.34∶0.47 日期:17/11/2003
B:4%	21.5 cm	19.3 MPa	24.4 MPa	
C:2.5%	16 cm	27.0 MPa	33.5 MPa	
D:7%	17 cm	23.7 MPa	31.9MPa	

表 7-6 抗冻试验结果

防冻剂	坍落度	−20 ℃养护 14 d	14 d 后再标养 21 d	标养 35 d	
A:1.2%	21.5 cm	4.7 MPa	26.1 MPa	34.4 MPa	配合比 1∶2.01∶1.34∶0.47 日期:26/11/2003
B:4%	20 cm	4.7 MPa	27.1 MPa	33.2MPa	
C:3%	17 cm	8.0 MPa	30.1 MPa	41.9 MPa	
D:7%	21 cm	11.0 MPa	28.4 MPa	35.3 MPa	

防冻剂综合试验:在选定喷射混凝土和模筑钢纤维混凝土的防冻剂为 HS-1 型时,对该防冻剂进行了工作性能试验(减水大小和坍落度损失)、负温强度试验等。通过试验发现该防冻剂有较强的减水率,在喷射混凝土水灰比小于 0.5 的情况下,其坍落度能达到 150～180 mm,并且坍落度损失在 30 min 内可控制在 3～5 cm 内,有利于喷射混凝土的施工;负温强度(−10 ℃冰箱中养护 14 d 再标养 21 d)为 28.2 MPa,对比试件强度(标养 35 d)为 35.3 MPa。

经济成本计算:A 品种价格 5 000 元/t,掺量 1.2%,成本为 30 元/m^3;品种 B,D,C 价格在 3 000～4 000 元/t 之间,掺量分别为 4%,7%,3%,成本在 70～122.5 元/m^3 之间(平均按 3 500元/t 价格计算)。

根据技术经济合理原则选用 A 品种防冻剂,该防冻剂的基本性能指标见表 7-7。

表 7-7 A 防冻剂基本性能指标

试验项目		性能指标	
		标准要求	试验结果
减水率(%)不小于		8	10～20
泌水率(%)不大于		100	91
凝结时间差(min)	初凝	−120～+120	−35～+40
	终凝		−30～+50
抗压强度比(%)不小于	温度范围(℃)	−5～−15	−5～−15
	R_{28}	95～90	115～105
	R_{-7+28}	95～85	115～110
	R_{-7+56}	100	130～115
90 d 收缩率比(%)不大于		120	73～92
渗水高度比(%)不大于		100	45～53
300 次冻融损失性能指标(%)不大于		100	60～85
耐 SO_4^{2-} 侵蚀能力(mg/L)		≤4 000	极限可达 5 000
对钢筋锈蚀作用		无	无
Cl^- 渗透性能不大于(库仑)		1 000	790～1 000
抗裂性能不大于(kg/m^3)		0.5	0.09～0.22
与水泥及速凝剂的适应性		可与祁连山牌 32.5R 普通水泥 D′液体速凝剂匹配使用	

6. 液体速凝剂(共选用 4 个品种进行对比试验)

速凝剂是指掺用后能使混凝土迅速硬化的一种外加剂。使用速凝剂的主要目的是使喷射混凝土速凝硬化,减少回弹损失,防止喷射混凝土因重力作用引起脱落,提高它在潮湿或含水岩层中使用的适应性能,并可适当加大一次喷射厚度和缩短喷射层间的间隔时间。在高原冻土隧道施工中,选用何种速凝剂非常关键。目前所使用的成品速凝剂经试验证明,温度在 10～25 ℃时,对凝结时间影响不大;温度低于 10 ℃时则凝结时间明显延长;在 5 ℃以下一般不宜施工;当温度低于 0 ℃时应停止施工。因此,施工中必须要解决速凝剂在低温下能有效使用的问题。

为此我们选择 A′,B′,C′,D′四种液体速凝剂与 A,B,C,D 四种防冻剂进行复合使用试验,试验结果分别见表 7-8、表 7-9、表 7-10 和表 7-11。

表 7-8　品种 A′

速凝剂温度(℃)	掺量(%)	水泥净浆温度(℃)	防冻剂品种	初　凝	终　凝
3	5	1		13 min 02 s	>20 min
3	4	9		8 min	>15 min
15	4	10		2 min 30 s	16 min 40 s
15	4	10	A:1.2%	2 min 15 s	19 min 30 s

表 7-9　品种 B′

速凝剂温度(℃)	掺量(%)	水泥净浆温度(℃)	防冻剂品种	初　凝	终　凝
3	5	1		9 min 21 s	19 min
3	3	2		6 min 50 s	18 min
10	3.5	6		4 min	12 min 36 s
10	3.5	10		1 min 50 s	15 min
10	3.5	10	A:1.2%	1 min 20 s	13 min 50 s

表 7-10　品种 C′

速凝剂温度(℃)	掺量(%)	水泥净浆温度(℃)	防冻剂品种	初　凝	终　凝
3	3	0		5 min 22 s	12 min 48 s
3	4	4		6 min 30 s	13 min 50 s
3	2.5	2		8 min	17 min 25 s
3	3	7		>9 min	大通河水泥
10	3	0	C:3%	6 min 30 s	>17 min
10	3	1	A:1.2%	2 min	16 min
10	3	14	C:3%	5 min	19 min
10	3	13	B:4%	5 min	18 min
10	3	5	A:1.2%	3 min 15 s	17 min
10	3	10	A:1.2%	1 min 57 s	15 min 50 s
10	3	10	A:1.0%	3 min 03 s	18 min 05 s
10	3	10	A:1.2%	2 min 09 s	16 min
10	3	10	A:1.5%	2 min 10 s	15 min 39 s
20	3	10	A:1.2%	2 min 12 s	14 min 40 s
30	3	10	A:1.2%	2 min 01 s	12 min 30 s
40	3	10	A:1.2%	2 min 05 s	12 min
40	3.5	8	A:1.2%	2 min 30 s	16 min 37 s
40	3.5	9	A:1.8%	2 min 17 s	15 min 30 s
50	3	10	A:1.2%	1 min 59 s	11 min 30 s
60	3	10	A:1.2%	2 min 20 s	15 min 30 s
40	3	6	A:1.2%	2 min 30 s	17 min 11 s
50	3	7	A:1.2%	2 min 20 s	14 min 30 s
60	3	5	A:1.2%	2 min 20 s	15min 30 s

表 7-11 品种 D′

速凝剂温度(℃)	掺量(%)	水泥净浆温度(℃)	防冻剂品种	初 凝	终 凝
10	3	14	大通河水泥	6 min	>14 min
10	3	10	A:1%	2 min 15 s	16 min
10	3	13	B:4%	4 min 30 s	17 min
15	4	10	A:1.2%早强剂 2.5%	2 min	15 min 30 s
20	4	6	A:1.8%	1 min 50 s	13 min 26 s
30	4	11	A:1.2%	2 min 10 s	>19 min
40	4	11	A:1.2%	2 min	14 min 15 s
50	4	10	A:1.2%	2 min 30 s	18 min 45 s
40	4	6	A:1.2%	2 min 30 s	16 min 58 s
50	4	5	A:1.2%	2 min 48 s	20 min

经试验选择 C′,D′速凝剂和水泥净浆加热至 10 ℃以上与 A 防冻剂复合使用可以满足初凝 5 min 以内的速凝要求,终凝时间虽然较长,但基本在 20 min 以内,可以满足喷射要求。

7.2.2 砂率选择试验

砂子在整个骨料中所占百分率称为砂率,砂率的大小将直接影响喷射混凝土的施工性能及力学性能。较小的砂率使喷射混凝土的水泥用量少、强度高、收缩小;较大的砂率有利于吸收二次喷射时的冲击能,回弹小,但强度偏低、收缩大。综合权衡砂率大小所带来的利弊,经过试验确定砂率为 60%,试验结果见表 7-12。

表 7-12 砂率选择试验结果

砂率	日期	配合比	防冻剂	坍落度	7 d 强度	28 d 强度
55%	7/11/2001	1∶1.85∶1.512∶0.48	B:3.8%	10 cm	21.3 MPa	26.6MPa
	7/11/2001	1∶1.85∶1.512∶0.47	A:1%	9.5 cm	25.7 MPa	28.2 MPa
	3/4/2001	1∶1.98∶1.62∶0.44	A:1.2%	17 cm	25.6 MPa	30.2 MPa
	3/4/2001	1∶1.98∶1.62∶0.39	A:1.2%	10 cm	28.9 MPa	32.5 MPa
	3/4/2001	1∶1.98∶1.62∶0.49	A:1.2%	21 cm	19.3 MPa	23.7 MPa
60%	7/11/2001	1∶2.01∶1.34∶0.47	B:4%	14.5 cm	18.1 MPa	26.5 MPa
	3/4/2001	1∶2.01∶1.34∶0.44	A:1.2%	16.5cm	27.1MPa	30.9MPa
	3/4/2001	1∶2.01∶1.34∶0.39	A:1.2%	12cm	29.7MPa	32.4MPa
	3/4/2001	1∶2.01∶1.34∶0.49	A:1.2%	23cm	22.5MPa	28.0MPa
	10/11/2001	1∶2.01∶1.34∶0.42	B :4%	13cm	14.9MPa	水温 −2～−3 ℃ 大通河水泥
	10/11/2001	1∶2.01∶1.34∶0.52	B :4%	23cm	11MPa	
	10/11/2001	1∶2.01∶1.34∶0.47	B :4%	20cm	13.6 MPa	
	10/11/2001	1∶2.17∶1.45∶0.50	B :4%		21.2MPa	

续上表

砂率	日期	配合比	防冻剂	坍落度	7 d强度	28 d强度
	7.5％硅粉，0.8％高效减水剂					
	12/11/2001	1∶2.01∶1.34∶0.45	B：4％	22cm	26.7MPa	39.6MPa
	7.5％硅粉，0.8％高效减水剂					
60％	12/11/2001	1∶2.01∶1.34∶0.40	B：4％	11cm	35.5MPa	40.9MPa
	7.5％硅粉，0.8％高效减水剂					
	12/11/2001	1∶2.01∶1.34∶0.42	B：4％	15.5cm	31.5MPa	
	7.5％硅粉，0.8％高效减水剂					

数据分析：60％砂率可以满足强度要求，硅粉对强度增强作用十分明显。

7.2.3　室内配合比试验

1. 设计要求

必须满足强度及其他物理性能的设计要求；与基材、钢筋等有良好的黏结性，混凝土密实度高；4～8 h后强度应具有能控制地层变形的能力；必须能向上喷射到指定的厚度，且回弹损失小；有良好的耐久性；扬尘少，施工顺利，不易发生管道堵塞或喷射面流淌坍落。

2. 主要参数选择

（1）胶骨比。水泥与粗细骨料之比为胶骨比。由于喷射混凝土要求速凝、早强，并存在28 d强度损失及施工作业的特殊性，一般不采用普通混凝土强度设计计算公式，而由经验与试验确定。常用胶骨比为水泥∶骨料在1∶4.0～4.5之间。水泥用量过少，则回弹量大，早期强度增长慢；水泥用量过大，则经济效益下降，扬尘大，混凝土收缩增大，每立方米混凝土水泥用量通常以375～400 kg为宜。但在高原多年冻土中进行喷射混凝土施工有别于一般地区，水泥用量过少，不能满足早期强度要求，特别是难以达到抗冻临界强度的要求，通过大量的室内和现场试验确定了胶骨比1∶3.4，水泥用量在470～480 kg/m^{3}之间。

（2）砂率。砂率的选择将直接影响喷射混凝土的施工性能及力学性能，综合权衡砂率大小所带来的利弊，经试验确定砂率为60％。

（3）水灰比和用水量。水灰比是影响喷射混凝土强度的主要因素。当水灰比为0.2时，水泥不能获得足够的水分与其水化，硬化后有一部分未水化的水泥质点；当水灰比为0.4时，水泥可获得适当的水分与其水化，硬化后能形成致密的水泥石结构；当水灰比为0.6时，过量多余的水分蒸发后，在水泥石中形成毛细孔。当水灰比适宜时，喷射混凝土表面平整，呈水亮光泽，粉尘和回弹均较少。试验表明，适宜的水灰比值为0.4～0.5，通过试验确定水灰比为0.42～0.47。

3. 配合比确定

水泥选祈连山水泥，砂为中粗砂，骨料粒径为5～15 mm，纤维为品种A，共进行了39组室内配合比试验，优选了以下3组配合比。

（1）普通混凝土：水泥∶砂∶石∶水∶防冻剂A＝480∶965∶643∶211∶5.67；

（2）纤维混凝土：水泥∶砂∶石∶水∶防冻剂A∶聚丙烯纤维

＝470∶945∶630∶212∶5.64∶1.5；

（3）硅粉纤维混凝土：水泥∶砂∶石∶水∶防冻剂A∶纤维∶硅粉

=483∶971∶647∶227∶5.8∶1.5∶36.2。

7.2.4 混凝土拌和物温度、坍落度及随时间变化关系试验

1. 混凝土拌和物温度与时间的关系

混凝土拌和物的温度直接影响到喷射混凝土的起始水化温度，同时也影响到隧道的施工环境温度。在高原多年冻土环境下施工隧道，为了保持多年冻土的稳定性，将隧道施工环境温度控制在一定范围内是必须的。

从表 7-13 可知，对于普通混凝土，在同样的原材料温度与环境温度条件下，使用容器对混凝土的拌和温度有比较大的影响：在容器中拌和时，混凝土的温度下降速度要慢于暴露在空气中拌和时的速度。如拌和 30 min 后，容器内的混凝土的温度从 20 ℃降为 17.5 ℃，而暴露在空气中的混凝土温度则从 16 ℃降为 10 ℃，1 h 后的温度分别降为 13 ℃和 4 ℃，下降率分别达到 35%和 80%，这说明容器对混凝土的拌和温度有很大的影响。

不论采用何种拌和方式（容器中拌和或是暴露在空气中拌和），混凝土的拌和温度总是随着时间的延长而降低。表 7-14～表 7-20 的数据也证明了这一点。

2. 混凝土塌落度与时间的关系

混凝土的塌落度直接关系到混凝土的泵送能力与初凝时间，为了保持混凝土有良好的泵送能力，在一定的时间范围内，混凝土的塌落度越大越好。一旦混凝土被喷射出来以后，则要求混凝土能很快凝固，以保证喷射混凝土与岩面有较好的黏附力。从表 7-13～表 7-20 可知，各种混凝土的塌落度均随着时间的延长而不断降低。

试验结果分别见表 7-13、表 7-14、表 7-15、表 7-16、表 7-17、表 7-18、表 7-19 和表 7-20。

表 7-13 普通混凝土(1)

时间(min)	坍落度(cm)	拌和物温度(℃)	时间(min)	拌和物温度(℃)	
0	23.5	20	5	16	原材料温度： 水泥 0 ℃ 石 0 ℃ 砂 43 ℃ 水 39 ℃ 环境温度－9 ℃ 拌合料 50L 日期 6/12/2001
10		20	15	15	
20	22	18	25	12	
30	17.5	17.5	30	10	
40		16	40	8	
50	17	14.5	50	6	
60	15.5	13	60	4	

注：左边数据为拌和物装在密闭容器内，右边数据为拌和物暴露在大气中。

表 7-14 普通混凝土(2)

时间(min)	坍落度(cm)	拌和物温度(℃)	
0	17	26	原材料温度：水泥－2 ℃，砂 25 ℃，石－2 ℃，水 65 ℃， 环境－7 ℃ 日期：7/12/2001 拌和料：22.5L
15	15	20	
30	14	14	

表 7-15 普通混凝土(3)

时间(min)	坍落度(cm)	拌和物温度(℃)	
0	21	22	拌和料：22.5L 原材料温度：水泥 0 ℃，砂 16 ℃，石 0 ℃，水 70 ℃， 环境－7 ℃ 日期：8/12/2001
15	18.5	16	
30	18	12	

表 7-16 硅粉混凝土

时间(min)	坍落度(cm)	拌和物温度(℃)	
0	20	18	原材料温度:水泥－3 ℃,砂 35 ℃,石－5 ℃,水 69 ℃,环境－10 ℃ 日期:15/12/2001
30	17.5	13	

表 7-17 纤维混凝土(调整参数)

时间(min)	坍落度(cm)	拌和物温度(℃)	
0	13	25	原材料温度:水泥 0 ℃,砂 20 ℃,石 0 ℃,水 70 ℃,环境－4.5 ℃ 拌和料:20L 日期:18/12/2001
30	8.5	15	

表 7-18 普通混凝土(调整参数)

时间(min)	坍落度(cm)	拌和物温度(℃)	
0	18.5	21	原材料温度:水泥 2 ℃,砂 15 ℃,石 2 ℃,水 70 ℃ 拌和料:20 L 日期:19/12/2001
30	9.5	14	

表 7-19 普通混凝土(再次调整参数)

时间(min)	坍落度(cm)	拌和物温度(℃)	
0	17	27	原材料温度: 水泥－1 ℃ 砂 21 ℃ 石－2 ℃ 水 70 ℃ 环境－6 ℃ 拌和料:30 L 日期:29/12/2001
5		26	
10	13	25	
15		23.5	
20	12.5	22	
25		20.5	
30	12	19	
35		17.5	
40	11.5	16	
45		15	
50	11	14	
55		16	
60	10.5	12	

表 7-20 聚丙烯纤维混凝土(再次调整参数)

时间(min)	坍落度(cm)	拌和物温度(℃)	
0	16	25	原材料温度: 水泥 0 ℃ 砂 25 ℃ 石 0 ℃ 水 68 ℃ 环境－5 ℃ 拌和料:30 L 日期:29/12/2001
5		24	
10	14	23	
15		21.5	
20	12.5	19.5	
25		18	
30	11	16.5	
35		15.5	
40	10.5	15	
45		14	
50	10	13	
55		12	
60	9.5	11	

7.2.5 强度发展试验

高原多年冻土的特性，要求喷射混凝土具有早强、速凝的特点，以保证隧道开挖后能及时支护暴露的隧道，提高隧道施工的安全性。

总体而言，混凝土的强度随着时间的增长而增长，融化后的强度明显低于融化前的强度（见表7-21），两者相差43.6%和30.1%。拌和温度对混凝土的早期强度影响较大，对后期强度影响则较小（见表7-22）。如拌和温度从6 ℃增加到7 ℃时，混凝土7 h的强度由2.1 MPa增加到5.4 MPa，增加了1.57倍，而3 d的强度两者相差不大（分别为11.2 MPa与11.3 MPa），但是融化后的强度，则是拌和温度低的强度高，拌和温度高的强度低。

添加聚乙烯纤维可以提高喷射混凝土的早期强度，但不能提高后期强度（见表7-22）；使用防冻液可以有效地解决混凝土在低温状态下的凝固问题，如果使用速凝剂C′，其加量就不宜过大（见表7-21）。因为，此时随着防冻液A的加量由1.2%增加到1.5%时，混凝土强度有所降低，降低的程度是随着时间的增加而降低，在7 h时，强度降低了50%，1 d的强度则降低了39.2%，3 d的强度仅降低了15.0%。如果使用的速凝剂是D′，随着A防冻液的加量增加，混凝土的后期强度也随之增加（见表7-23）。

强度发展试验结果见表7-21、表7-22、表7-23。

表7-21 时间对混凝土强度的影响

日期	防冻剂	速凝剂	温度	7 h	1 d	3 d	14 d	28 d
6/12/2001	A:1%	C′:3%	4 ℃	2.4	5.9	6.6	15.5	
8/12/2001	A:1.2%	C′:3%	6 ℃	2.1	8.0	11.2		/9.2
8/12/2001	A:1.5%	C′:3%	7 ℃	2.7	5.9	9.6		/3.3
9/12/2001	A:1.2%	C′:3%	7 ℃	5.4	9.7	11.3		/7.6

注：1. 养护温度−20 ℃（冰箱）；
2. 强度单位为MPa；
3. /右边数据为解冻后强度。

表7-22 拌和温度对混凝土强度的影响

试验日期	防冻剂	速凝剂	拌和物温度	1 d	3 d	7 d	28 d
19/12/2001	A:1.2%	D′:4%	11 ℃	2.4	5.3	10.6	24.7
18/12/2001（纤维）	A:1.2%	D′:4%	10 ℃	3.3	6.1	8.9	22.1
15/12/2001（纤维）	A:1.5%	C′:3%	9 ℃	3.5	5.3	15.5/8.9	18.2
15/12/2001	C:1.5%	C′:3%	7 ℃	2.8	4.5	12.3/8.6	18.1

注：1. 养护温度为−10～0 ℃大气环境；
2. 机械振实；
3. 强度单位为MPa。

表7-23 水灰比对混凝土强度的影响

试验日期	防冻剂	速凝剂	水灰比	1 d	3 d	7 d	28 d
27/12/2001		D′:4%	0.45	1.63	5.13	12.5	19.8
27/12/2001	A:1%	D′:4%	0.47	1.55	5.63	14.5	20.6
27/12/2001	A:1.2%	D′:4%	0.45	1.57	6.69	16.44	21.44

续上表

试验日期	防冻剂	速凝剂	水灰比	1 d	3 d	7 d	28 d
28/12/2001	A:1.5%	D′:4%	0.44	1.76	7.89	18.53	26.98
29/12/2001	A:1.2%	C′:3%	0.47	1.42	13.3	24.04	33.09
28/12/2001(纤维)	A:1.2%	D′:4%	0.45	1.32	5.88	14.03	21.66
29/12/2001(纤维)	A:1.2%	C′:3%	0.47	1.55	12.29	18.78	22.9

注:1. 养护温度为−5～0 ℃大气环境;

2. 拌和物温度 12 ℃,机械振实;

3. 强度单位为 MPa。

7.2.6 提高湿喷混凝土早期强度试验

为提高喷射混凝土的早期强度,在掺加早强剂＋防冻剂和增加防冻剂掺量两种情况下进行配合比及强度对比试验,试验结果见表 7-24 和表 7-25(加液体速凝剂振捣装模时间较长,为 2min30s 左右,对强度有一定的影响)。

表 7-24 12/4 试件(1.2%HS-1 防冻剂＋2.5%早强剂)

	1 d	3 d	7 d	28 d
强度(MPa)	4.1	12.7	15.2	20.0
采用祈连山水泥　环境温度 7 ℃　拌和物 12 ℃　掺液体速凝剂(50 ℃) 配合比:1∶2.01∶1.34∶0.44　坍落度为 170 mm　自然养护(5～10 ℃)				

注:12/4 为试验编号。

表 7-25 12/4 试件(1.8%HS-1 防冻剂)

	1 d	3 d	7 d	28 d
强度(MPa)	4.5	13.2	17.3	21.3
采用祈连山水泥　环境温度 6 ℃　拌和物 12 ℃　掺液体速凝剂(50 ℃) 配合比:1∶2.01∶1.34∶0.42　坍落度为 220 mm　自然养护(5～10 ℃)				

注:12/4 为试验编号。

通过比较得知:从减少拌和掺料程序和降低成本两方面考虑增大 HS-1 的掺量为 1.8%,既可提高喷射混凝土的早期强度,又能使混凝土抗冻能力提高到−20～−15 ℃之间,是一种比较好的选择。

从表 7-24 和 7-25 可知:添加 1.2%A 型防冻剂后 28 d 强度值可以满足 C20 标准,但早期强度值偏低,将防冻剂添加比例加至 1.8%,可明显提高早期强度。添加速凝剂 C′,3 d 的强度值较高,而添加速凝剂 D′,则 3 d 强度值较低,故实际工程中是采用速凝剂 C′。

7.3 湿喷混凝土可行性试验及强度测试

室内试验完成以后,在昆仑山隧道的 1 号横洞进行了高原高寒多年冻土区湿喷混凝土的可行性验证试验并进行了强度测试。试验位置在距洞口 100 m 处,喷射用 TK961 型湿喷机完成,搅拌在洞外大气环境(−30～−20 ℃)中用 350L 自落式搅拌机完成,运输用装载机。

7.3.1 施工配合比

在工程实际中，由于现场实际情况与试验室的理想状况有很大的不同，试验室的配合比是在理想条件下得出的，与现场的实际还有一定的差距，所以试验室的配合比还必须经现场实际检验，以满足现场的实际情况。

1. 普通混凝土

普通混凝土的配合比：水泥：砂：石：水：防冻剂 A＝480：965：643：240：5.76；拌和物温度 26 ℃，料斗内温度 17.3 ℃，喷射到岩面 12.5 ℃。

2. 聚丙烯纤维混凝土

水泥：砂：石：水：防冻剂 A：纤维＝470：945：630：212：5.64：1.5；拌和物温度 20.5 ℃，料斗内温度 15.5 ℃，喷射到岩面 11 ℃。

7.3.2 强度试验

作业及养护条件：大气温度－2 ℃，岩面－1.6 ℃；－5～－2 ℃同等条件养护。

1. 大板强度（见表 7-26）

表 7-26 大板强度（MPa）

大板编号	龄　期	试件 1	试件 2	试件 3	平均强度
1#	3 d	18.6	13.97	13.78	13.88
	7 d	18.26	24.13	23.45	23.79
	27 d（未解冻）	27.55	28.03	34.96	27.79
	27 d（解冻）	26.03	26.41	20.52	26.22
2#	27 d（未解冻）	28.6	25.46	28.12	27.39
	27 d（解冻）	25.27	27.84	24.23	25.78
3#	27 d（未解冻）	21.96	21	20.52	21.16
	27 d（解冻）	20.24	25.94	26.13	26.04
4#	3 d	17.77	19.48	20.52	19.26
	7 d	29.84	29.04	28.69	29.19
	27 d（未解冻）	40.47	40.38	40.47	40.44
	27 d（解冻）	40.66	34.3	39.05	38
5#	27 d（未解冻）	23.94	25.75	23.56	24.42
	27 d（解冻）	20.14	22.04	21.47	21.22

2. 混凝土试块强度

因钻芯困难，采用风钻、炸药从岩面上取下 600 mm×600 mm×300 mm 的喷层，粗加工成 400mm×500 mm×160 mm 大板试件，最后切割成 100 mm×100 mm×100 mm 试件进行抗压强度试验，试件共 19 个，并对其进行强度测试，27 d 强度值如下（MPa）：

未解冻：30.4　28.9　28　31.6　29.9　26.6　27.7　24.7　25.7　33.4　30.1　27　平均 28.5；

解冻：28　29　28.8　20.3　24.7　23.3　平均 25.7。

未解冻时，试块最大强度为 33.4 MPa，最小为 24.7 MPa，平均为 28.5 MPa。解冻后试块的强度有所降低，最大为 29.0 MPa，最小为 20.3 MPa，平均为 25.7 MPa。

强度测试表明，在高原多年冻土区昆仑山隧道喷射混凝土强度等级不但达到了 C20 的标准，并且混凝土的质量控制水平也达到了优质，同时与围岩的黏结强度也达到良好以上标准。

7.4 喷混凝土试验研究

7.4.1 试验研究

在完成室内配比试验及 1 号横洞的可行性验证试验和强度测试后，结合昆仑山隧道的施工情况，于 2002 年 5 月 7 日至 10 日在 DK976＋590～600 段进行了试验，拱墙喷射混凝土厚度5 cm。随后，在第一个试验段基础上，又在 DK976＋650～670 第二试验段进行试验，喷层厚 5～10 cm。

7.4.2 强度测试

在试验段施工过程中，同时进行强度测试及试件取样工作，取样方式为喷射大板。共完成 108 组试件的取样、加工、测试，其中普通喷射混凝土抗压强度试件 38 组，黏结强度试件 20 组，纤维喷射混凝土抗压强度试件 35 组，纤维喷射混凝土黏结强度试件 15 组。测试结果见表 7-27。由表可知，纤维喷射混凝土的黏结强度要高于普通喷射混凝土，而普通喷射混凝土的抗压强度要大于纤维喷射混凝土。

表 7-27 两种混凝土强度值的比较(MPa)

序号	A 的抗压强度	B 的抗压强度	A 的黏结强度	B 的黏结强度	备 注
1	27.9	20.6	1.63	1.35	
2	25.8	24.2	1.92	1.97	
3	32.6	23.4	1.73	1.45	
4	26.2	20.9	1.77	1.93	
5	30.4	21.7	1.82	1.82	
6	23.3	22.9	1.53	1.88	
7	32.5	21.1	1.66	1.69	
8	25.1	20.9	1.52	1.99	
9	22.8	25.1	1.14	2.01	
10	25.5	23.2	1.2	1.60	
11	30.4	21.2	1.54	2.03	
12	22.7	22.4	1.56	1.51	
13	26.2	24	1.32	1.34	
14	32.7	22.2	1.85	1.83	
15	27.9	24.0	1.30	1.41	
16	28.5	22.5	1.52		
17	28.8	22.4	1.19		
18	29.3	20.4	1.25		

续上表

序号	A 的抗压强度	B 的抗压强度	A 的黏结强度	B 的黏结强度	备　注
19	30.0	21.8	1.71		
20	29.1	20.5	1.65		
21	26.9	23.8			
22	30.0	23.5			
23	24.2	20.6			
24	25.0	22.8			
25	23.8	23.0			
26	29.0	24.6			
27	30.2	23.4			
28	28	23.5			
29	30.0	23.1			
30	31.5	23.5			
31	25.9	23.2			
32	25.8	20.5			
33	27.8	21.1			
34	29.1	20.6			
35	20.9	20.7			
36	22.8				
37	23.7				
38	23				
平均强度	27.2	22.4	1.54	1.72	
标准离差	3.14	1.36			
变异系数	11.5%	6.1%			

注：1. A 为普通喷射混凝土，B 为纤维喷射混凝土；

2. 喷射混凝土匀质性指标：标准离差小于 4.5 MPa，离散系数小于 15%为优等。

7.5　湿喷混凝土施工及质量控制

7.5.1　湿喷混凝土施工

在高原高寒缺氧的条件下进行施工，考虑到以人为本的人道主义精神，湿喷混凝土的施工过程应尽量采用机械化，以减轻施工人员的劳动强度。

1. 喷射作业机械配套

(1)喷射混凝土上料

喷射混凝土是隧道及地下洞室施工初期支护的主要手段之一，也是地下工程中作业条件最恶劣的施工工序，喷射机旁的粉尘很大，操持喷嘴的工人处在粉尘的包围之中，劳动环境极为恶劣，严重危害工人的身体健康。人工给喷射机上料是一项繁重的体力劳动，操持喷嘴进行喷射作业的工人的劳动强度也极大，特别是在喷射时，输料管内充满了待喷料，喷射时的反弹力较大,这样,施喷人员很难按照喷射混凝土的规程进行操作。

上料机械的生产率应大于喷射机的生产率,并要求在不自带动力的情况下,可以轨行或轮胎行走,在昆仑山及风火山隧道施工中采用螺旋输送机。因湿喷时的混凝土坍落度较大,采用螺旋输送机上料可将混凝土进一步搅拌,且浆液不会流失,更有利于保证喷射混凝土层的质量。在接料斗下部螺旋外壳上备有放水机,喷射作业完成后便于螺旋清洗。混凝土螺旋输送机的方案设计图见图7-3,主要技术参数见表7-28。

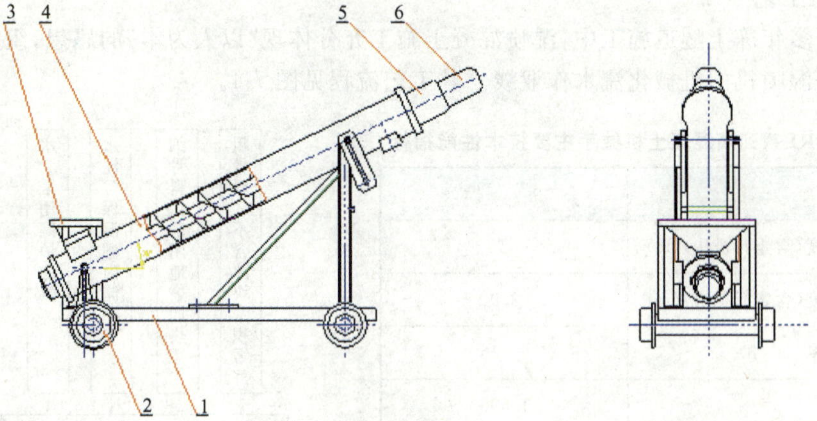

图 7-3 螺旋输送上料机方案图

1—车架;2—走行轮对;3—接料斗;4—螺旋总成;

5—摆线针轮减速器;6—电机(Y100L1-4)

表 7-28 螺旋输送上料机主要技术参数

项 目	指 标	项 目	指 标
螺旋生产率(m^3/h)	10	轮对直径(mm)	ϕ350
接料高度(mm)	< 1000	轨距(mm)	900
卸料高度(mm)	≥1 500	轴距(mm)	2 050
螺旋转速(rpm)	65	螺旋倾角	18°~25°
外形尺寸	3 600 mm×1 200 mm×2 260 mm		

(2)喷射混凝土机械手

喷射混凝土时,如果由工人操持喷嘴进行喷射,由于喷嘴出口距岩面约1m左右,骨料的反弹及喷射产生的粉尘对施喷人员有极大的危害,加上生产率的大幅度提高,因喷射压力的增加而使反射力加大,工人的劳动强度更大,特别是采用湿喷时,由于喷嘴自重及软管内充满混凝土而加重,考虑到工人的劳动安全性,在昆仑山及风火山隧道施工中采用机械手代替人工进行喷射。

机械选型:通过对所收集到的资料进行优化比选后,选择PRJ系列喷混凝土机械手。这种机械手能自动保持喷嘴与受喷面垂直且保持最佳距离;喷嘴的运动轨迹可按设计的程序任意调节;可自动控制加水量,有遥控和全自动控制功能并可以迅速互换。这种机械手是目前国内技术水平最高的机种之一,它是模块式结构,与国外的机械手相似。

用机械手喷射混凝土具有以下优点:有可伸缩的较大臂杆,可实现较远距离的喷射作业,免去了费时费工的搭设脚手架工作;可在安全地点遥控机械手作业,避免了回弹物的伤害;笨重的喷嘴、软管以及喷射时的反作用力均由机器承受，减轻了操作人员的劳动强度；可按喷混凝土规程实施喷射，使喷射混凝土层的质量得到保证；可减轻喷射粉尘（包括速凝剂有毒雾状物）对施作人员的危害。

选择 PRJ 系列喷混凝土机械手作为湿喷混凝土施工的机具后对其机械部分进行了改造，改进后机械的主要特点是在高寒缺氧的情况下能实施低温启动，效率下降不明显，速凝剂计量添加系统能自动加热。主要技术性能指标见表 7-29。

2. 喷射工艺

在高原多年冻土隧道施工中，湿喷混凝土施工充分体现“以人为本”的思想，组成了搅拌站→输送车→湿喷机的机械化流水作业线。其工艺流程见图 7-4。

表 7-29　PRJ 系列喷混凝土机械手主要技术性能指标

项　　目	指　　标
机身最大宽度（含走行机构）(m)	2
机身最大高度（含走行机构）(m)	2.9
混凝土喷射率(m^3/h)	6～16
喷射行程(m)	1.596
喷嘴纵向转角(°)	±45
喷嘴横向转角(°)	±45
喷射高度(m)	≤10
运载机械	轨行、轮胎、履带式车辆

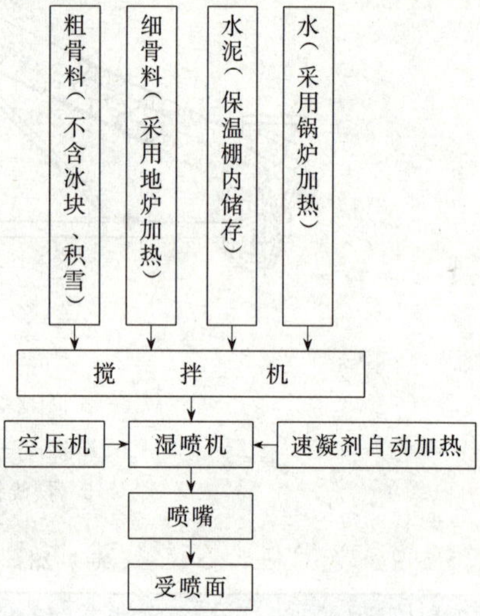

图 7-4　湿喷工艺流程图

3. 湿喷施工

(1)施工准备

原材料方面：备足经检验合格的各种原材料、液体速凝剂和防冻剂。

机械及管路方面：喷射机械手、搅拌站、空压机、混凝土运输车等机械设备运转必须正常；风、水、电及输料管路接头要保持良好，不漏风、漏水、漏电。

其他方面：检查开挖面，欠挖处要补凿够，清除浮石和墙脚的岩渣、堆积物；用高压风清扫岩面；对裂隙水先进行处理，遇到不良地质应采用打锚杆、挂钢筋网、支格栅钢架等措施进行加固；对设计或施工要求的预埋件要准确安装；搭好操作平台，埋设测量喷射厚度的标志；照明和通风设备也应准备齐全并试运行，证明正常可用。

(2)喷射混凝土的拌制

由于气候寒冷，即使暖季施工，洞内气温也均在 0 ℃左右，要保证喷射混凝土的质量，就必须保证混凝土到达喷射机后有一定的温度，但过高的温度又可能引起冻土融坍，因此，喷射混凝土拌和物的温度必须严格控制，要求暖季施工出机温度控制在 10 ℃，而寒季施工的出机温度应控制在 13～17 ℃。

暖季施工时，砂、石料不需加热，水温用锅炉加热到 35 ℃即可，速凝剂加热到 40 ℃，防冻剂和水泥储存在保温库房内，保证正温使用，确保拌和物到达喷射机时的温度≥10 ℃。寒季施工时，砂、石料采用地炉加热，加热温度控制在 16～30 ℃范围内，水采用锅炉加热，加热温度控制在

50～70 ℃范围内，速凝剂加热到45 ℃，这样可以确保拌和物到达喷射机后的温度≥10 ℃。

搅拌时间比内地应适当延长，一般控制在3 min。混凝土出机坍落度控制在160～170 mm之间。

(3)喷射作业

喷射作业分区段进行，逐步推进，先墙后拱，自下而上。如岩面凹凸不平，应先将凹处找平，然后向上喷射。喷嘴与受喷面的距离应控制在0.8～1.0 m之间，喷嘴垂直于受喷面作螺旋形轨迹移动。

喷射时随时注意风压，保持系统风压≥0.5 MPa，喷嘴处工作风压保持在0.3 MPa左右。喷射厚度以保证喷射混凝土不滑移、不坠落为前提。既不能因喷射太厚而影响喷射混凝土的凝聚力和黏结力，又不能因喷层太薄而增加回弹量。施工中一次喷射厚度向下喷射时达150 mm，水平喷射达100 mm，向上喷射则达70 mm。

7.5.2 施工质量检查与控制

1. 原材料质量检查

每批材料进场后，必须进行质量检查，合格后方可使用。

2. 配合比和拌和物的检查

每一工作班设专人检查配合比，严格按配合比施工。检查拌和物的均匀性、坍落度及出机温度，严禁将不合格的喷射混凝土拌和物运往喷射现场。

3. 强度检查

每一工作班做检查试件一组，每喷射20 m制取喷射大板试件一组，同时钻取芯样试件一组，然后按《锚杆喷射混凝土施工支护技术规范》(GB 50086—2001)进行检查、验收。

4. 喷射厚度和回弹量检查

喷射厚度主要通过加强施工来控制，一次喷射到预埋喷射厚度标识处。回弹量主要通过加强喷射作业来控制，通过检查，边墙回弹量控制在5%～15%以内，拱部控制在10%～20%以内。

7.6 结果分析

1. 通过对水和砂加热，在昆仑山寒季环境条件下，可以使混凝土拌和物温度达到25 ℃左右，能够满足湿喷混凝土对和易性以及速凝的要求。

2. 为满足湿喷混凝土速凝要求，需要对速凝剂进行加热至10 ℃以上，并同时保证混合时混凝土拌和物温度在10 ℃左右(搅拌至喷射时间间隔应控制在0.5 h以内)，初凝时间可以在3 min以内，但终凝时间较长，一般在10～20 min之间，基本可以满足喷射要求。

3. 通过对4种防冻剂的对比试验分析，选择确定了防冻剂品种及掺量，其低温条件下的强度发展满足要求，选定的防冻剂具有防冻、减水、提高早期强度的复合功能，将防冻剂掺量由1.2%提高至1.8%，明显提高湿喷混凝土早期强度。

4. 在昆仑山隧道1号横洞低温冻土区完成的喷射大板和喷层岩芯强度测试均达到C20标准。

5. 隧道内30 m试验段施工表明，在昆仑山隧道实施湿喷混凝土工艺上完全可行，一次喷层厚度可达10 cm以上。

6. 试验段施工大板试件强度测试表明，在高原冻土区昆仑山隧道湿喷混凝土不但达到C20技术标准，并且质量控制水平达到优质，同时与围岩的黏结强度也达到良好以上标准。

7. 湿喷混凝土配比中，两种砂率55%和60%均可满足强度要求，建议采用60%砂率。

8. 为降低回弹并控制喷层裂纹，建议在湿喷混凝土中添加聚丙烯纤维。

8 模筑衬砌混凝土及防水隔热层施工工艺

8.1 模筑衬砌混凝土施工工艺

高原多年冻土隧道模筑衬砌混凝土的施工有其特殊性。一方面，由于隧道地处高原多年冻土区，在自然条件恶劣、高寒的条件下，衬砌施工首先要解决的就是拌制合格的具有低温、早强、耐久性质的混凝土拌和物；另一方面，施工时既要保证混凝土浇筑所带入的热量最小，从而使水化热温升对围岩冻土结构产生的破坏最小，又要保证混凝土浇筑后能在规定时间内达到抗冻临界强度和拆模强度。

图 8-1　模筑混凝土二次衬砌边墙

隧道采用曲墙带仰拱整体式模筑混凝土衬砌、模筑混凝土支护，其拱部背后进行回填压浆，模筑混凝土支护为隧道结构的组成部分。衬砌内轮廓在“专隧 0012”图纸的基础上调整，同时考虑衬砌内绝缘预留敷设隔热保温层条件，衬砌净空放大 10 cm，拱顶内缘至内轨顶面直线段净空为 6 950 mm。隧道模筑混凝土支护与模筑衬砌之间设 5 cm 厚的隔热保温层，以减少洞内外气温与地层热交换的影响。保温材料性能要求：导热系数＜0.03 W/m·K，抗压强度≥3 kg/cm^2，体积吸水率＜3%，具低毒性和阻燃性，并具有一定吸收变形的能力。在模筑混凝土支护与衬砌中均应掺加低温早强剂，以保证混凝土的设计强度与耐久性，低温早强剂配方及掺量由试验确定。支护参数见表 8-1。

8.1.1　具体要求及工艺流程

昆仑山隧道采用的是复合式衬砌支护，在隧道开挖以后，为了防止围岩坍塌，采用湿喷混凝土加锚杆作为初期支护，模筑混凝土支护作为一次初期，模筑衬砌作为隧道的永久衬砌（又称二次衬砌），是承担隧道各种荷载与围岩变形压力的主要承载结构。

表 8-1 模筑混凝土支护参数

围岩级别	模筑厚度(cm)	施工支护			衬砌厚度		
		ϕ25 中空锚杆		格栅钢架	拱部	仰拱	
		位置	长度(m)	间距(m)	间距	(cm)	(cm)
Ⅳ	25	局部	2.5	1.2×1.2	1 榀/1.2-1.5	45	45
Ⅴ	30	拱墙	2.5	1.2×1.2	1 榀/m	50	50
Ⅵ	30	拱部	3.0	1.0×1.0	3 榀/2m	55	55

1. 设计要求。混凝土强度等级:C25,C30;抗渗等级:S12;抗冻指标:D300。

2. 施工要求。满足泵送施工需要,坍落度(17±3)cm;1h 坍落度损失:2 cm;要求混凝土入模温度为(10±2)℃;拆模强度:模筑支护 17.5 MPa,模筑衬砌 9 MPa。

3. 模筑衬砌混凝土施工工艺流程见图 8-2。

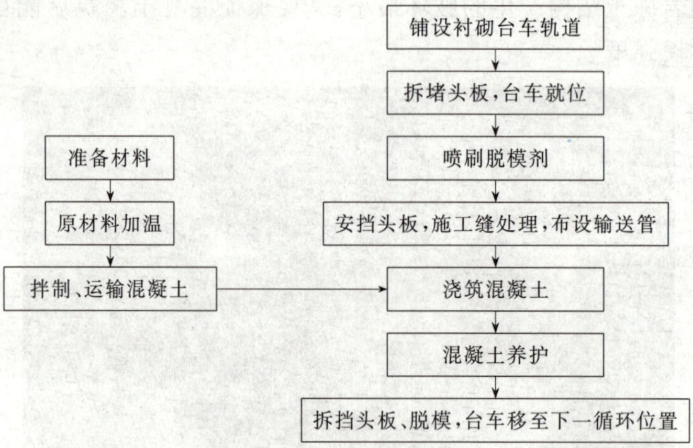

图 8-2 模筑衬砌混凝土施工工艺流程图

8.1.2 模筑衬砌混凝土施工

1. 原材料的选择

(1)水泥

水泥的选择主要是两个方面,一是品种与强度等级,二是用量。为了保证混凝土能够获得足够的早期强度,同时使混凝土具有较好的可泵性,应优先选用硅酸盐水泥和普通硅酸盐水泥,强度等级≥32.5 MPa。通过对比试验,选用昆仑山牌 32.5R 普通硅酸盐水泥,其用量范围为 400～500 kg/m³,主要性能指标见表 8-2。

(2)骨料

骨料在混凝土中起骨架的作用,粒径在 0.15～5 mm 之间的称为细骨料,粒径大于 5 mm 的称为粗骨料。骨料的选择要考虑高寒地区施工特点和泵送施工特点两方面因素。细骨料选用中砂,含泥量小于 3%;粗骨料选用经 15 次冻融循环试验合格(总质量损失小于 5%)的坚实且级配良好的碎石或卵石,不应有风化的颗粒,含泥量小于 1%,最大粒径≤40 mm。

(3)外加剂

根据混凝土须具备低温、早强、耐久、耐腐蚀的要求,选用 DZ 系列低温早强耐久耐腐蚀外加剂。其主要性能指标见表 8-3。

表 8-2　昆仑山牌 32.5R 普通硅酸盐水泥主要性能指标

物理力学性能				
项　目			标准	实测
细度		筛余(%)	≤10.0	6.1
凝结时间		初凝	≥45 min	1h43min
		终凝	≤10h	2h40min
安定性		沸煮	合格	合格
强度(MPa)	3d	抗折	≥3.5	4.4
		抗压	≥16.0	20.4
	28d	抗折	≥5.5	7.5
		抗压	≥32.5	41.2
化学成分(%)				
项　目			标准	实测
MgO			≤5.0	2.10
SO_3			≤3.5	1.94
烧失量			≤5.0	2.67
混合材(火山灰)				12.73
碱含量				0.58

表 8-3　DZ 系列低温早强耐久耐腐蚀外加剂基本性能指标

试　验　项　目		性　能　指　标	
		标准要求	试验结果
减水率(%),不小于		8	18～21
泌水率比(%),不大于		100	93
含气量(%),不小于		2.5	4.8～5.0
凝结时间差(min)	初凝	−120～+120	−60～+40
	终凝		−10～+60
抗压强度比(%),不小于	温度范围(℃)	−5～−20	−5～−20
	R_{28}	95～85	125～106
	R_{-7+28}	95～80	126～110
	R_{-7+56}	100	136～120
90 d 收缩率比(%),不大于		120	80～106
渗水高度比(%),不大于		100	40～57
300 次冻融耐久性指标(%),不大于		100	60～90
耐 SO_4^{2-} 侵蚀能力(mg/L)		≥4 000	极限可达 15 000
对钢筋锈蚀作用		无	无
Cl^- 渗透性能,不大于(C)		1 000	680～1 000
抗风蚀性能,不大于(kg/m^2)		0.5	0.08～0.23
与水泥适应性		可与祁连山、昆仑山牌 42.5R、32.5R 普通硅酸盐水泥匹配	

2. 施工配合比

配合比选定的好坏不仅影响施工质量，而且将直接影响整个结构的质量和使用寿命。在设计高原冻土隧道衬砌低温早强耐久混凝土配合比时，首先必须考虑的是要满足强度、抗渗和抗冻融循环的要求；其次是要保证混凝土在规定时间内获得足够的抗冻临界强度，使之不遭受冻害；最后是要满足施工的要求，即坍落度和拆模强度要满足泵送快速施工的要求，同时，还必须考虑混凝土在硬化过程中释放出的热量对冻土围岩的影响。综合以上需考虑的因素，通过正交试验确定施工用配合比。

施工用配合比为：

C25：水泥：砂：石：防冻剂：早强剂＝1：1.973：2.962：0.04：0.015；

C30：水泥：砂：石：防冻剂＝1：1.702：2.164：0.111。

其性能指标见表 8-4。

表 8-4 混凝土物理力学性能及耐久性能指标

强度	龄期(d)	1.5	2	7	28	−7+28	−28+28
	C25(MPa)	18.3	27.2	35.0	36.6	37.0	37.8
	C30(MPa)	12.3	27.9	34.2	37.6	37.1	38.2
抗渗		S12		抗冻			D300
坍落度		18 cm		坍落度损失			(1 h)2 cm
出机温度		13 ℃		入模温度			9～11 ℃
抗氯离子性能		720 库仑		对钢筋锈蚀作用			无

3. 模筑混凝土的拌制及运输

由于隧道地处高原多年冻土区，在工期紧、自然条件恶劣、高寒缺氧、寒季施工时混凝土施工数量大的情况下，衬砌施工首先要解决的就是拌制合格的具有低温、早强、耐久特性的混凝土拌和物。为保证能拌制出入模温度、坍落度、可泵性等性能指标均能满足施工要求的混凝土拌和物，并确保衬砌混凝土的施工质量，采用集中拌和站拌制混凝土，并将搅拌站设在保温大棚内（见图 8-3），拌和用的砂、石料同时也存放在保温棚内，且设地炉或加热仓对其进行加热，原材料的加热温度通过热工计算确定。

图 8-3 保温的集中拌和站

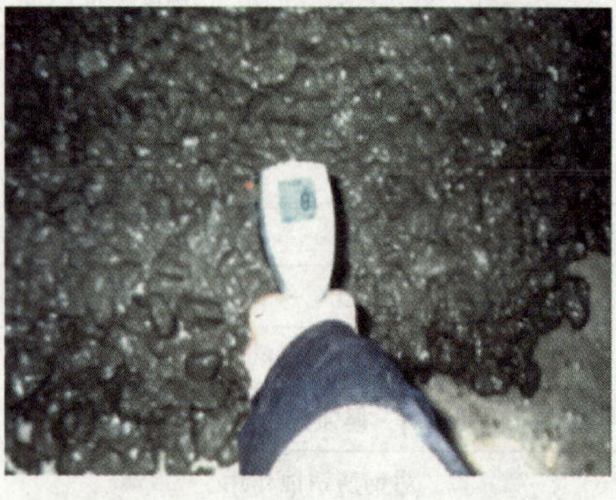

图 8-4 测试入模温度

为保证混凝土入模温度（见图 8-4）在(10±2)℃范围内，并考虑运输过程中和运至工地后泵送施工过程中的混凝土热量损失，通过热工计算，确定混凝土出机温度应保证在 13～15 ℃

范围内。各种原材料的加热温度按以下要求控制:水泥、外加剂均不直接加热,但应储存在保温库房内,保证在正温条件下使用;水采用锅炉直接加热,加热温度控制在 30~70 ℃;砂、石料加热的数量根据一次连续生产混凝土的用量确定,并留有一定富余。采用地炉(图 8-5)或加热料仓预先对其进行加热,砂的加热温度控制在 8~20 ℃范围,石子加热温度控制在 2~10 ℃范围。

图 8-5 用地炉加热原材料

图 8-6 设在保温棚内的集中拌和站

水泥、外加剂和经过加热的水及骨料分别计量,计量误差:水泥、水、外加剂为±1%,骨料为±2%。经过计量后的材料按设计的搅拌加料顺序投入搅拌机进行搅拌。当水温高于 60 ℃时,应调整投料顺序,使水与骨料先预拌,然后投入水泥再开始正式搅拌,搅拌时间不得小于 90 s。

混凝土运输过程是热损失的关键阶段,为了保证混凝土的入模温度,混凝土在运输过程中,特别是在寒季施工时必须采取保温措施,以尽量减少热量损失。混凝土采用混凝土输送车运输,在输送车的转筒外采用棉絮和棉帐篷材料加设保温罩,但要求保温罩不能影响转筒的正常运转。运至工地后应及时组织泵送入模,停留时间不能超过混凝土初凝时间。

4. 模筑衬砌混凝土泵送施工

由于高原缺氧,在面临人、机工作效率下降及工期紧张的情况下,应尽可能采用机械进行施工,减少人工作业,因此衬砌混凝土采用泵送施工。

泵送混凝土是用混凝土输送泵将混凝土通过输送管路送至浇筑部位的一种施工方法。泵送混凝土除须满足设计要求的强度、抗渗、耐久等指标外,还必须要有良好的流变性能,具有摩擦阻力小、不离析、不阻塞和凝聚性适宜等能顺利通过管道的性能,即可泵性。因此在进行配合比的设计时,就必须充分考虑水泥品种、掺量,骨料级配、形状、粒径及砂率等因素的影响,根据管道压送的特点,在坍落度、坍落度损失及凝结时间等方面作特殊处理。

由于隧道内空气稀薄、含氧量低,选用 HBT60 高原型混凝土输送泵,该泵的主要特点是系统可靠、出口压力高、效率高、维修简单、高原适应性能好。其主要技术性能:低压时混凝土输送量为 62.5 m^3/h,高压时混凝土输送量为 40.5 m^3/h;低压时混凝土的输出压力为 6.5 MPa,高压时混凝土输出压力则为 11 MPa。液压系统压力:32 MPa;电动机主动力:11 kW;电源动力:380 V/50Hz。最大输送距离:使用 ϕ125 mm 管道时,水平距离可达 850 m,垂直距离可达 250 m;使用 ϕ150 mm 管道时,水平距离可达 950 m,垂直高度可达 270 m。

混凝土浇筑采用衬砌模板台车施工,使用衬砌台车具有模板刚度大、整体性好、浇筑速度快、质量高等优点。衬砌台车就位前,应按线路中线和高程结合允许施工误差和预留沉落量及冻胀量，对断面进行复核和整修，轨道对称于中线铺设，轨距、水平符合要求，以提高模板的对位精度和速度。然后立模、安装挡头板，模板接头应整齐平顺，挡头板与岩壁间缝隙应嵌堵紧密。检查台车就位是否准确，支撑是否牢固，严防走动，确保灌注过程中台车不发生位移。最后清除底部的所有废渣、积水，进行混凝土浇筑，浇筑时要保证入模温度在10±2 ℃范围内，两边对称、由远而近分层进行，每层厚度宜为 30 cm～50 cm，并用振捣器捣固密实。浇筑时混凝土的自由倾落高度不得超过 2 m，否则，将引起混凝土的离析和大量气泡的产生，影响混凝土的表面光洁度。

5. 养护与拆模

养护是混凝土拌和物经密实成形后，为保证水泥能正常完成早期水化反应，演变成水泥石结构，以便获得预期的物理力学性能和耐久性能所采取的工艺控制措施，它是获得优质混凝土的关键工艺之一。因此，混凝土捣固密实后，裸露的表面应立即用保温材料覆盖，进行保温保湿养护。

为了保证混凝土的施工质量，混凝土一定要达到拆模强度后方可拆模，模筑支护混凝土 36 h 强度达到 17.5 MPa 后方可拆模，模筑衬砌混凝土 1 d 强度达 9 MPa 后方可拆模。

8.1.3 设备配套及劳动力组织

高寒缺氧、低气压是青藏铁路格拉段施工的特点，为了贯彻以人为本、保护环境的原则，隧道施工过程中的所有工序应最大化地采用机械设备，以减轻施工人员的劳动强度，尽量降低高原病的发生，达到保护施工人员生命健康的目的，所有的劳动力组织均是遵循这个原则而组织的，下面以昆仑山隧道为工程实例进行阐述。

1. 设备配套

相关资料显示，高寒缺氧低气压对人机效率降低的影响是严重的，在海拔 4 001～5 000 m 之间气候对人机的影响见表 8-5。

表 8-5 高原气候影响系数

海拔高度(m)	高原气候影响系数(%)	
	工天系数	机械台班系数
4 001～5 000	32～39	60～70

针对高原冻土隧道高、寒、缺氧等特点，按以下原则进行设备选型配套：

① 最大限度地采用机械化施工。

② 注重经济、效能，不追求单台设备最先进，力求设备间合理匹配。

③ 采用有轨运输。

④ 施工机械要与施工方法配套，动力选型以电为主。

⑤ 机械选型上要考虑质量可靠高效、经济合理、维修方便，组合配套时要考虑各设备间生产能力相匹配。

⑥ 选型配套要与进度要求相适应。

⑦ 考虑到高原机械的工效会降低，但设备配备的富余系数又不宜过大，因此关键设备的备用系数一般为 1.44。模筑衬砌作业采用混凝土搅拌站→混凝土输送车(有轨、无轨)→混凝土输送泵→衬砌模板台车的设备配套模式。

针对昆仑山隧道高海拔、高寒、缺氧及工作面多(4 个口、6 个工作面)的特点，遵循设备选型配套的原则，昆仑山隧道设备配备情况见表 8-6。

表 8-6 昆仑山隧道机械设备配置

序号	设备名称	型号	数量	主要用途
1	混凝土搅拌站	JS500	6	拌制混凝土
2	搅拌站加热设备	LHG051-039	6	水加热
3	混凝土输送车	VOLVOFL380	2	输送混凝土
4	混凝土输送车	VOLVOFL250	3	输送混凝土
5	混凝土输送车	JCGY6	6	输送混凝土
6	混凝土输送车	GLA-30	2	输送混凝土
7	混凝土输送泵	HBT60	7	泵送混凝土
8	电瓶车	GDXT-12	4	牵引
9	电瓶车	XT8-7.8T	4	牵引
10	衬砌模板台车	6 m	1	衬砌混凝土
11	衬砌模板台车	9 m	10	衬砌混凝土
12	装载机		6	上料

2. 劳动力组织

一个搅拌站和一个衬砌施工循环的最低劳动力安排见表 8-7。

表 8-7 劳动力安排表(单位：人)

<table>
<tr><td rowspan="5">搅拌站</td><td>上料</td><td>3</td><td rowspan="5">混凝土运输</td><td>输送车司机</td><td>4</td></tr>
<tr><td>配料</td><td>2</td><td>混凝土泵车司机</td><td>2</td></tr>
<tr><td>质检</td><td>2</td><td>喂料</td><td>1</td></tr>
<tr><td>其他</td><td>2</td><td>合计</td><td>7</td></tr>
<tr><td>合计</td><td>9</td><td></td><td></td></tr>
<tr><td rowspan="4">混凝土浇筑</td><td>布料</td><td>4</td><td rowspan="4">台车就位立模</td><td colspan="2" rowspan="4">混凝土浇筑人员可同时负责衬砌台车的立模、拆模，喷刷脱模剂、走行及定位</td></tr>
<tr><td>振捣</td><td>4</td></tr>
<tr><td>指挥</td><td>1</td></tr>
<tr><td>合计</td><td>9</td></tr>
</table>

8.1.4 模筑衬砌混凝土质量控制与评定

为了确保模筑衬砌的施工质量，必须加强对施工过程的质量控制。通过对原材料质量的检验与控制，混凝土配合比的确定与控制，混凝土生产和施工过程中温度、坍落度、凝结时间等的检验与控制以及混凝土合格性的检验与控制，使混凝土质量符合设计规定的要求。通过采用红外线温度仪和电子测温仪严格控制原材料的加热温度和混凝土的出机、入模及浇筑后的温度(见图 8-4)。在施工过程中，为了严格控制衬砌的质量，采用 PulseEkko1000A 型地质雷达对混凝土衬砌厚度及其背后的密实性进行检测(见图 8-7)，为施工质量控制和质量检验提供了科学依据，确保了施工质量。通过现场取样进行强度、耐久性试验以及回弹、钻芯对比试验，所有测试结果均达到了设计要求，这说明隧道的衬砌施工质量达到了设计的要求。

图 8-7 技术人员正在用地质雷达检测隧道衬砌的质量

8.2 防水隔热层施工工艺

防排水及隔热保温层是高原多年冻土隧道设计中的特殊和关键结构,其施工工艺和施工质量对保证隧道工程的质量至关重要。青藏高原独特的气候和地质条件,对隧道的防排水和隔热保温提出了很高的要求,而目前国内外对多年冻土地区隧道防排水及衬砌隔热保温层施工均没有成熟的经验,且一般地区隧道的防排水、隔热保温层施工方法又不适应高原冻土地区施工的需要,所以,多年冻土地区隧道的防排水与隔热保温层的施工工艺具有一些特殊性。

8.2.1 设计概况

1. 防排水设计原则

在多年冻土地区选择隧道的排水形式,应因地制宜、灵活选用,并且还要根据隧道所处的地理位置、地质条件、隧道所穿过多年冻土层的具体位置来确定隧道排水设施的形式与排水系统的结构。

(1)多年冻土层中

当隧道处于多年冻土层中时,隧道内的排水量有一定的限度。这是因为多年冻土层中的地下水均被冻结,以冰的形式存在,地下水不会产生流动,并且,多年冻土层中的地下水被冻结而成为不透水的地层,作为隔水层将地下水的通道封闭,此时的地下水主要是由于隧道的开挖、隧道运营时隧道内空气的流动与施工对多年冻土层的扰动而使冻土层融化部分产生的地下水。在隧道开挖、衬砌完成一定时间后,冻土层融化圈中的融化水将会随着隧道的开挖而排出,但由于隧道开挖的影响范围有限,且夏季运行时隧道由于空气流动所造成的影响范围也是有限的,因此多年冻土的融化圈范围也有限,加上多年冻土的密封性,冻土层以外的地下水进不了融化圈,故这个融化圈中的地下水水量是有限的。随着时间的推移,这部分地下水将越来越少,一般的多年冻土隧道中的排水系统只要将这部分地下水排出以后,就将不再会有大量的地下水需要排出。

因此,在多年冻土层中,隧道的防排水系统应以"排、导"为主,让受到影响的地下水能够顺利排出并辅以加热保温系统,保证在寒季水也能够顺利被排出。

(2)融化层中

当隧道穿过多年冻土上限(或下限),即融化层时,此时的排水系统比较复杂,将需要长时间地排出比较大量的地下水，同时为了避免寒季地下水在排水系统中被冻结，造成危害，在排水系统中也需要设置加热系统，以便在冬季也能够将地下水顺利排出。这是因为隧道在穿过多年冻土的上限（或下限）地区时，隧道开挖的影响范围已经在多年冻土上限以上（或下限以下），隧道施工所影响的多年冻土融化圈已经和原多年冻土上限（或下限）区连接成一片，形成地下水的连通区域，多年冻土上限（或下限）以上地层中流动的地下水将通过这个连通区域进入隧道系统中，此时的地下水流量将主要由整个地层中的地下水多少所决定，因此，此时的排水系统应该考虑最大流量的排水需要。

(3)设计原则

多年冻土地区隧道的排水系统应分段设计。当隧道处于多年冻土层中，此时的排水系统比较简单，只要能排出隧道开挖以及夏季运行所造成的融化水即可；位于多年冻土上限以上（或下限以下）的季节性冻土区域时，此时的排水系统则要求比较复杂，以便能长时间地排出大量的地下水。两者均要求有比较完善的加热保温系统，以防止排水系统中的水在冬季冻结而排不出。总之，多年冻土地区隧道排水系统的设计原则是在采取必要的防水措施的基础上，以“排、导”为主，并尽量采用具有保温、加热措施的排水系统，以保证寒季能将水顺利排出。

在昆仑山隧道这个具体的工程中，人们对多年冻土隧道排水系统设计原则的认识随着人们对多年冻土与冻土隧道认识的深入而不断改进、深化，因此，隧道的排水系统也在不断改进与完善。隧道在通过多年冻土层时，其排水系统可以采取比较简单的形式，而通过多年冻土上限区域时，则要求比较复杂，特别是通过穿过浅埋段时，要求排水系统能排泄比较多的地下水，但是这两者的排水系统都必须有比较完善的保温措施，以保证在冬季排水系统中的水不会冻结，避免在排水系统中形成冰塞。因为隧道穿过多年冻土层时，由于冻土中流动的地下水比较少，不会有较大的流动水向隧道中迁移，在这一段，隧道的排水系统主要排除少量穿过隧道衬砌的水，而且这部分水会越来越少。而隧道穿过多年冻土上限区域时，由季节引起的温度变化使得冻土层中的地下水在溶融季节中会产生流动，并且这部分水有来源补充，此段隧道排水系统则要求具有较大的排泄能力，昆仑山隧道排水系统主要也是排泄这部分水。

2. 防排水工程设计

多年冻土隧道面对的是高寒的外部环境和常年处于冻结状态的冻土（岩），常年冻结的围岩状态使得严寒地区与多年冻土地区的隧道设计有诸多不同。对于严寒地区的隧道来说，地下水比较发育，并有较广的补给来源；对于多年冻土隧道来说，地下水量有限，补给来源较小。对于防排水的处理，严寒地区可以根据隧道最大水量的大小采取以排为主的措施，并根据情况可选用保温水沟、中心深埋水沟或防寒泄水洞进行引排；对于多年冻土隧道，无论是寒季还是暖季，大环境为负温，排水设施穿过的地层处于冻结或冻融交替的变化中，并且不断受到周边负温能量的影响，因而排水沟内的水极容易冻结，排水很难通畅。因此，多年冻土隧道排水设计应在采取各种防水与隔热保温措施的基础上，采取“防、排、截、堵，多道防线，综合治理，以排为主”的原则。

考虑到昆仑山隧道处于永久冻土层中，地下水主要为冻结层上水及基岩裂隙水，总体上为不发育，不会有较大的流动水向隧道中迁移，因此，隧道的排水系统主要是排除少量穿过隧道衬砌的水，而且这部分水会越来越少。2002 年 10 月经过专家专题论证，初步认为青藏铁路多年冻土隧道的防排水设计应以“防、堵”为主，以“排”为辅。针对上面情况，最初的排水系统设计方案见图 8-8。

①全隧道洞内设双侧保温水沟，沟脚纵向设 ϕ100 mmPVC 盲沟，低洞口端设洞外保温暗

沟引排。

②隧道全断面设复合防水板，拱墙结合施工缝位置环向设盲沟与墙脚纵向盲沟连接；隔热保温层靠围岩侧设复合防水板，靠衬砌侧设防水保护层，以防止保温层受潮及破坏。防水板采用 PVC 复合防水板或 SAP 复合防水板，并根据现场工艺试验情况选定；防水保护层采用 CPU 防水涂料（1～2 mm）或粘贴一层 PVC 薄膜。

③两端洞口各 300 m 范围结合施工缝位置设置变形缝，间距 20～30 m。施工缝浇筑新混凝土前涂刷 2 mm 厚的 WJ 接口黏结剂，在隧道断面中间布置遇水膨胀止水条；在预设衬砌变形缝的隧道断面处，中间铺设橡胶止水带，在靠近支护一侧衬砌外缘布置 10 cm 遇水膨胀橡胶，其余采用渣油麻筋或浸油木板填塞。

④ 昆仑山隧道 DK976＋832～DK977＋635 段线路高程接近冻土下限，为防止冻结层下水向洞内转移，结合中空锚杆采取围岩注浆堵水措施。

⑤ 明洞衬砌拱部背后铺设甲种防水层，边墙铺设复合防水板及隔热保温层。明暗分界处暗洞防水层向明洞延伸，以便防水设施更好地过渡。明洞排水设施与暗洞顺接，边墙竖向设盲沟，与纵向 ϕ100 mmPVC 盲沟连接。

⑥ 测温孔需要进行防水处理。

⑦ 混凝土的抗渗等级不小于 P8。

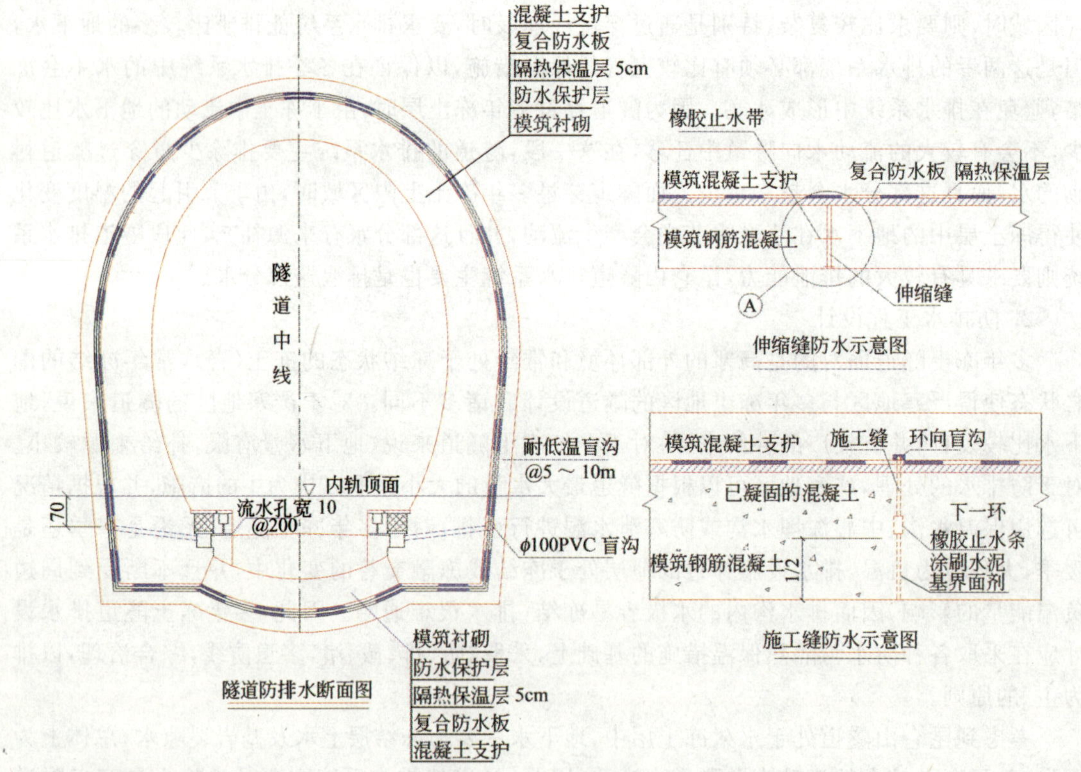

图 8-8 隧道的防排水设计图

3. 隔热保温层

隧道全断面设防水隔热保温层，铺设于模筑支护与二次模筑钢筋混凝土衬砌之间，结构形式采用“复合防水板＋隔热保温层＋复合防水板”。

4. 工程实施情况简介

(1)在施工过程中,结合隔热保温及防排水施工工艺试验,在隔热保温层内侧增设防水板代替防水处理;

(2)隧道局部涌水地段进行注浆堵水处理;

(3)根据试验结果,对防水板材进行了调整,改用PE或EVA复合防水板;

(4)根据昆仑山隧道水沟冻结的实际情况,提出了"保温深排"与建立太阳能电站供应能源加热排水沟的方法,以保证冬季隧道内水沟不结冰并能有效地排出水沟中的水,根据这个设想,对昆仑山隧道的排水系统提出了如下改进建议。

1)增加保温泄水洞

为了提高隧道地下水的排泄能力以及排水系统的保温性能,建议采用保温泄水洞。

a. 保温泄水洞适用条件

一般适用于严寒地区,最冷月平均气温低于-25℃,当地黏性土的最大冻结深度大于2.5m,其一般沿隧道中线设置,纵向坡度与隧道内线路坡度相同。

b. 保温泄水洞结构

结构型式如图8-9所示,泄水洞的坡度可以尽量做得大些,以便水快速流出。防寒泄水洞排水系统主要有一式两种类型,见图8-9与图8-10。

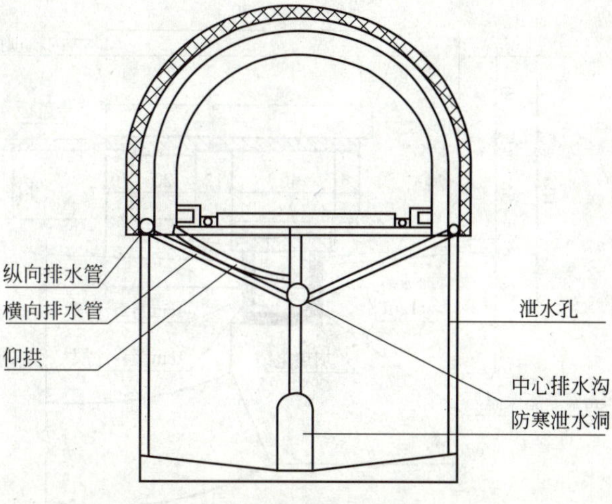

图8-9 保温泄水洞排水系统示意图

保温泄水洞排水系统由两个纵向排水管和纵向中心排水沟组成,衬砌边的两个纵向排水管主要接纳从衬砌的盲沟中排出的水,每隔一定距离(20 m,30 m,50 m)用横向排水管与中心排水沟相连,同时每隔一定距离(20 m,30 m,50 m)又通过泄水孔把水排入保温泄水洞,做到让衬砌的渗水最快排入到保温泄水洞,同时中心排水沟每隔一定距离(10 m,20 m)布置泄水孔与保温泄水洞相连,图8-9相对于图8-10更利于施工。

c. 保温泄水洞保温措施

保温泄水沟的埋深一般为最大冻结深度再加10 cm。

d. 保温泄水洞存在的问题

保温泄水洞的造价相对来讲较高,其次在施工时应注意满足暗挖施工不致引起随地坍塌,其注意事项与中心深埋水沟一样,而且要注意泄水洞口的保温措施。

e. 检查设备

为了方便保温泄水洞的检查与夏季通风，每隔一定距离应设检查井，其距离一般为 150～200 m。中心检查井设于线路中线上，侧检查井设于大避车洞内，保温泄水洞的检查井同样要注意冬季防寒保温，可在两层盖板间填塞保温材料，在夏季应注意把井盖打开通风，以使泄水洞内气温回升。

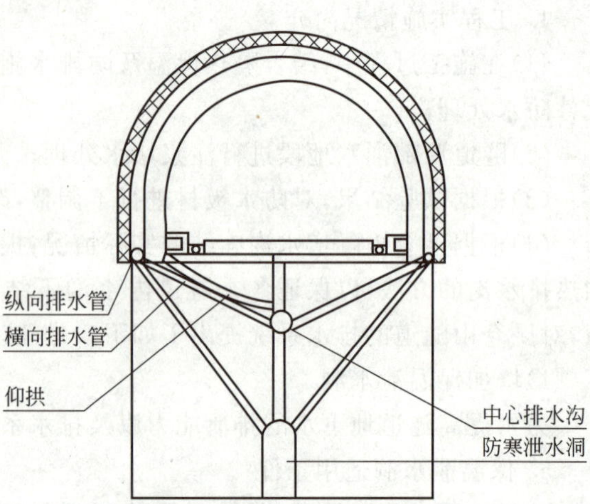

图 8-10 保温泄水洞排水系统示意图

2)提高保温措施

对现有的排水系统应进行保温处理，以提高其保温性能，具体的保温措施见图 8-11。水沟沟壁及沟底由外向内依次铺设 1 cm 沥青涂层、2 cm 聚氨酯(或聚苯乙烯)保温板、1 cm 沥青涂层。最外层设沥青涂层的目的是保证保温材料与隧道排水沟壁之间不留透水空隙并对排水沟找平，内层设沥青涂层的目的在于保证保温材料的保温效果。

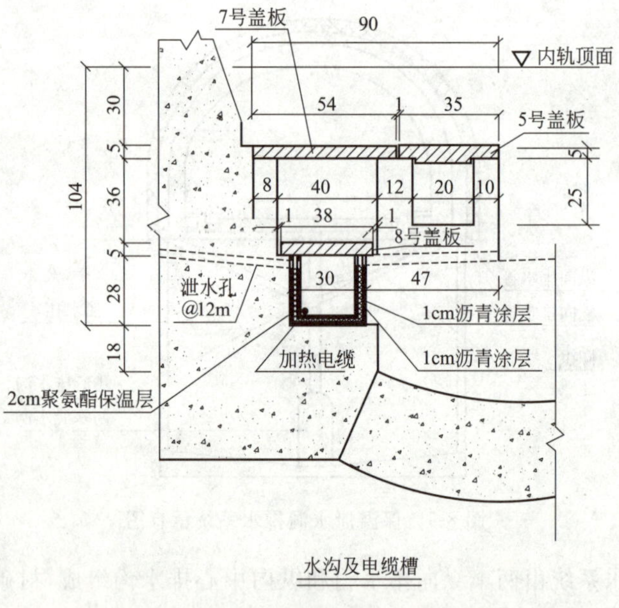

图 8-11 水沟的保温措施 单位：cm

为实现寒季保温水沟内的水不冻结、洞内排水顺畅的目的，应将保温水沟内的局部温度保持在原水的相变临界温度之上。本次设计采取的措施为对洞内水沟进行全程加热，加热设施选用可置于水中的加热电缆。需要加热的排水系统主要集中在隧道进、出口部位以及隧道处于多年冻土上限以上的部位。

经过初步计算，对排水沟沟底及沟壁进行保温后，当洞外环境温度达到极限的－27.7 ℃时，保持水沟内温度平衡的发热量为 70 W/m，因此本次设计选用最大发热量为 70 W/m 的加热电缆，加热电缆铺设于保温水沟内底、靠近隧道外壁的一侧。这种方法比较简单，施工也方便，关键在于昆仑山地区所建立的太阳能电站能否满足加热的需要。如果不能，则需要建立民用电源的供电系统。

由于水沟采暖设计中的加热量计算为极端不利情况下的热损失，因此正常的寒季运营过程中要求的发热量均小于 70 W/m，故采用对加热电缆的供电电压进行调节的方法来减少电缆的发热量。沿隧道洞口向内，不同的深度要求的电缆发热功率及加热时间均有所不同，故选用相同的加热时间及加热功率非常不经济，因此根据洞内温度的变化规律，沿隧道方向将加热电缆初步分成了 14 段，各段电缆的加热时间、加热功率均根据现场情况进行自动调配。为实现自动加热的目的，选用自动控制设备 2 套、自动测温元器件 56 组。

3)采用太阳能电池向保温系统供电

根据昆仑山地区日照时间长的特点，为了保证加热系统的能源供应，建议在昆仑山隧道的进、出口地区各建立一个太阳能电站向加热系统供电，以减少能源的供应。该太阳能电站既可以向锅炉供电，也可以向直接加热的电热元件供电。按照目前的技术水平，建立大规模的太阳能电站是不存在问题的。在高压电源有保证的前提下，在昆仑山隧道进出口建立变电站，用电缆向加热元件输送电源，可以保证加热元件的能源供应。

8.2.2 材料性能及工艺试验

1. 防排水及隔热保温材料

青藏高原低气温、昼夜温差大的特殊气候，要求所选用的材料耐低温性能良好，尤其是胶水在低温下的黏结强度和凝固时间都必须满足施工要求，因此需通过现场试验选用合适的材料。

选用的防排水与隔热保温材料规格及主要性能参数见表 8-8。

表 8-8 材料规格及主要性能参数

材料名称	规格及主要性能指标
PU 聚氨酯板	长×宽×厚＝2.0 m×0.5 m×0.05 m；导热系数≤0.03 W/m·K；抗压强度：拱墙部位＞0.3 MPa，基底部位＞0.5 MPa；密度＞60 kg/m³；弹性模量 E＞7～10 MPa；体积吸水率≤3%；具有低毒性和阻燃性
复合防水板	长×宽＝11 m×2.0 m，无纺布/PVC；纵向拉伸强度≥15 MPa；膜厚度≥1.0 mm；断裂伸长率≥200%；低温柔性－35 ℃无裂纹；水压 0.2 MPa 保持 24 h 无渗透
树脂胶	OP 型
聚氨酯黏结剂	TN-1 型，密度 1 200 kg/m³，导热系数 0.057 W/m·K
橡胶止水带	651 型：300×ϕ15×ϕ30×8 mm
遇水膨胀止水条	BW-Ⅱ型：长×宽＝30×20 mm；100×20 mm
软式透水管	ϕ50 mm，透水性好，能承受不小于 0.5 MPa 的压力
PVC 管	ϕ100 mm，扁平率 50%无破坏或破裂
WJ 界面黏结剂	处理前后抗渗标号提高值≥200%；抗剪强度提高值≥120%；抗折强度提高值≥110%

2. 防排水及隔热保温材料粘贴工艺试验

要求粘贴 5 min 后满足施工要求，剥离强度见表 8-9。

表 8-9 粘贴 5min 后的剥离强度

项　目		实测剥离强度(kN/m)	设计要求的剥离强度(kN/m)	结论
OP 树脂胶	混凝土面＋复合防水板	0.60	0.031	满足要求
	复合防水板＋保温板	0.14	0.047	满足要求

8.2.3 施工方法

1. 施工缝及伸缩缝

(1)施工缝

施工缝是指新旧混凝土界面即新浇筑的混凝土与前期浇筑并硬化的混凝土之间的过渡面。隧道衬砌施工缝是衬砌结构最薄弱的环节,不仅影响结构的强度和耐久性,而且易使衬砌混凝土出现裂缝造成洞内渗漏水,影响隧道的正常使用和行车安全,尤其在高原多年冻土区,施工缝的质量对隧道的影响更为严重,因此,在隧道施工中应引起足够重视并采取有效措施。隧道施工缝一般分为水平施工缝和环向施工缝,在昆仑山和风火山隧道中,根据设计要求,二者采用不同的处理方法。水平施工缝不设水泥基界面剂及止水条,环向施工缝在浇筑新混凝土前刷涂 2 mm 厚的 WJ 界面黏结剂并在衬砌截面中间设置遇水膨胀止水条。

水平施工缝:在浇筑新混凝土前,用钢刷将前期灌注并硬化的混凝土接合面(基层)刷毛,清除表面浮浆和浮渣,再灌筑新混凝土。寒季还应做好施工缝部位的防冻。

环向施工缝:设置止水条预留槽。在上一环衬砌端头板里侧设计安置止水条的部位预先埋设表面涂有脱模剂的硬木条或塑料条,以形成预留浅槽,预留槽应平顺、规则,槽应比止水条宽 1～2 mm,槽深为止水条厚度的 1/2,即 10 mm。

基层处理:用钢丝刷及除锈工具将基层混凝土表面的突出部分、浆皮及松软部分清除掉。清除基层混凝土表面的污物、油迹及黏附的脱模剂。基层混凝土表面呈明显干燥时,应先将基层均匀洒水湿润,再涂刷界面剂。

安装止水条:在预留槽中涂抹树脂胶,4～5 min 后,把止水条安装到预留槽中,并轻压粘贴牢固,止水条采用 45°斜面对接,用树脂胶黏结牢固。

WJ 界面黏结剂的配制:在容器中把水泥(32.5R 以上的普通硅酸盐水泥或硅酸盐水泥)及水泥重量 30%的 WJ 界面黏结剂均匀拌和,然后加入适量的水(水灰比约 0.3),以搅拌成易于刷涂或喷涂为准,每次配制的数量以 2h 内用完为宜。使用后的容器和机具应及时清洗干净。

涂刷 WJ 界面黏结剂:对旧混凝土基层刷涂或喷涂 WJ 界面黏结剂,刷涂厚度约为 2～3 mm,要求均匀一致,不能漏刷。

(2)伸缩缝

安装橡胶止水带:在上一环钢筋混凝土衬砌立模时,通过铁丝或钢筋将橡胶止水带一半固定在正确位置,并保证止水带平展,再将衬砌端头板安装牢固,防止漏浆,灌注混凝土。下一环衬砌混凝土灌注前,也用同样方法将剩余的一半止水带固定牢固,位置准确。每一环伸缩缝止水带分两次安置,仰拱和拱墙各一次,先施工仰拱,所以仰拱衬砌的止水带两端应留有一定长度,以便与拱墙衬砌的止水带连接。连接时搭接长度不小于 200 mm,止水带的凸出部位应适当错开。采用树脂胶黏结,并从两侧用钢片夹紧,以保证黏结牢固、密贴,然后拆掉钢片。

安装遇水膨胀止水条:上一环混凝土衬砌拆模后,清理混凝土基面,在隧道二次模筑衬砌最里侧(靠围岩侧)安置遇水膨胀止水条,并用树脂胶粘贴固定,然后浇筑下一环混凝土。止水条的接头采用 45°斜面对接法黏结。

铺设浸油木板:将浸油木板铺设在止水带两侧的伸缩缝空隙中,填充满整个伸缩缝(伸缩缝宽度 20 mm)并固定牢固,再浇筑新一环混凝土。

(3)施工注意事项

定位橡胶止水带时，要求定位准确、牢固，中间空心圆环应与伸缩缝的中心线重合，止水带在界面部位保持平展，不能有翻转、扭转。由于混凝土中有尖石或钢筋，在定位止水带和浇捣混凝土时，应防止力量过大刺破橡胶止水带，如发现有破裂应及时修补。在浇筑混凝土时，应防止止水带偏移，影响止水效果。浇筑混凝土时要充分振捣，以保证止水带和混凝土结合良好，起到良好的止水效果。止水带接头必须黏结牢固、密贴。伸缩缝内填充物必须密实、饱满。

2. 防水及隔热保温层

复合防水板采用涂胶粘贴的方法施工，为了施工方便，拱墙复合防水板分为二块，从隧顶向二侧粘贴，在墙脚与仰拱复合防水板连接。模筑混凝土支护表面清理采用钢钎或砂轮等小机具，将混凝土表面凸出部分找平，凹处可用水泥砂浆填平，再用钢丝刷、毛巾清理干净。用排刷在模筑支护混凝土表面和复合防水板无纺布表面分别均匀涂抹胶水，待胶水风干至不黏手时(约 3～4 min)，用小滚辊缓慢推压防水板，使之与模筑支护粘贴牢固，粘贴时注意保证防水板平整(见图 8-12)。

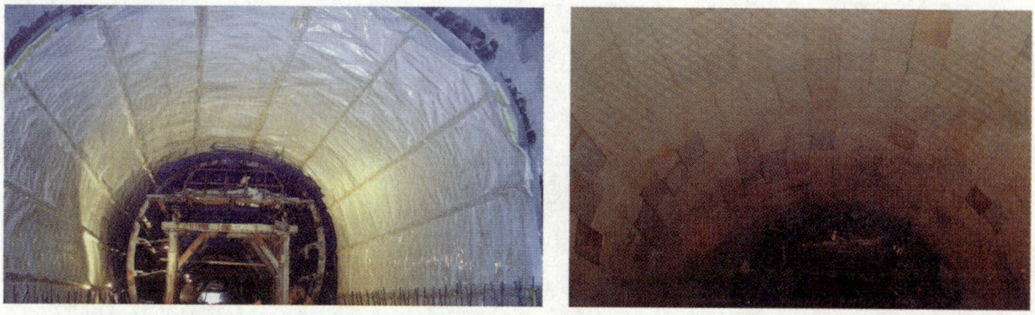

图 8-12　防水板的施工

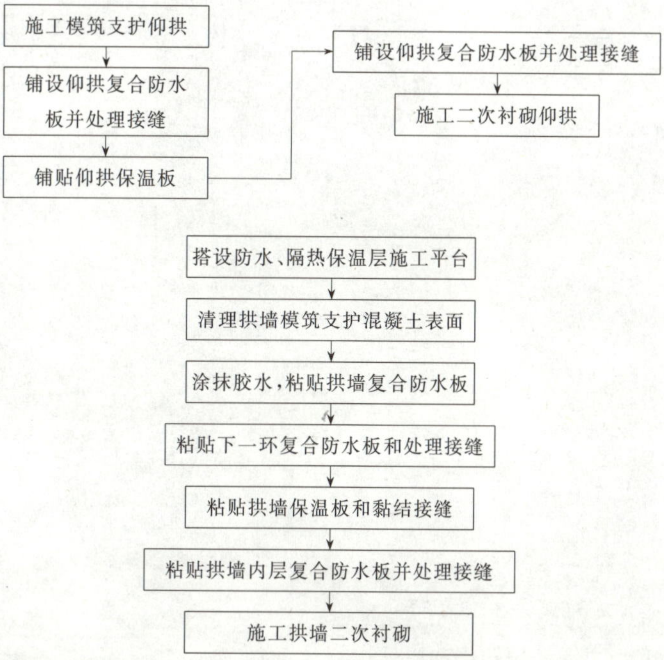

图 8-13　防水及隔热保温层工艺流程

复合防水板的接缝是防水层最薄弱的部位，必须保证具有足够的强度和可靠的防水性。施工中采用土工膜焊接机双焊缝焊接。把焊缝部位的膜铺放平整，面朝前进方向，左边膜在下，右边膜在上，且高端压在低端上，PVC 膜的搭接宽度一般为 150 mm 左右。PVC 复合防水板焊接温度为 200～250 ℃，焊接速度约为 2.1 档。焊接机达到焊接温度后，将待焊接的膜左侧在下、右侧在上，分别插入焊接机上下胶轮之间并拉齐，打开速度开关，焊接机即开始边焊接边自动向前行进。焊接完毕，用热风焊枪将接缝边缘未焊好或漏焊的部位补焊完整，并使复合防水板表面平整，便于粘贴保温板。

保温板采用工厂预制成型、洞内拼装粘贴工艺施工。在保温板一面和复合防水板的 PVC 膜面上均匀涂抹树脂胶，待胶风干至不黏手时（约 3～4 min），将保温板平整地粘贴在复合防水板上，保证拼装平顺，轻压保温板，使其黏结牢固。

保温层内侧防水层的施工方法同第一层防水层。工艺流程见图 8-13。

9 昆仑山隧道排水技术试验研究

水是隧道产生病害的根源，已建严寒地区或多年冻土地区隧道的病害，都是从防排水设施失效开始的。在多年冻土地区，地下水情况复杂，排水通道因处于低温环境而难以顺畅，防水材料在负温及冻融条件下性能降低，施工缝、变形缝等薄弱环节的处理与一般地区也不相同。青藏铁路昆仑山隧道曾由于地下水的原因而产生了渗漏水，给隧道的安全营运带来了一定的隐患。

青藏铁路昆仑山隧道于 2001 年 9 月 4 日开始施工，2002 年 9 月 26 日贯通，2003 年 3 月 11 日铺轨通过。2003 年 5 月 22 日开始于 2 号冲沟浅埋段（即 DK977＋630 处，最小埋深 2.0 m）出现渗涌水，导致洞内挂冰长达 3 m，道床积冰，危及行车安全。2003 年 9 月 13～15 日和 2004 年 5 月 11～14 日，有关部门就此问题邀请国内专家召开了两次专题研讨会，从 2003 年 10 月～2004 年 10 月，进行了一系列的病害整治，而在制定病害治理方案之前，需要弄清隧道渗漏水水源及水流路径问题。

9.1 昆仑山隧道渗漏水简介

由于风火山隧道所处的地理位置与地质条件与昆仑山基本相似，并且风火山隧道基本处于无地下水状态，故本节主要以昆仑山隧道为主要研究对象。

9.1.1 施工阶段渗漏水情况

昆仑山隧道浅埋段 DK977＋600～DK977＋660 位于 2 号冲沟的下方，最小埋深仅 2.0 m，围岩极为破碎，采用正台阶开挖、先拱后墙法施工。2002 年 6 月 15 日开始进入浅埋段施工，每次开挖及一衬进程 0.5～1.5 m，间或有少量坍方发生，坍方部位采用同级混凝土回填，隧道底部一直有集水存在。当开挖至 DK977＋610 时，隧道右侧拱腰开始出现渗水现象，DK977＋614～DK977＋640 段右侧拱腰位置出现大面积涌漏水，右侧起拱线呈涌水及面状流水，其具体渗涌水情况见表 9-1。

表 9-1 昆仑山隧道开挖时渗漏水情况表

渗漏情况			
里程 DK977＋	拱部	里程 DK977＋	边墙马槽
600～610	岩面潮湿，夹有冰晶	600～606	较少渗水，岩面不形成流水状
610	开始有渗水现象	606～614	渗水渐渐增大
610～614	渗水逐渐增大，15～22 m^3/d	614～637	大量涌渗水，形成面状流水
614～652.5	大量涌水，呈面状流水，80～90 m^3/d	637～643	涌渗水逐渐减少
652～660	涌渗水逐渐减少，30～50 m^3/d	643～660	岩面潮湿，仅局部渗水

需要说明的是，2002 年 7 月 18 日，当开挖至 DK977＋629.5～DK977＋631 时（至＋629.5 前一衬拱部已施工）发生冒顶而开“天窗”，冒顶直径约 2.0～3.0 m，此处隧道埋深 2.0 m。DK977＋630 正位于沟谷中心，地表水由坍孔流入隧道。为了减少地表水进入隧道，在隧道中心线上游约 16 m 处修筑截水坝，用水管将水引过隧道，浅埋段开挖于 9 月 4 日通过，本段一次衬砌施工于 2002 年 11 月 16 日结束，施工结束时 DK977＋614～DK977＋640 段仍渗漏水不断。

2002 年 11 月 8 日开始注浆止水施工，采用 R32N 自进式锚杆全断面注浆堵水。拱墙部分锚杆长 3.5 m，间距 1.0 m×1.0 m 呈梅花形布置；仰拱部分锚杆长 4 m，间距 0.8 m×0.8 m，也按梅花形布置。注浆分两次进行，第一次注水泥浆液，第二次注 GRM 水泥基浆液，GRM 水泥基浆液在水泥浆液初凝后进行，2002 年 11 月 30 日完成洞内注浆止水工作。注浆后止水情况良好，整个浅埋段隧道全断面干燥，拱墙无潮湿现象。

9.2 昆仑山隧道地下水存在形式的研究

昆仑山隧道全长 1 686 m，为多年冻土隧道，根据勘测期间深孔测温的结果，多年冻土下限大于 100 m，隧道全部在多年冻土层中通过，只有局部地段接近冻土下限。地表水主要为隧道所穿过沟床的季节性流水，地下水主要为冻结层上水及基岩裂隙水。

9.2.1 多年冻土隧道地下水存在的形式

多年冻土地区地下水的形式随着地区不同而有所不同。由于青藏高原特殊的地理条件和地质条件，对于青藏高原的多年冻土而言，其地下水主要有以下几种形式。

1. 冻结层上水

这部分地下水主要集中在多年冻土上限以上的季节性融化层中，主要由大气降水、融雪下渗及土壤中的水汇集而成，其特点是水量丰富，夏季以渗流形式运动或流出地表。冻结层上水对隧道浅埋段有影响，后来造成隧道中水沟冻结的渗漏水大部分来自于此。

2. 冻结层下水

即冻结层下限以下地层中的地下水，在接近下限的隧道洞身地段，在开挖过程中曾遇到过此类水。

3. 冻结层间水

其存在条件有二：一是高矿化度水，由于其冰点低，一般温度条件下不容易冻结；二是断层、温泉等特殊地质构造使地层深处的地下水上升，形成不冻的泉水或断层裂隙水。

4. 冻土中的冰

包括厚层地下冰、含土冰层、土层孔隙中的冰和裂隙冰。厚层地下冰、含土冰层及土层孔隙中的冰一般集中在上限附近，受季节影响程度很大，因此对洞口工程影响比较大。融化圈范围的裂隙冰融化后会对隧道产生一定的影响。

9.2.2 昆仑山隧道地下水的调查

为了很好地设计昆仑山隧道的排水系统，使其能满足多年冻土隧道排水的需要，必须了解、研究昆仑山隧道地下水存在的形式、分布方式以及相互联系的方式与程度。

昆仑山隧道地下水的主要形式为冻结层上水及基岩裂隙水，由于隧道处于多年冻土层中，总体上地下水不发育。在掌子面调查时看到，绝大部分段落岩面稍湿，围岩破碎处有渗水，局部岩层间夹有冰晶，个别段落出现涌水现象，如隧道进口 DK976＋725 处施工时有涌水出现，水量估计在 20 方/昼夜，一天后水量逐渐减小并干竭。

在接近冻土融化层的个别浅埋地段，地下水比较发育，如在通过 DK977＋630 处沟谷时洞内出现涌水现象，其补给来源主要为：

(1)浅埋段沟心地表流水通过浅埋段破碎的岩层及冒顶段流入隧道；

(2)由于隧道施工时产生明塌冒顶，破坏了多年冻土层的热平衡，在冒顶的周围形成局部贯通融区，使暖季分布在沟心及两侧山坡的冻结层上水沿冻融界面及隧道周边融化圈移动，通过浅埋段破碎的地层流入隧道，形成隧道涌水。

2003 年 5 月 22 日 8:18 分，在 DK977＋618 右侧拱腰处二衬混凝土环向施工缝部位突然出现涌水，水流呈股状，水量较大，出水呈现压力状态，尽管如此，由于洞内气温较低(约在－5～－1 ℃)，当水从衬砌内流出后，很快就结成了冰，在拱腰形成长 3 m 左右的挂冰(图 9-1)，道床冰面高出轨面(图 9-2)，危及行车安全。2003 年 6 月 2 日，DK977＋630 右侧拱脚处施工缝部位突然出现涌水，水流呈股状，水量较大，出水呈现压力状态。此后，渗漏水由浅埋段向隧道两端发展；7 月 16 日，DK977＋577 左侧避车洞底部两处涌水，水流径粗约 5 cm；7 月 18 日，DK977＋698 右侧墙脚施工缝处出现一处涌水，水流径粗 1 cm，呈股状喷出，明显呈压力状。另外 DK977＋710，＋712，＋690，＋673，＋655，＋593 等多处出现渗水点。2003 年 8 月～9 月，全隧道共有 3 段出现渗漏水，具体情况见表 9-2。

图 9-1 2003 年 5 月 22 日拱腰挂冰图

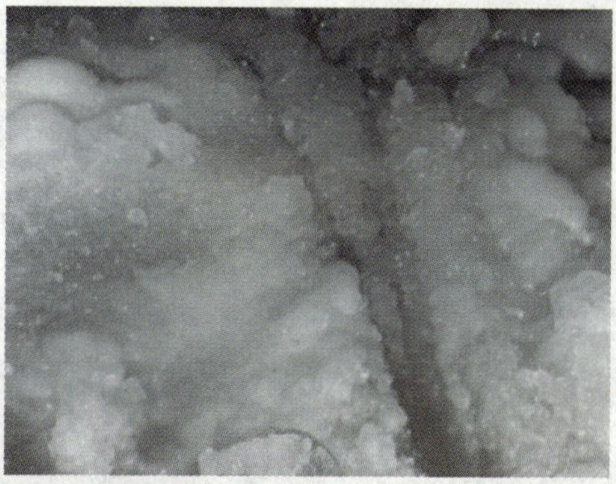

图 9-2 2003 年 5 月 23 日道床积冰淹没钢轨

表 9-2 2003 年 8 月 24 日渗漏水情况调查统计表

序号	里程		部位	流量或出水情况描述
1	进口段 150 m	DK976＋260	衬砌左侧	水沟盖板以上 2.8 m 有渗水痕迹，潮湿
2		DK976＋270～＋280	衬砌右侧墙脚	有渗水痕迹，潮湿，进口左右侧约 100 m 处的墙脚均有渗水的痕迹，多已干燥
3		DK976＋283	右侧避车洞	避车洞内壁墙脚出水，水量较大，呈股状，已通过管子引入水沟
4		DK976＋357	衬砌左侧墙脚	有渗水，潮湿
5		DK976＋373	左侧避车洞	墙脚渗水，底板潮湿
6		DK976＋403	右侧大避车洞	从 5 月份开始，洞内逐渐集水，最深达 40 cm，无流动，也无变化
7	1 号冲沟	DK976＋793	左侧避车洞	1. 避车洞衬砌与正洞衬砌间左侧施工缝距水沟盖板 3.0 m 处出水，呈流状； 2. 避车洞衬砌与正洞衬砌间右侧施工缝渗水； 3. 避车洞内壁面距底板 80 cm 处出水，喷射状，1.0 m 远； 4. 避车洞内壁面距底板 10 cm 处出水，喷射状

续上表

序号	里　程		部　位	流量或出水情况描述
8	浅埋段 354 m	DK977+575	衬砌右侧施工缝	水沟盖板以上 30 cm 渗水
9		DK977+573	左侧避车洞	底板渗水，过去冒水，现引入水沟；避车洞与正洞接缝处渗水
10		DK977+584	衬砌右侧墙脚	渗水
11		DK977+593	衬砌左、右侧	水沟盖板以上 20 cm 处渗水
12		DK977+620	施工缝	原来的涌水点，现已干燥无水
13		DK977+637	衬砌左、右侧施工缝	左侧墙脚渗水，右侧水沟盖板以上 1 m 渗水
14		DK977+672	衬砌左侧施工缝	水沟盖板以上 1.5 m 渗水
15		DK977+681	衬砌左侧施工缝	水沟盖板以上 30 cm 渗水
16		DK977+693	左侧避车洞	避车洞墙脚渗水，+692 向大里程右侧墙脚渗水
17		DK977+710	衬砌右侧施工缝	施工缝渗水，+710～+738 段墙脚有渗水痕迹
18		DK977+738	衬砌右侧施工缝	墙脚处渗水，旁边一小孔冒水
19		DK977+929	衬砌右侧墙脚	潮湿
合计				504 m

图 9-3　被破坏的保温板和大量积冰

图 9-4　DK976+793 左侧避车洞针状喷水

2003 年 10 月，距洞门进口 25 m 即 DK976+275 右侧墙脚处有大量积冰，保温板和水沟盖板已经被掀起，约 2 m 长的保温板被拱出地面冻结(图 9-3)。洞口位置右侧盖板打开后无水，而在盖板拱起位置听到水流声，在 DK976+793 左侧避车洞处可见针状喷水(图 9-4)，预测水在 DK976+275 位置被冻冰阻截，开始向道床渗水。在 DK976+250 段凿开铁轨中间的碎石，可以看见尚未冻结的静水(图 9-5)，在 DK976+403 大避车洞处可见积水(图 9-6)，在 DK976+283 左侧避车洞也可见出水(图 9-7)。洞口位置有大量积冰，厚达 10 cm 左右(图9-8)。DK976+250 段右侧盖板上也有极少量的水冻结，不过没有破坏水沟盖板(图 9-9)。打开洞口位置左侧盖板，水沟有水流动，水流量较大，没有冻结(图 9-10)，且洞内保温板和水沟盖板暂时没有破坏现象。进入 2003 年 11 月以后，两侧水沟都开始冻结，冻结长度由洞口向洞内不断深入。随后，施工单位掀起水沟内保温材料开始刨冰，由于保温材料的掀起，冻结范围进一步扩大，并达到 1 号横洞附近，同时，水沟内的水漫上道床，淹没道床(图 9-11、9-12)。

图 9-5　盖板拱起位置的道床静水

图 9-6　DK976＋403 大避车洞积水

图 9-7　DK976＋283 左侧避车洞出水

图 9-8　洞口右侧盖板上积冰

图 9-9　＋250 段右侧少量积冰

图 9-10　洞口位置左侧水沟有水流出

昆仑山隧道渗漏水经过 2003 年 6 月至 11 月的整治后，二衬混凝土表面渗漏水点明显减少，渗漏水得到较为有效的控制。2003 年 11 月至 2004 年 3 月因气温下降导致隧道内水沟结冰而堵塞(图 9-11)，积冰漫向道床，导致道床结冰(图 9-12)，危及行车安全。为维护行车安全，只好采用人工除冰的方法，本阶段洞内结冰及人工除冰情况见表 9-3。

9.2.3 隧道水沟流量观测分析

在昆仑山隧道出现渗漏水病害后，在暖季对隧道内两侧排水沟中水的流量进行了观测，以便初步估计地下水的最大流量、来源及病害的严重性，给隧道排水系统的设计、调整和后期的水害整治提供依据。

图 9-11 隧道内水沟积冰情况

图 9-12 水沟结冰漫向道床

表 9-3 2003.9～2004.3 昆仑山隧道积冰情况统计表

序号	里 程	部 位	出水或积冰情况描述
1	DK976＋250～＋290	左、右侧水沟电缆槽、盖板及道床、透水盲沟	2003年9月中旬洞口左、右侧水沟开始冻结，堵塞洞口集水井通道，导致水流上溢浸入道床；9月21日发现洞口K976＋257右侧透水盲管被冻结堵塞
2	DK976＋290～440	左、右侧水沟电缆槽、盖板及道床	2003年9月25日开始对洞口段结冰进行处理，随着气温不断下降，积冰不断向洞内延伸，到10月中旬水沟内已积冰至洞内190 m，局部地段水流溢出电缆槽浸入道床
3	DK976＋573	右侧大避车洞	2003年11月初有小股水流进入车洞，至中旬车洞全部冻结
4	DK976＋250～940	左、右侧水沟电缆槽、盖板及道床	11月中旬，隧道进口段已全面冻结，左、右侧水沟及电缆槽内结冰，部分盖板被挤压隆起，洞内水流漫向道床，造成盖板及道床积冰；2004年1月18日隧道已全部冻结积冰再无发展，进口段人工清冰结束
5	DK977＋023～＋105	洞内左、右侧水沟电缆槽、盖板及道床	2003年11月23日，左、右侧水沟及电缆槽内结冰，部分盖板被挤压隆起，洞内水流漫向道床，造成盖板及道床积冰，2003年12月30日人工清冰结束
6	DK977＋150～＋160	洞内左侧水沟电缆槽、盖板及道床	2003年11月25日，左侧水沟及电缆槽内结冰，部分盖板被挤压隆起，洞内水流漫向道床，造成盖板及道床积冰，2004年1月21日人工清冰结束
7	DK977＋205～＋276	洞内右侧水沟电缆槽、盖板及道床	2003年11月26日，右侧水沟及电缆槽内结冰，部分盖板被挤压隆起，洞内水流漫向道床，造成盖板及道床积冰，2004年2月17日人工清冰结束
8	DK977＋300～＋365	洞内左、右侧水沟电缆槽、盖板及道床	2003年11月29日，左、右侧水沟及电缆槽内结冰，部分盖板被挤压隆起，洞内水流漫向道床，造成盖板及道床积冰，2004年2月20日人工清冰结束
9	DK977＋371～＋382	洞内右侧水沟电缆槽、盖板及道床	2003年11月22日，右侧水沟及电缆槽内结冰，部分盖板被挤压隆起，洞内水流漫向道床，造成盖板及道床积冰，2004年2月20日人工清冰结束

续上表

序号	里 程	部 位	出水或积冰情况描述
10	DK977＋425～＋460	洞内左、右侧水沟电缆槽、盖板及道床	2003 年 11 月 27 日，左、右侧水沟及电缆槽内结冰，部分盖板被挤压隆起，洞内水流漫向道床，造成盖板及道床积冰，2004 年 2 月 28 日人工清冰结束
11	DK977＋500	梯车洞背后	2004 年 1 月 5 日～11 日，避车洞背后冒水积冰，3 月 5 日水流完全冻结，3 月 10 日人工清冰结束
12	DK977＋468～＋505	洞内左、右侧水沟电缆槽、盖板及道床	2003 年 12 月 10 日，左、右侧水沟及电缆槽内结冰，部分盖板被挤压隆起，洞内水流漫向道床，造成盖板及道床积冰，2004 年 2 月 28 日人工清冰结束
13	DK977＋511～＋528	洞内左、右侧水沟电缆槽、盖板及道床	2003 年 11 月 27 日，左、右侧水沟及电缆槽内结冰，部分盖板被挤压隆起，洞内水流漫向道床，造成盖板及道床积冰，2004 年 2 月 27 日人工清冰结束
14	DK977＋573	左侧避车洞	底板渗水，用盲沟引入水沟，2003 年 12 月 25 日水流完全冻结
15	DK977＋620	右侧拱顶	2003 年 12 月 15 日洞内右侧拱顶渗水结冰，经 16 日、17 日将浅埋段地表垂裙上游 10 m 积冰疏通后，12 月 19 日洞内渗水停止

2003 年 8 月 24 日对昆仑山隧道内两侧排水沟中水的流量进行了量测，其流量如图 9-13 所示。

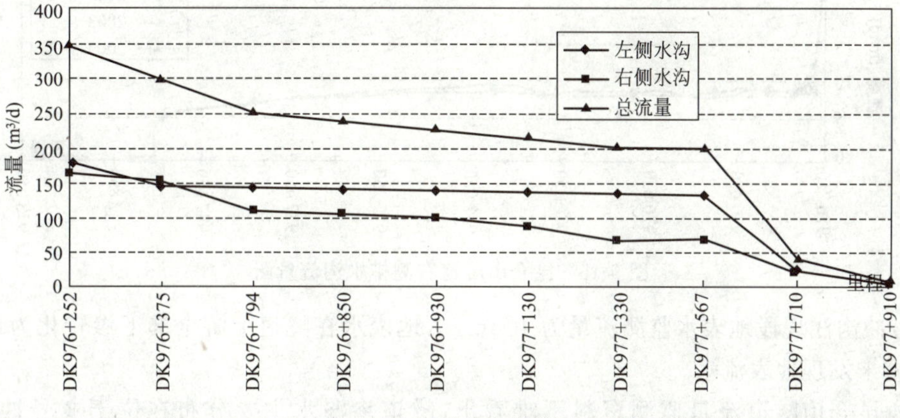

图 9-13　2003 年 8 月 24 日昆仑山隧道洞内排水沟流量图

从图 9-13 明显看出，在 DK977＋567～DK977＋710 段，左右两侧排水沟流量均有一个明显的陡坡，说明本段水沟中的水在急剧增长，左侧排水沟的流量约为右侧排水沟的两倍，这一段正好是 2 号冲沟浅埋段，即浅埋段有大量的水进入隧道；DK976＋252～DK976＋794 段同样有较多的水进入隧道，而 DK976＋794 恰好位于 1 号冲沟之下，尽管此处隧道最小埋深 25 m。当天隧道内排水沟总流量达 350 m^3/d。

为了查清渗漏水位置，2003 年 9 月 19～23 日，再次对昆仑山隧道内两侧排水沟的流量进行量侧，左侧排水沟流量分布情况如图 9-14 所示。

图 9-14 表明，昆仑山隧道左侧排水沟 DK976＋255～＋450、DK976＋650～＋850 和 DK977＋550～＋650 三段水流增量显著，其详细监测结果如下：DK977＋573 避车洞集中涌水，监测流量约 29 m^3/d，且逐渐减少；DK976＋794 避车洞渗水，监测流量 3～5 m^3/d，流量无明显变化；DK976＋ 255～DK976 ＋410 段流量约 3～4 m^3/d，无明显变化。

昆仑山隧道右侧排水沟流量分布情况如图 9-15 所示。可以看出，昆仑山隧道右侧排水沟

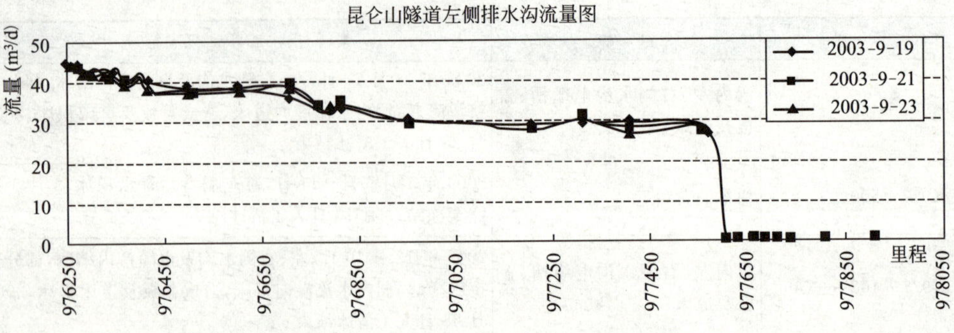

图 9-14　昆仑山隧道左侧排水沟流量图

DK977＋560～＋738 和 DK976＋255～＋280 两段流量有明显增量，其具体情况如下：DK977＋738 右边墙中具有压力水，现已从边墙引入右侧排水沟中，监测流量约 5 m^3/d，且无明显变化；DK977＋550～DK977＋800 段边墙脚渗水，渗水量约 2 m^3/d；DK976＋280 避车洞集中涌水，监测流量 14 m^3/d，水量逐渐减少。

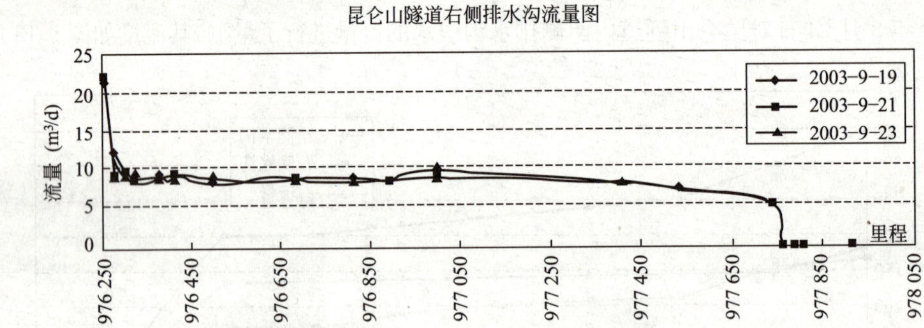

图 9-15　昆仑山隧道右侧排水沟流量图

2 号冲沟浅埋段地表水监测流量为 40 m^3/d，地表水在隧道上游全部下渗转化为地下水，隧道下游未发现地表流水。

根据昆仑山隧道流量监测资料不难看出，隧道渗漏水主要分布在位于 2 号冲沟下的 DK977＋550～DK977＋800 段、1 号冲沟下的 DK976＋780～DK796＋800 段和隧道进口段 DK976＋255～ DK976＋310。昆仑山隧道渗漏水位置分布与地形特征对应关系如图 9-16 所示。

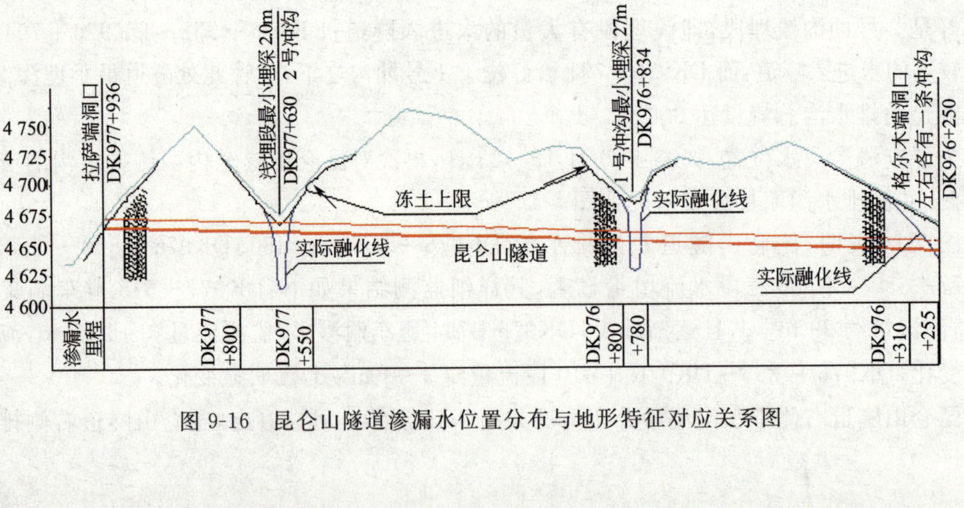

图 9-16　昆仑山隧道渗漏水位置分布与地形特征对应关系图

9.2.4 连通试验结果分析

为了搞清昆仑山隧道渗漏水水源问题，于2003年9月23日～2003年10月6日在该隧道的1号、2号冲沟和隧道进口段进行了地表水与隧道内渗漏水的连通试验。

1. 2号冲沟与DK977＋573左侧避车洞连通试验

昆仑山隧道浅埋段地表(2号冲沟)与DK977＋573左侧避车洞涌水连通试验结果分析表明：DK977＋573左侧避车洞渗涌水是昆仑山隧道水害最严重的地点，2003年9月27日涌水量为27.9 m^3/d，浅埋段地表2号冲沟沟心里程为DK977＋630，隧道最小埋深仅2.0 m，沟心地表采用混凝土封闭，沿沟心方向50 m，宽约11 m，混凝土封堵面的上游有地表水流，在混凝土封堵面之前几乎全部下渗，转为地下水。投放示踪剂(食盐)之前2号冲沟地表水、隧道内DK977＋573左侧避车洞涌水、示踪剂溶液的氯离子浓度和电导率值见表9-4。

表9-4 示踪剂投放前水的氯离子和电导率化验表

项　目	$[Cl^-]$(mg/L)	电导率(10^3 μS/cm)	当天流量(m^3/d)
2号冲沟地表水	124.1	0.58	60.3
2号冲沟盐水	10 546.4	8.0	
DK977＋573左侧避车洞出水	150.7	0.61	27.9

2003年9月27日13:40于浅埋段地表投放食盐，投盐点位于隧道右侧冲沟上游约102 m处，180 min后NaCl示踪剂抵达DK977＋573左侧避车洞，随着时间的推移，$[Cl^-]$逐渐增大，至第二天5:35达到峰值407.7 mg/L。此后，$[Cl^-]$维持在390～407 mg/L之间，持续时间达624 min。28日14:00，$[Cl^-]$为381.1 mg/L，然后逐渐衰减至2003年10月2日20:52的265.9 mg/L，但仍为投放食盐前$[Cl^-]$150.7 mg/L的1.76倍。氯离子浓度与时间关系曲线如图9-17所示。

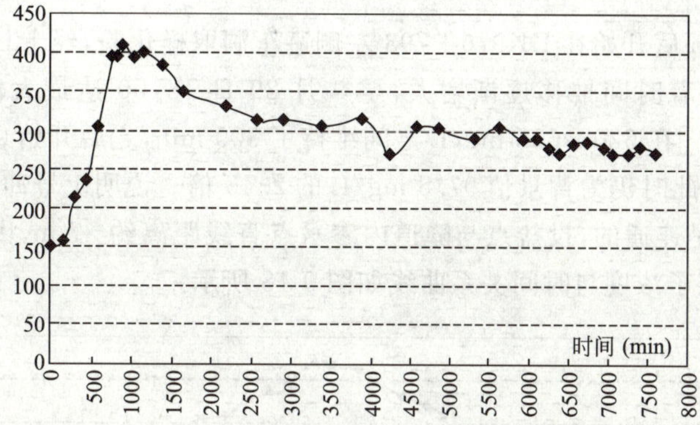

图9-17 DK977＋573左侧避车洞涌水的氯离子浓度与时间关系

假定水文地质条件不变，预计在16000 min时$[Cl^-]$可恢复到投放食盐前的值，从DK977＋573左侧避车洞流出的NaCl可按下式估算。式中q为流量(m^3/d)，l为氯离子浓度(kg/m^3)，t为时间(d)。

$$M_{Cl^-} = q \times \sum_{i=1}^{n}(t_{i+1} - t_i) \times \frac{(l_{i+1} - l_1) + (l_i - l_1)}{2} = 32.02\ \text{kg} \tag{9-1}$$

$$M_{NaCl}=\frac{58.5}{35.5}M_{Cl}=52.77\ kg \tag{9-2}$$

也就是说，从投放食盐开始，经 16 000 min 后，从 DK977＋573 左侧避车洞流出的食盐为 52.77 kg，占投放食盐总量(150 kg)的 35%，而当日 DK977＋573 左侧避车洞出水流量(27.9 m^3/d)占地表流量(60.3 m^3)的 46%，这说明从 DK977＋573 左侧避车洞流出的水与地表水直接连通，但并非完全来自地表观测点，有约 1/4 的水来自地表观测点之外，而 2 号冲沟投盐点仅有约 35%的水流入 DK977＋573 左侧避车洞，这个现象说明了 2 号冲沟底的岩层破碎和地下水通道长远复杂。

电导率的变化大致与氯离子浓度的变化相似，但略有滞后，且存在不敏感性，其最大值为 910 μS/cm，约为背景值 610 μS/cm 的 1.49 倍。氯离子浓度和电导率的变化表明，浅埋段 2 号冲沟地表水与隧道内 DK977＋573 左侧避车洞的渗涌水是直接连通的，而且地表水下渗路径比从地表观测点到 DK977＋573 左侧避车洞涌水点(直线距离约 105 m)更长，因此，地表水下渗速度至少 840 m/d。

2.1 号冲沟与 DK976＋793 左侧避车洞连通试验

昆仑山隧道 1 号冲沟与 DK976＋793 左侧避车洞漏水连通试验结果分析：隧道在 1 号冲沟的最小埋深为 27 m，其沟心里程为 DK976＋970，在沟心上游约 10 m 处有地表水，然后全部下渗转化为地下水。2003 年 9 月 27 日 15:33 开始投放食盐，共投放食盐 150kg，投放时间 38 min。食盐投放前地表水、DK976＋793 左侧避车洞漏水、食盐溶液的氯离子浓度和电导率化验结果见表 9-5。

表 9-5 示踪剂投放前水的氯离子和电导率化验表

项　　目	[Cl^-](mg/L)	电导率(10^3 μS/cm)	当天流量(m^3/d)
1 号冲沟地表水	70.9	0.38	7.3
1 号冲沟盐水	10 945.2	8.1	
DK976＋793 左侧避车洞出水	97.5	0.51	5.2

投放示踪剂 3 h 后开始在 DK976＋793 左侧避车洞取样化验，经 1 160 min 后示踪剂到达该避车洞，[Cl^-]随着时间推移逐渐增大，至 9 月 29 日 18:00 达最大值 620.4 mg/L，历时 2907 min，随后[Cl^-]在 620～638 mg/L 之间维持了 800 min，之后开始衰减，至 10 月 2 日 17:46 为 239.3 mg/L，此时仍为背景值 97.5 mg/L 的 2.45 倍。说明 1 号冲沟的地表水与 DK976＋793 左侧避车洞是连通的，投盐点与隧道内渗水点直线距离约 37 m，因此，地表水下渗速度至少 46 m/d。氯离子浓度与时间关系曲线如图 9-18 所示。

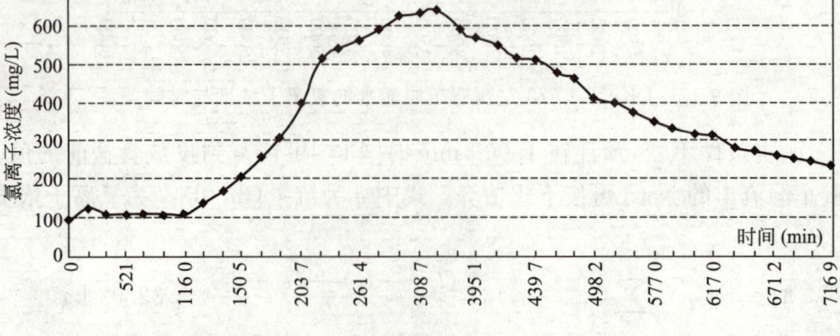

图 9-18 DK976＋793 左侧避车洞涌水的氯离子浓度与时间关系

如果水文地质条件保持不变，预计在 12 000 min 时氯离子浓度才能恢复背景值，因此，如 2 号冲沟一样，估算从 DK976＋793 左侧避车洞流出 Cl^- 的质量为 8.3kg，流出食盐质量 13.67kg，占投放食盐总量(150kg)的 9.1%，据此推算由投盐处流入 DK976＋793 左侧避车洞水的流量仅为 0.66 m^3/d，而 DK976＋793 左侧避车洞当日漏水流量为 5.2 m^3/d，即 DK976＋793 左侧避车洞 5.2－0.66＝4.54 m^3/d 的水(87.3%)来自投盐点以外。1 号冲沟地表水(7.3 m^3/d)的 90.9%水渗入到其他地方，又进一步说明了昆仑山隧道冲沟底部岩层的破碎性和地下水通道的复杂性。电导率的变化与氯离子变化规律相似，只是略有滞后，其最大电导率为 1250 μS/cm。

2003 年 9 月 27 日 15:33 投盐后，于 9 月 29 日 18:15(历时 3042 min)在 DK976＋283 右侧避车洞取水样化验，[Cl^-]为 327.9 mg/L，是背景值 97.5 mg/L 的 3.36 倍，至 9 月 30 日 19:02 达最大值 407.7 mg/L，然后在 372.3～407.7 mg/L 之间波动达 2814 min，直至 10 月 2 日 17:56 时的 372.3 mg/L，仍为背景值的 3.82 倍。这说明 DK976＋283 右侧避车洞与 1 号冲沟地表水相连，但径流路径较长，同样，DK976＋283 右侧避车洞 10 月 3 日 9:23 的电导率 970 μS/cm，高于背景值 510 μS/cm 78.4%，也证明了这一点。虽然连通试验的结果证明1 号冲沟中的地表水与 DK976＋283 右侧避车洞漏水相连，但并不能说明其路径的惟一性，因为隧道衬砌结构本身就设有排水通道，当水进入隧道时，也可能同时进入了部分衬砌结构内的排水盲管，位于边墙脚附近的纵向盲管也可能是水流路径之一，后期隧道水害治理施工证实了这一点。

连通试验结果表明，昆仑山隧道浅埋段 2 号冲沟地表水与隧道内 DK977＋573 左侧避车洞的渗涌水是直接连通的，且地表水下渗路径比从地表观测点到 DK977＋573 左侧避车洞涌水点更长，地表水下渗速度至少 840 m/d；1 号冲沟的地表水与 DK976＋793 左侧避车洞是连通的，地表水下渗速度大于 46 m/d。

9.2.5 注浆孔的注浆量分析

根据 2003 年 9 月 13 日～15 日专家会议意见，2003 年 10 月～11 月 4 日在昆仑山隧道 2 号冲沟浅埋段隧道的两侧、沿隧道方向进行了帷幕注浆，帷幕距隧道中心线 6 m，每道注浆帷幕由 3 排注浆孔组成，注浆孔排距 0.5 m、孔距 0.8 m，帷幕注浆平面示意图如图 9-21 所示。在本次注浆止水过程中，记录了所有注浆孔的水位及孔温情况，共完成深孔注浆 342 孔，孔深 17～30 m，孔底标高在隧道底部之下 2～5 m，其中 330 个孔中有不同程度集水。

1. 注浆孔水位分析

通过注浆孔集水情况分析，可以判断昆仑山隧道浅埋段隧道洞身附近的融化区域，隧道浅埋段 2 号冲沟沿隧道方向的水位变化情况如图 9-19 所示。平均水位是 3 排孔中相近位置的 3

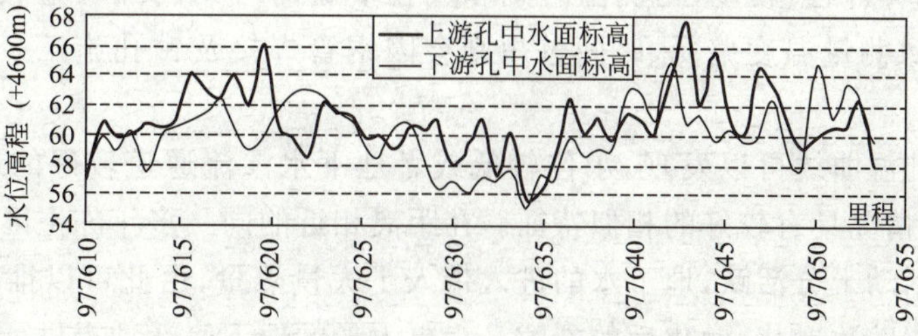

图 9-19 注浆孔平均水位变化曲线

个孔的水位平均值，平均孔温同理。

结合帷幕平面位置，由上下游水位曲线可知：昆仑山隧道浅埋段隧道中心线左右至少 7 m 范围内为融化区，融区深度至少在孔深（17～30 m）以上，帷幕处 2 号冲沟横断面的融区宽度可达 45 m（帷幕长度）；上、下游水位线基本上具有相同的特点：两侧山坡水位高、沟心水位低，水位曲线的起伏峰谷大致吻合，而且上游水位略高于下游水位，在本次注浆止水范围的两端还存在地下水。

结合注浆施工用水，在隧道上游 102 m 处有源源不断的地下水，根据测试孔水位曲线，沿 2 号冲沟方向在隧道上游 7 m 处融区深度至少 17 m，在隧道下游 7 m 处融区深度至少也有 17 m，而此时 2 号冲沟地表已完全冻结，无地表流水现象，由此推断在昆仑山隧道 2 号冲沟沟心纵断面位置附近存在至少一条未被冻结的地下水通道，且该通道的埋置深度至少在 17～30 m 之间。

从上下游水位变化曲线看，变化幅度很大，造成这种现象的原因有：①施工时间、气温、降水情况等因素导致水位波动；②岩体结构构造和岩体破碎状态对地下水的通道产生极大的影响。

2. 注浆孔孔温分析

本次注浆孔孔温在很大程度上是注浆孔中的水温，因为 342 个孔中有 330 个孔中有水，平均孔温曲线如图 9-20 所示。

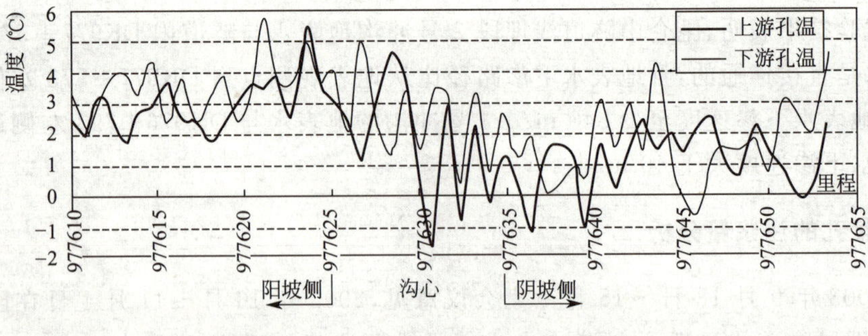

图 9-20 注浆孔平均孔温变化曲线

从孔温变化曲线可知：孔温变化范围在 −1.55～5.8 ℃之间，起伏振荡相当剧烈，总平均孔温为 2.18 ℃；上下游孔温变化具有共同特点，阳坡温度较高，阴坡温度较低，孔温的峰值特征基本相同，推测阳坡侧地下水渗流通道应优于阴坡侧；上下游孔温最高值出现在 DK977＋620～＋625 之间，而这正是隧道首次漏水点附近，说明此处有较好的地下渗流通道；本次注浆止水帷幕两端仍属正温区。

孔温变化的偶然因素较多，与测温时刻和成孔下管的时刻间隔长短相关。时间过长则因地表气温低导致测量温度偏低，时间过短则会因钢管焊接及钻孔施工余热引起测量温度偏高。

比较水位与孔温曲线可以发现，水位较低或者地下水渗流通道较好的地方，孔温相应较高，两种曲线变化情况具有较好的相似特征。在距离相近的同一多年冻土区域，温度相差悬殊说明该处地下水活动十分活跃，地下水的进入带入了大量热量，由此可以推断：这些水必然导致流径范围内的裂隙冰融化，融化后的裂隙又为更大量的地下水活动提供了通道，以致浅埋段隧道周边形成相对富集的水区域。

3. 注浆量分析

注浆量的变化同样可以反映融区的特征。由于浅埋段地质条件复杂、山体破碎，在注浆过程中，共有43孔出现多次压浆，见多次压浆汇总表9-6、表9-7。

表9-6 多次压浆汇总表

序号	孔号	钻孔里程DK977+	设计孔深(m)	实际孔深(m)	孔底位于隧底(m)	水泥用量(t)		备注
						设计	实际	
1	上游8号	615.6	24	24	2	2.46	5	阳坡
2	25	629.2	18	18	5	1.85	1.6	沟心
3	35	637.2	16	19	5	1.95	0.8	地面冒浆，阴坡坡脚
4	48	647.6	22	22	2	2.26	4	阴坡
5	68	618	22	23	2	2.36	2.2	阳坡
6	69	618.8	21.8	23	2	2.36	2.8	阳坡
7	75	623.6	18	18	2	1.85	3.8	阳坡
8	85	631.6	19	19	5	1.95	0.8	沟心
9	98	642	19	20	2	2.05	0.6	地面冒浆，阴坡
10	100	643.6	20	20	2	2.05	1.9	阴坡
11	106	648.4	22	22	2	2.26	1.3	地面冒浆，阴坡
12	109	650.8	24	24	2	2.46	3.1	阴坡
13	115	610	28	29.5	2	2.97	1.4	阳坡
14	117	611.6	27	27	2	2.77	1	阳坡
15	116	610.8	27	28	2	2.87	1.4	阳坡
16	118	612.4	26	27	2	2.77	0.8	地面冒浆，阳坡
17	119	613.2	25	25	2	2.56	0.6	地面冒浆，阳坡
18	122	615.6	24	24	2	2.46	0.8	地面冒浆，阳坡
19	126	618.8	21	21	2	2.15	1.6	地面冒浆，阳坡
20	127	619.6	21	23	2	2.26	1.2	阳坡
21	137	627.6	19	19.2	5	1.95	1.1	沟底
22	138	628.4	19	19	5	1.95	2	沟底
23	141	630.8	19	19	5	1.95	0.8	地面冒浆，沟心
24	143	632.4	19	19.5	5	1.95	0.8	地面冒浆，沟底
25	下游34号	636.4	16	18	5	1.85	0.8	地面冒浆，阴坡坡脚
26	50	649.2	21	24	2	2.46	2.5	阴坡
27	52	650.8	22	24	2	2.46	2.6	阴坡
28	57	654.8	24	24.5	2	2.46	3.1	阴坡
29	81	628.4	18	18	5	1.85	0.6	地面冒浆，沟底
30	83	630	18	18	5	1.85	1.2	沟心
31	85	631.6	18	18	5	1.85	2.6	沟底
32	86	632.4	18	18	5	1.85	2.4	沟底
33	97	641.2	18	19	2	1.95	2.1	阴坡

续上表

序号	孔号	钻孔里程 DK977+	设计孔深(m)	实际孔深(m)	孔底位于隧底(m)	水泥用量(t)		备注
						设计	实际	
34	107	649.2	21	24	2	2.46	1.2	阴坡
35	109	650.8	22	24.5	2	2.46	0.8	地面冒浆,阴坡
36	123	616.4	21	22	2	2.26	1.6	地面冒浆,阳坡
37	124	617.2	20	20	2	2.05	3.2	阳坡
38	127	619.6	18	18.4	2	1.85	1	地面冒浆,阳坡
39	135	626	18	18	5	1.85	1.2	地面冒浆,沟底
40	143	632.4	18	18	5	1.85	2.1	沟底
41	157	643.6	19	21.5	2	2.26	1.1	阴坡
42	165	650	22	24.2	2	2.46	0.4	地面冒浆,阴坡
43	168	652.4	24	24.5	2	2.46	2.6	阴坡

表 9-7 多次压浆统计表

位置	孔底位于隧底(m)	总孔数	多次压浆孔数	多次压浆率	地面冒浆孔数	地面冒浆率
阴坡侧	2	145	14	9.7%	4	2.8%
沟底	5	84	14	16.7%	6	7.1%
阳坡侧	2	113	15	13.3%	6	5.3%
合计		342	43	12.6%	16	4.7%

在压浆过程中,当注入一定量浆液以后,压力不升或者升高不明显时,必须先暂停注浆20～30 min,然后再次注浆,这种两次或两次以上的注浆称为多次压浆。有的钻孔出现地面大面积冒浆或与其他钻孔串浆的现象,针对这种情况,施工时采取了暂停 20 min 后再注浆或地面封堵等措施,以达到注浆终止条件。

压浆过程中出现地面冒浆,说明底层与地面存在连通通道。表 9-6 表明,共出现 16 孔地表冒浆,说明浅埋段在地下 17～30 m 以上的范围内与地表具有较好的连通通道。沟底地面冒浆共 6 孔,占本段总注浆孔数的 7.1%;阳坡地面冒浆共 6 孔,占本段总孔数的 5.3%;阴坡出现地面冒浆 4 孔,占本段总孔数的 2.8%。也就是说,沟底冒浆率最大,是阳坡冒浆率的 1.34 倍,是阴坡冒浆率的 2.59 倍,即沟底岩层与地表的连通通道明显优于两侧山坡,且阳坡优于阴坡。

多次压浆率可以显示压浆地层的孔隙率状态。2 号冲沟沟底出现多次压浆孔 14 孔,占 2 号冲沟沟底注浆孔总数 84 孔的 16.7%;阳坡出现多次压浆孔 15 孔,占阳坡压浆孔总量 113 孔的 13.3%;阴坡出现多次压浆孔 14 孔,占阴坡注浆孔总量 145 孔的 9.7%。从出现多次压浆孔机率来看,2 号冲沟沟底是阳坡出现多次压浆孔机率的 1.26 倍,是阴坡的 1.72 倍,说明沟底的孔隙率明显高于两侧山坡,也就是说,沟底的渗流通道明显优于两侧山坡,且阳坡优于阴坡。

地面冒浆率和多次压浆率的分析都说明了该区域存在较大地下水通道或与地表连通较好,并确定了通道的方位。多次压浆记录中的隧道上游 8 号孔和 75 号孔就位于阳坡 DK977+620

首次漏水附近，48号孔、109号孔位于阴坡，下游85号孔位于浅埋层流水板上，124号孔位于阳坡，这些孔的注浆量均较大，说明地下有较好的通道。

综上所述，注浆孔中注浆量的变化充分证明：

1)昆仑山隧道2号冲沟沟心纵断面位置附近至少存在一条未被冻结的地下水通道，且该通道的埋置深度至少可达17～30 m；

2)在DK977＋620～＋625之间具有较好的地下水通道；

3)浅埋段地下与地表存在较为畅通的水流通道；

4)昆仑山隧道浅埋段隧道中心线左右至少7 m范围为融化区，融区深度至少在17～30 m或以上；

5)在本次注浆止水范围的两端仍属正温区，即存在地下水。

9.2.6 地温观测孔数据分析

为进一步证实昆仑山隧道浅埋段周围的冻融情况以及地下水的来源，2004年3～5月再次对昆仑山隧道浅埋段进行了地温及水文地质补充勘察工作，在2号冲沟浅埋段地表共布置了9个钻孔，分别进行钻探、试验、地温测试、钻孔抽水等工作。钻孔位置平面图如图9-21所示。

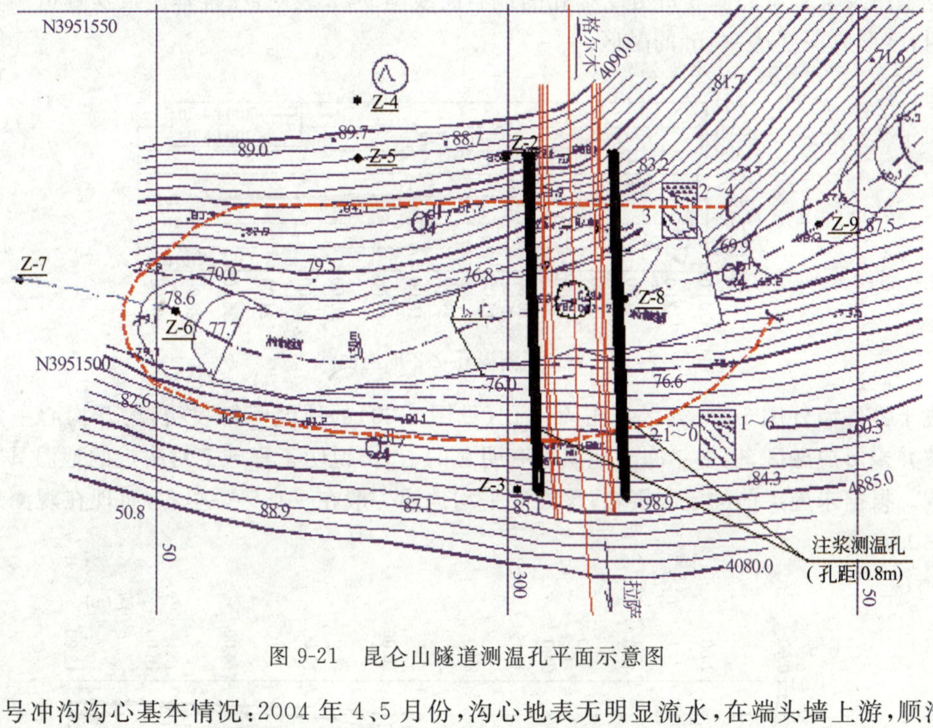

图9-21 昆仑山隧道测温孔平面示意图

2号冲沟沟心基本情况：2004年4、5月份，沟心地表无明显流水，在端头墙上游，顺沟床有部分冰层覆盖，端头墙上有冰冻结，当中午气温变暖时，部分融化水顺沟心流动，但是，钻孔中地下水没有冻结，且部分翻越端头墙流到地表，顺地表铺砌排泄。

1. 水文资料分析

(1)水文地质计算

①根据降水入渗法计算，原始状态下浅埋段地下水径流量为0.43 m^3/d。

②根据Z-7号的抽水试验资料，Z-7孔深20 m，下套管15 m，其中5～15 m为花管，共进

行了两次降深抽水试验，第一次降深 1.6 m，出水量 38.71 m^3/d；第二次降深 2.3 m，出水量 130.29 m^3/d。根据水文地质计算，渗透系数 $K=5.5$ m/d，影响半径 $R=38.2$ m。需要说明的是，钻探 Z-9 孔时，深度至 17 m 未见地下水，说明地下水在经过隧道时大部分经隧道排泄。

(2)含水率分析

根据线路右侧各钻孔实测含水率(表 9-8)，可以看出距离隧道 9 m 处的 Z-2 孔平均含水率为 5.3%，小于 10 m 以外各钻孔，这说明由于隧道围岩附近已形成融区，且此范围内的水多已经由隧道排泄，导致隧道附近围岩的平均含水率减少。

表 9-8 钻孔平均含水率统计表

钻孔编号	Z-2	Z-4	Z-5	Z-6
位置(DK977)	+609 右 9 m	+599 右 28.5 m	+610 右 29 m	+630 右 102.2 m
含水率(%)	5.3	8.3	13.3	16.8

2. 冻融特征分析

根据设计单位的定测地温资料，昆仑山隧道年平均地温值小于−1.5 ℃，冻土上限一般为 2～4 m，以少冰冻土和多冰冻土为主，多年冻土厚度大约 100～110 m。但从本次补充勘察资料看，围岩注浆对隧道周边多年冻土产生了很大影响，浅埋段 2 号冲沟的冻融状态值得探讨。

位于注浆帷幕墙外侧 3 m 处 Z-2 孔的地温曲线图 9-22 表明，在帷幕注浆及隧道洞身深度范围内，已形成深度达 30 m 的融区。

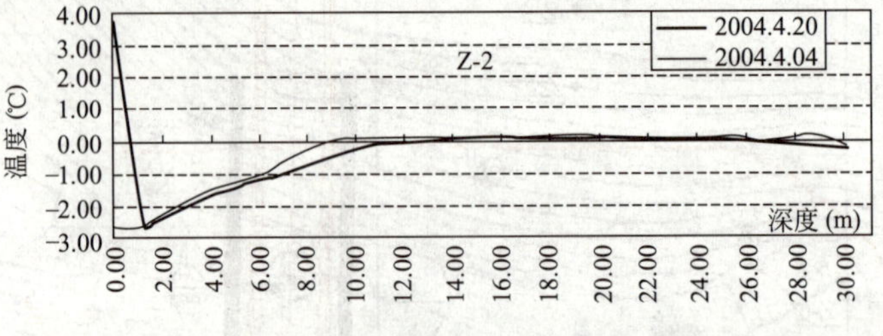

图 9-22 测温孔 Z-2 地温曲线

位于帷幕墙外侧 30 m 处 Z-5 孔、Z-4 孔(见图 9-23)的地温资料表明，离开沟心一定距离的山坡并未形成融区，但多年冻土地温也有明显的上升，说明工程施工对附近的地温具有一定的影响。根据未施工前的定测资料，该处年平均地温一般在−1.5 ℃左右，而现在观测地温已升至−0.45 ℃。

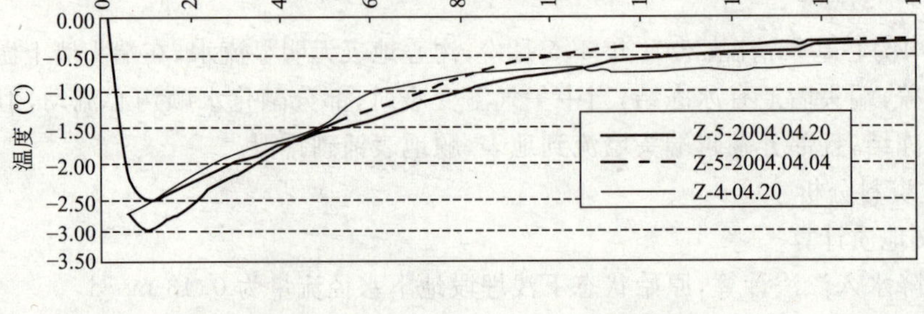

图 9-23 测温孔 Z-4 和 Z-5 地温曲线

浅埋段主沟端头墙上游 12 m 处 Z-7 孔抽水资料表明，在端头墙上游一定范围内，形成了一个地表及地下水的强烈径流区，在这个范围内，形成的融化深度达 20 m 以上，其深度已经超过帷幕注浆的处理范围。根据地温资料反映，沟心上游离隧道 82 m 处 Z-6 孔的地温曲线图 9-24 显示，融化深度为 15 m，在沟心纵断面上，隧道周围形成了一个明显的“通道”。浅埋段主沟隧道下游 E-8 号孔同样说明了沟心附近有融化通道形成。

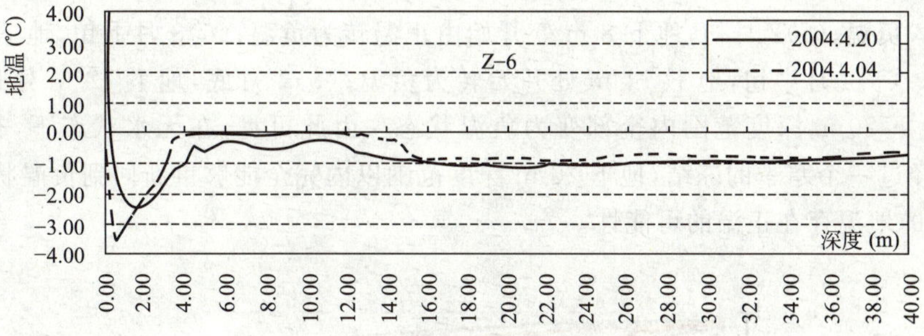

图 9-24 测温孔 Z-6 地温曲线

隧道下游钻孔 Z-9 的情况显得比较复杂，需要进行较为详细的分析。根据位于沟心的钻孔 Z-6、Z-7 和 Z-8 的资料分析结果推断，同样位于沟心的钻孔 Z-9 的地温似乎也应该呈现为正温状态，而 Z-9 的观测资料却显示为无水负温状态，这就给判断钻孔 Z-9 处在隧道修建以前的地温状态增加了难度，因为在隧道修建以前，位于钻孔 Z-9 处的地温也可能一直处于负温状态。为了弄清在隧道修建以前钻孔 Z-9 有无正温的可能性，先假定钻孔 Z-9 处于正温状态，采用数值模拟技术，经过一个寒季再看它的温度状态。根据 Z-9 孔的实际情况，沿沟心在钻孔位取单位宽度、深 20 m 的平面模型，根据围岩参数和气温条件，选取最不利边界条件，即钻孔 Z-9 左右无限远处的地温与其地温相同（事实上，2 号冲沟在此处的宽度不足 10 m，也就是说，钻孔 Z-9 左右 5 m 处即是山坡，为多年冻土），对 Z-9 钻孔的地温变化进行了数值模拟，其计算参数、边界条件和计算结果如下。

围岩参数见表 9-9。

表 9-9 围岩参数

项 目	单位	数 量			
温度	℃	−15	−0.1	0	10
容重	kg/m^3	2 300	2 300	2 300	2 300
密度	kg/m^3	2 760	2 760	2 760	2 760
传导系数	W/m・K	1.824	1.824	1.433	1.433
比热	J/kg・K	703	703	839	839
含水量		0			

气温则采用实际观测资料统计结果，其月平均温度见表 9-10。

表 9-10 施工期间月平均气温统计表

月 份	1	2	3	4	5	6	7	8	9	10	11	12
平均温度(℃)	−15	−12.1	−6.96	−2.6	2.4	4.26	7.05	6.08	2.41	−3.58	−9.58	−14

边界条件:模型上边受大气温度作用,左右两侧按对称处理,底部受−1.5 ℃地温作用,初始地温设为0.8 ℃。由于钻孔Z-9的观测资料显示钻孔无水,模拟过程忽略相变的影响,荷载作用时间分别为当年10月到次年4月(7个月的寒季)和当年10月到次年9月(1年,即一个完整的大循环)。数值模拟结果如图9-25和图9-26所示,图中temp-x表示地面以下x米处的温度。

图9-25表明:(1)10月底,地下2 m和地下18 m处已经处于负温状态;(2)11月中旬,地下4 m处进入负温状态;(3)12月上中旬,地下6 m处开始变为负温;(4)1月上中旬,地下16 m处进入负温;(5)2月初,地下8 m处开始由正温转为负温;(6)3月下旬,地下10 m处进入负温状态;(7)4月中旬,地下14 m处开始转为负温;(8)4月底,地下12 m处最后转为负温,至此,地下20 m深度范围内全部变为负温状态。由此可见,在无水状态下,初始地温为0.8 ℃时,经过一个寒季的冻结,地下20 m深度范围以内完全能够重新回到负温状态,这说明Z-9孔此前的地温存在正温的可能性。

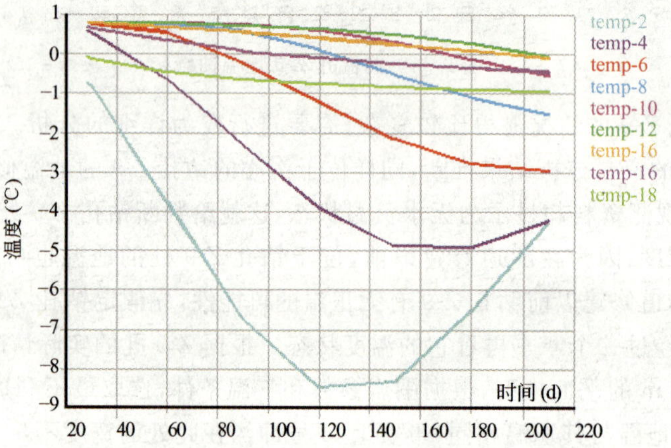

图9-25 Z-9钻孔模型各部温度与时间关系曲线

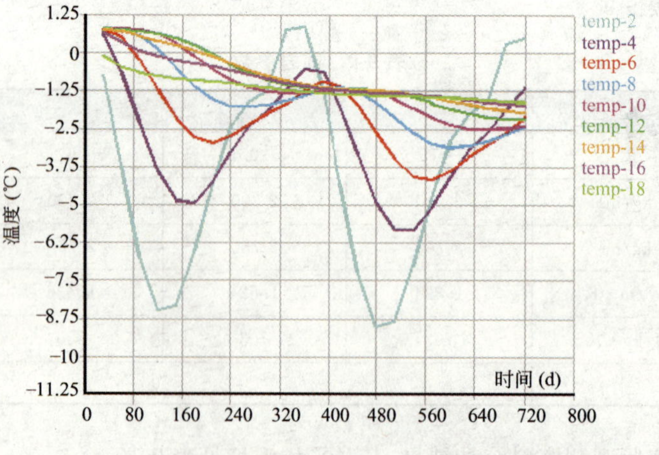

图9-26 Z-9钻孔模型2年内各部温度与时间关系曲线

模拟2年的计算结果图9-26表明,地温逐渐变低,在气温影响条件下,最大融化深度小于4 m,一年之内地温最均衡的时间为每年的7月～10月,而气温在这段时间内的变化却较大;地温的变化较气温明显滞后,滞后期随深度的增加而延长,如地下2 m处滞后约半个月,地下

4 m 约 1～2 个月，地下 6 m 约 2～3 个月，而地下 10 m 以下地温受气温影响较小。改变各种边界条件模拟不同的状态，得到表 9-12 的结果。表 9-12 显示，在气温影响条件下，此处最大融化深度为 3.2～4 m(实测约 2～4 m，即冻土上限值)，最大冻结深度为 10～11 m(实测约 10 m，参见图 9-22)，这种数值模拟结果与实际情况良好的一致性又验证了此数值模拟方法的可靠性，由此推断，Z-9 孔在无水状态下重新回冻的数值模拟结果也同样可靠。

表 9-11 不同边界条件下冻融特征

起止月份	模拟时间(月)	负温区长度(m)	正温区长度(m)	初始温度(℃)	最大冻深(m)	最大融深(m)	备注
10～4	7	10	6	2	10		模型底边温度－1.5 ℃
10～4	7	11	3.2	1	11		
10～4	7	20	0	0.8			
10～4	7	20	0	0.5			
10～9	12	16.8	3.2	1		3.2	正温区在上，模型底边温度－1.5 ℃
10～9	12	16	4	2		4	
10～4	7	11	9	0.8	11		内三边对称

在寒季隧道下方 2 号冲沟的下游、低于隧道标高约 80 m 的青藏公路旁边有三个不同程度的冰锥(其中之一见图 9-27)，这说明山体内仍有地下水未被冻结，且此处存在一个未被冻结的通道，而冰锥点已经是山坡坡脚，在坡脚与钻孔 Z-9 之间未见出水点(地表均处于冻结状态)。由此可知，钻孔 Z-9 处于隧道下游，隧道拦截了原来经过 Z-9 钻孔的地下水，所以 Z-9 钻孔无水，又因为其远离隧道，地温不受隧道环境温度的影响，而仅受大气温度和钻孔周围地温的影响，在大气温度和周边冻土的影响下，经过一个寒季，Z-9 钻孔的地温很可能由原来的正温状态(过水通道)逐渐恢复到负温状态，因为在隧道修建之前，钻孔 Z-9 的工程地质和水文地质条件与钻孔 Z-8、Z-6 及 Z-7 相同。由此推断，位于 2 号冲沟沟心纵断面上的 Z-9 孔和 Z-8、Z-6 及 Z-7 孔在隧道施工之前的情况相同，说明在 2 号冲沟沿沟心纵断面上有一条未被冻结的通道。

综上所述：(1)昆仑山隧道地区年平均地温值小于－1.5 ℃，地温的变化较气温变化明显滞后，滞后期随深度的加深而延长，冻土上限一般为 2～4 m，气温影响最大融化深度在 4 m 之内，最大冻结深度约 10 m，以少冰冻土和多冰冻土为主，多年冻土厚度大约 100～110 m。(2)沿昆仑山隧道 2 号冲沟沟心纵断面方向有一条未被冻结的通道(埋深 15～30 m)，隧道在此冲沟处穿过这个通道，因此，昆仑山隧道实际上是位于多年冻土区且存在局部冻融的隧道。(3)隧道施工对隧道周边多年冻土产生了一定影响，导致浅埋段隧道周边的多年冻土工程地质条件已经发生了较大变化，沿隧道纵断面方向在此处已经形成了较大融区。(4)地下水对混凝土结构无侵蚀性，隧道开挖后计算涌水量为 91.74 m^3/d。根据降水入渗法计算，原始状态下浅

图 9-27 昆仑山隧道下方青藏公路 G2082＋400 附近的冰锥

埋段地下水径流量为 0.43 m^3/d,说明当时隧道涌水量主要为沟心地表水和地下水双重补给。

9.3 多年冻土地区隧道的冻害及原因分析

多年冻土地区隧道由于种种原因产生各种不同形式的冻害,给隧道的安全运营带来了很大危害,主要的冻害有以下几种形式。

9.3.1 衬砌漏水、挂冰

主要原因是因山体岩层破碎,山体内储水丰富,当隧道通过融区时往往有地下水涌出,在排水系统不通畅的情况下,地下水将不可避免地通过衬砌的缝隙向隧道内部渗漏。一般来说,漏水量的大小和出水点的位置并不固定,它随降雨量的变化而变化,降雨量大时出水点多些,施工时对衬砌防漏工作作得细的地段出水点就少些,但地下水会转移到衬砌开裂多的地段渗出。由衬砌缝隙渗漏出来的地下水在负温下逐渐冻结,在拱顶及边墙上将出现一串串的冰柱,有的冰柱直径可超过 1 m,且随地下水的补给冰柱会逐渐加粗,严重时会侵入隧道的建筑限界,挂冰现象一般发生在入冬及春融季节。

9.3.2 隧底冒水、积冰、冻胀

隧道衬砌背后围岩中的地下水往往带有承压性,承压水又是产生冰锥的必要条件。因此在排水系统不通畅的情况下隧道底部常常出现冒水现象,在入冬及春融季节形成冰锥,其长度顺线路方向最大可达到 300 m。如不及时刨冰,靠边墙位置积冰厚度将不断加厚,靠线路道床的地方有时还会埋没轨顶,另外还有线路冻胀问题,其冻胀隆起高度据调查统计最大可达 170 mm。它比积冰更难处理,因为积冰被刨除后还能保持限界,对于冻胀,只能在冻胀地点的前后用木垫板起道顺坡,等待春融时回落,但必须随时监测侵入限界的情况,必要时应要求列车慢行。

9.3.3 衬砌开裂、酥碎、剥落

多年冻土及严寒地区铁路隧道普遍存在衬砌开裂问题,其原因除了地质条件、施工影响和结构类型等因素外,因温差而产生的温度应力和冻胀力的作用是主要原因。衬砌开裂分为环向、纵向及斜向三种形式。

环向开裂是垂直于隧道轴向的衬砌开裂,它是寒区隧道一个比较突出的弱点并且非常普遍。据调查,无论地质条件好坏均有环向裂纹发生。绝大部分环向裂纹产生在混凝土衬砌施工缝上,虽然对拱形结构的受力影响不大,但环向裂纹的增多增加了地下水渗漏的通道,同时也使衬砌的风化剥蚀作用加剧。环向裂纹的大小随气温的变化而变化,温差大,衬砌的变形也大,但衬砌与围岩之间有强大的黏结力,衬砌不能自由伸缩,因此在冷缩时衬砌内部将产生拉应力,由于施工缝强度小,所以首先从施工缝拉断。

隧道衬砌水平及斜向开裂绝大部分产生在轨面以上 2～3 m 范围内,多发生在有地下水涌出的地段,而且是在衬砌背后无排水系统的边墙上。当衬砌为直墙时比曲墙要严重得多,开裂处入冬开始鼓起,春融时又逐渐收缩,但一般收缩要小于凸出,有残余变形,可见衬砌的开裂主要是衬砌背后水的冻胀所致。隧道衬砌对地下水的冻结膨胀是一个约束的壳体,因此,衬砌所受的冻胀力不仅和水的多少及温度有关,而且还和壳体本身的强度大小有关。例如嫩林线

西罗奇二号隧通虽然也修了泄水洞，但衬砌背后的竖向及横向排水盲沟与泄水洞的联结系统均没有做，致使衬砌背后积水冻胀，造成衬砌严重开裂、酥碎。

9.3.4 洞门墙开裂

洞门墙的开裂在多年冻土区尤为严重，据嫩林线、牙林线调查统计，在 30 个洞门中，有 17 个洞门墙开裂，且大部分产生在洞门墙中部，从帽石顶部向下开裂，裂缝的形状是上宽下窄、外宽里窄。产生开裂的主要原因是温度应力的影响，由于混凝土冷却收缩时洞门中部受拉，其次墙后积水冻胀加剧了洞门的开裂，地基的融沉也可能是影响因素之一。

9.4 寒区隧道冻害的防治措施

寒冻地区隧道的冻害主要是由地下水引起的，解决好隧道内排水系统的防冻问题就能解决好隧道的冻害问题，我国寒冻地区隧道水沟的防冻措施主要有以下几种。

9.4.1 泄水洞

泄水洞是隧道排除地下水的主要措施之一，形似小隧道，位于隧道下方，利用竖井、钻孔或岩石裂隙将隧道周围的地下水位降低，从而防止衬砌周围介质冻结对衬砌产生的冻胀影响。它适用于月均气温低于－20 ℃、岩石冻结深度为 5～6 m 的严寒地区，其断面形式如图 9-28 所示，甲式断面适用于隧道内地段，采用暗挖法施工；乙式断面适用于隧道外地段，采用明挖法施工。

为了充分发挥泄水洞的排水作用，修建泄水洞时，还必须修筑配套排水系统，包括竖向盲沟、泄水孔、支导洞、检查井、锥体保温出水口等。泄水洞的埋深主要考虑冻结深度的影响，埋得过浅容易冻结或出现冰塞现象，埋得过深，当隧道出入口地势平缓时，泄水洞需延长许多才能露出地面，而且使围岩中地下水的渗透距离加大，泄水洞吸引地下水的能力减弱。综合以上因素，并通过实践证明，泄水洞的埋深一般取 6 m 为宜，如图 9-28 所示。隧道以外地段的泄水洞上方覆盖土厚度小于冻结深度的要求时，不足部分应加填路堤式覆盖层；对多年平均地温较低、地下水涌出量少的泄水洞，应加强检查观测，必要时还可对多年冻土层地段的泄水洞增加防寒措施。对非多年冻土隧道的泄水洞，每年夏季也应打开检查井盖，自然通风以提高泄水洞口的气温，防止出现冰塞，牙林线岭顶隧通采用泄水洞排水就获得成功。

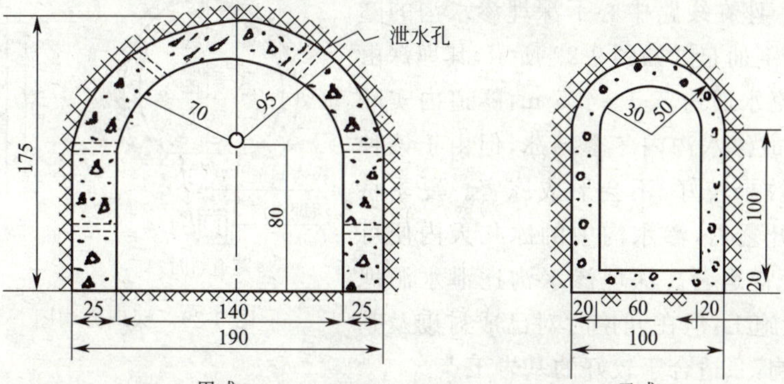

图 9-28(a) 泄水洞及排水系统 单位：cm

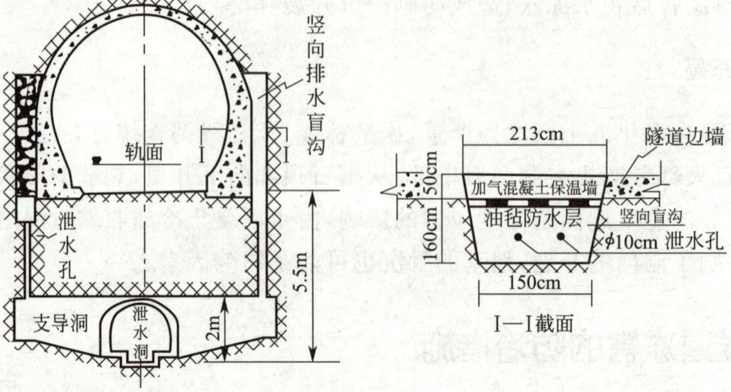

图 9-28(b) 泄水洞断面图

泄水洞的断面形式依施工方法分为整体式和装配式，依断面大小分为甲式和乙式两种。甲式用于隧道内采用暗挖法施工，乙式用于隧道外采用明挖法施工。泄水洞断面如图 9-28(b)所示。

为使竖向排水盲沟与支导洞连结，在两者之间设泄水孔。支导洞是为沟通泄水孔与泄水洞而设，目的是将地下水尽快引入泄水洞内。当然排除地下水只靠人工制造的排水系统远远不够，实践证明，大部分地下水是通过岩石裂隙和泄水洞壁上的预留孔进入泄水洞的。

检查井是为泄水洞施工时通风、进人、出渣、运料和运营期间的通风以及维修检查之用，其设置间距可选 120～180 m，断面为 1.0 m×0.8 m，壁厚 0.15 m，井底设 0.3 m 深的沉淀池。为防止冷空气侵入泄水洞，井口应设双层盖板，在冬季于两层板间填入防寒材料，如干草、玻璃棉等保温。夏季应将井盖打开通风。检查井的位置可设在线路中心或避车洞内。

方案评价：从施工难易、对隧道衬砌结构稳定性的影响、隧道内排水效果及可靠性、消除由于地下水给严寒地区隧道造成的病害等方面分析，在高寒地区有地下水的隧道排水方案中，泄水洞排水方案稳妥，排水效果比较理想，能够消除地下水给隧道造成的危害。

9.4.2 中心深埋渗水沟

中心深埋渗水沟是把水沟埋设于隧道内相应的冻结深度之下，利用地下水的初温达到冻融平衡，从而达到防冻的目的。嫩林线朝阳一号隧道是我国第一座在线路中心下深埋渗水沟的隧道，深埋渗水沟剖面布置如图 9-29 所示，其埋深由路基面至渗沟流水面约 3.5～4.5 m，隧道内实际冻结深度 5 m，故渗水沟内冬季结冰，但由于该种排水形式排水效果较好，不会形成冻害。夏季将检查井盖板掀开之后，渗水沟中的冰几天内便可融化，不影响正常运营。深埋渗水沟比泄水洞埋深浅，适合明挖施工，但在开挖时对已成衬砌及基底有一定的影响，只适合于较好的基岩工点。

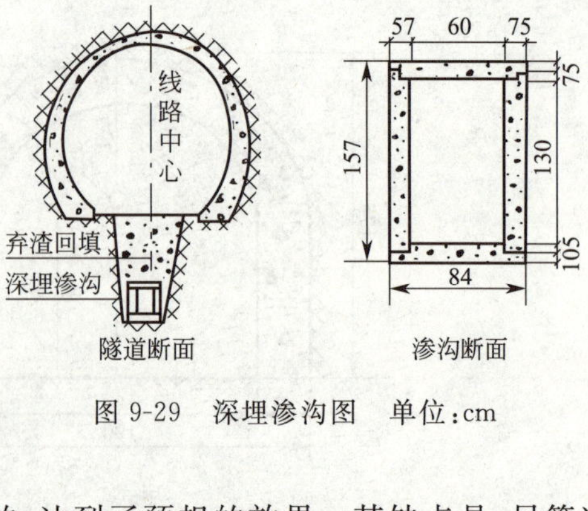

图 9-29 深埋渗沟图 单位：cm

方案评价：中心深埋排水沟的排水措施是可行的，达到了预想的效果。其缺点是，尽管这种水沟的排水效果较好，但在施工中存在一定的问题：①隧底拉槽使开挖面距衬砌边墙基底的距离较近，加之开挖放炮的振动对衬砌基础的稳定及衬砌结构的安全产生不利影响，尤其是软弱围岩地段，在隧道底部挖深槽势必会威胁整个衬砌的稳定；②由于岩层开挖爆破，几乎全部衬砌的表面都被炸成麻面，坑洼不平，有的深达 3～5 cm，外观极为难看，对工程质量也产生一定的影响。

9.4.3 防寒水沟

嫩林线白卡尔隧道曾作过防寒水沟的试验(图 9-30)，防寒水沟在非多年冻土区已有成功经验，但在多年冻土区，排水试验因故未能继续下去。因多年冻土区冻结深度大，本隧道洞口处的最大冻深 7.4 m，所以试验采用防寒水沟和泄水洞相结合的方案，即从隧道进出口向内各 50 m 处为泄水洞的起点，中间采用防寒水沟，防寒水沟保温材料的顶部为沥青玻璃棉保温层，侧面为加气混凝土预制块保温层。该隧道于 1972 年建成后，连续 4 年进行观测，观测中发现，设单侧水沟时，无水沟一侧仍然挂冰、冻胀，这说明浅埋式水沟应设双侧才能有效。此外，在最低月平均气温为－32 ℃的严寒条件下，由于冻深大，隧道内部的冻结半径已大大超过其防寒范围，因此水沟经常冻死。如果在隧道内对那些不出水地段的水沟四壁铺设全封闭式的保温层，并且选择保温性能好、吸水少的保温材料，如聚苯乙烯泡沫塑料等，这样试验或许还能继续下去，防寒水沟断面如图 9-31 示。通过白卡尔山试验，试验者有以下几点认识：(1)防寒水沟造价较低，施工方便，是严寒及多年冻土地区隧道排水的一种好形式；(2)越岭隧道若设置防寒水沟，必须双侧设置，因为单侧设防寒水沟易发生冻害；(3)须作好防寒材料的防潮处理，因防寒材料的导热系数随温度的增加而增加；(4)防寒水沟的底部也须设防寒层，以确保防寒水沟不致冻结；(5)在构造上应能最大限度地减弱水沟内的空气对流作用，以减少由于对流产生的热损失。

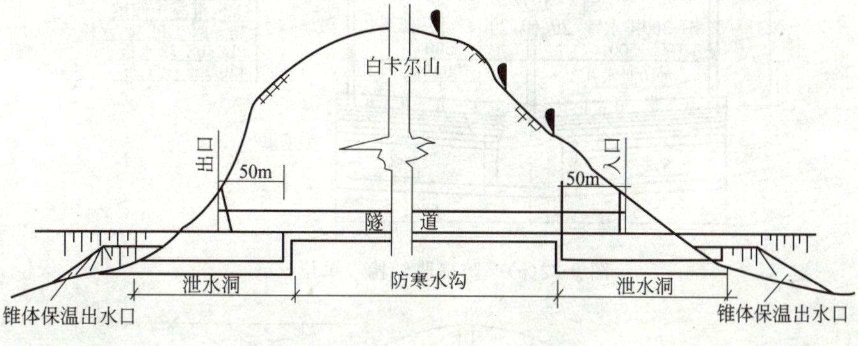

图 9-30 白卡尔隧道排水示意图

方案评价：由于隧道内特有的阴暗潮湿的环境，保温材料很难保持良好的状态，致使衬砌周围的水排不出去，冬季冻胀，衬砌被冻裂、剥落掉块，拱部、边墙挂冰，严重威胁行车安全。

9.4.4 采暖式水沟

为防止水沟产生冻害，有些隧道采用通暖气、通热风或生火炉的措施。如阿尔山隧道采用通暖气升温的方法，北端 200 m 设有暖气设备，置于上下两层盖板之间，终端管径 65 mm，不设散热器及回水管，每年 10 月 15 日至次年 4 月 20 日取暖，一天送 3 遍气，送气时沟内温度可达 20 ℃以上，一般维持在 7～8 ℃。

达坂山公路隧道位于青藏高原东部的祁连山脉达坂山中段，隧道出口的底面为多年冻土和季节性冻土的临界，最大冻土深度 3～4.5 m，其防冻胀结构由排水、防水、保温三个系统组成，其结构形式如图 9-32 所示。

达坂山公路隧道进出口富水地段经过雨季和严冬考验，采用防寒泄水洞和硬质聚氨酯泡沫塑料保温层较好地解决了洞体排水和御寒保温难题。

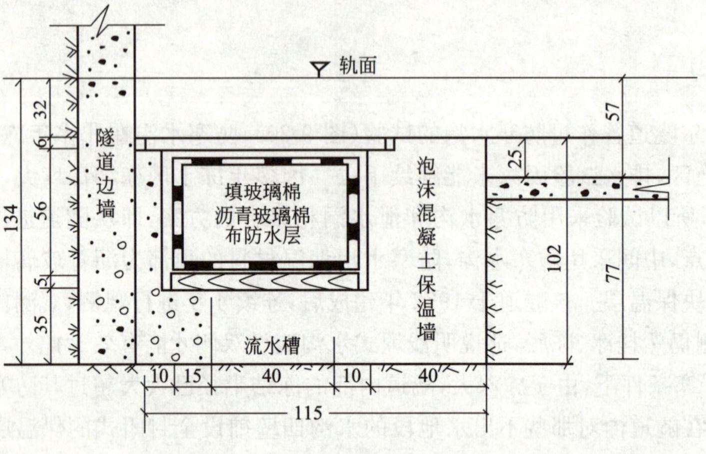

图 9-31 防寒水沟断面图 单位：cm

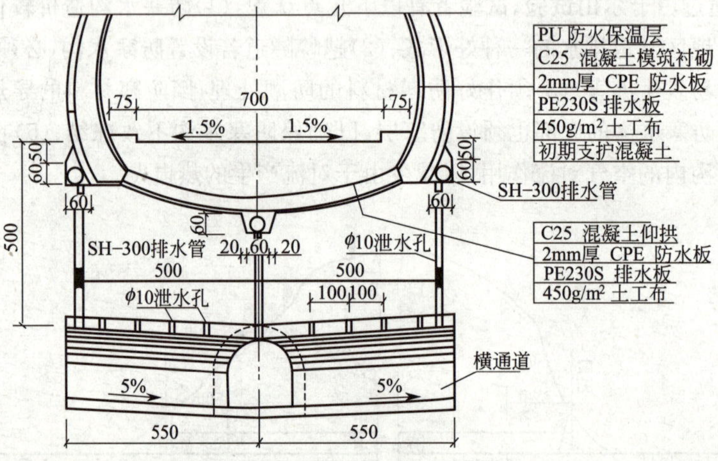

图 9-32(a) 防冻胀结构 单位：cm

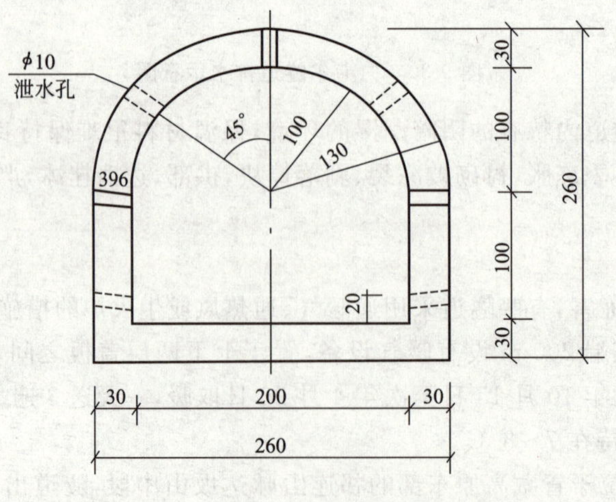

图 9-32(b) 防寒泄水洞 单位：cm

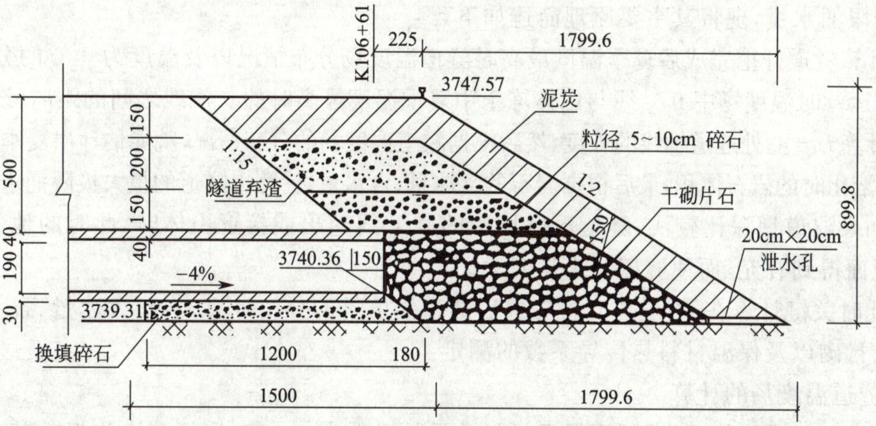

图 9-32(c) 防寒泄水洞出口结构断面 单位:cm

9.5 小 结

昆仑山隧道是我国乃至全世界海拔最高的高原冻土隧道，其排水系统的设计对昆仑山隧道今后安全运营有着至关重要的影响，是昆仑山隧道设计的一个重点。通过以上研究，可以得出以下结论：

1. 多年冻土隧道的排水系统可以根据隧道所处位置不同而有所不同。若隧道完全处于多年冻土中，即多年冻土上、下限之间，此时的排水系统可以简单一些；若隧道处于季节性冻土中，即穿过多年冻土上、下限，由于隧道的影响范围已经超越冻土的上(下)限，此时的地下水流量可能比较大，排水系统相对就要复杂一些。因此，多年冻土隧道的排水系统应该是分段设计，根据不同的地层情况分别设计不同的排水系统。

2. 昆仑山隧道防排水设计遵循“以排、导为主，防、截、排、堵、隔热、保温等多道防线综合治理”的原则是可行的。

3. 根据昆仑山隧道实际的地质条件，采用的洞内设双侧保温水沟、沟脚纵向设 ϕ100 mm PVC 盲沟、低洞口端设洞外保温暗沟引排、在局部地段设置全程加热保温深水沟的方法是可行的。

4. 在隧道的浅埋局部地段为了防止地下水在夏季大量流入隧道，必须对这些局部地段进行注浆堵水，将地下水堵在隧道以外。

5. 由隧道内排水沟的流量监测与连通试验结果可知，昆仑山隧道内的渗漏水与 2 号冲沟浅埋段有密切的水力关系，同时，由于 2 号冲沟的地下水活动十分活跃，地下水的进入带来了大量热量，由此可以推断，这些水必然导致流径范围内的裂隙冰融化，融化后的裂隙又为更大量的地下水活动提供了通道，以致浅埋段隧道周边形成相对富集水区域。

6. 由连通试验可以确定在昆仑山隧道 2 号冲沟沟心纵断面位置附近存在至少一条未被冻结的地下水通道，且该通道的埋置深度可达 17～30 m。

9.6 隧道最大涌水量的估算

隧道涌水量估算是一个难度比较大的课题，特别是多年冻土地区隧道涌水量的估算，更是一个难题，但通过隧道施工完成后运营时温度场的分布情况可以大致估计出多年冻土区隧道的最大极限涌水量，现将其主要原理简述如下。

1. 计算隧道开挖完成后夏季温度最高时隧道温度场分布情况以及温度为 0 ℃的分布情况；计算隧道运营时温度场中 0 ℃线与山体冻土中夏季温度最高时的 0 ℃线之间的距离(设为 L_1)。

2. 计算 $L_1=0$ 处隧道轴线的长度，然后根据隧道温度场的分布情况，就能估计出夏季温度最高时的冻土溶化时的岩石体积，最后根据岩石的含冰量、含水量，计算出隧道的最大极限涌水量。

3. 如果隧道埋深比较浅，隧道温度场中的 0 ℃线超出或接近山体时，此时的地下水就有可能从地面得到补充，而使隧道涌水量变大。

4. 此时关键计算在于：隧道开挖完成后隧道温度场的分布计算；岩石含冰量、含水量的测试；岩石、衬砌以及保温材料热传导系数的测定。

(1)隧道温度场的计算

经过专用程序计算，隧道所用保温材料的导热系数为 0.033(聚氨酯泡沫板)，其边界条件是利用洞内空气温度为 8 月份的最高温度(13.34 ℃)、上边界温度约为 −2.5 ℃、下边界为 −1.8 ℃、左右边界温度为 −2 ℃求得。由于隧道洞内温度比围岩的温度要高，使得隧道周围的围岩受到影响，在隧道周围，围岩温度大于 0 ℃的范围大致为一个椭圆，其方程为：

$$\frac{x^2}{28.5^2}+\frac{y^2}{30.6^2}=1 \tag{9-3}$$

其中，椭圆以隧道中心为中心，以隧道高的方向为 y 轴，以隧道宽的方向为 x 轴。经过计算，要达到该影响范围，需要保持原始计算条件 86 年不变，则由于温度变化引起围岩中的冰融化而增加的水量按下列数据计算。

其影响围岩的体积(每延米)为：$\pi\times28.5\times30.6-67.7=2\,670.7\ \text{m}^3$，其中 67.7 为隧道每延米的体积。

总的含水量为：$2\,670.7\times4.78\%=127.66\ \text{m}^3$。

在隧道的纵断面图中，椭圆的最高点在纵断面中形成一条直线，此直线与地表以下的冻土上限(地表以下 10.5 m 处)的交点分别为 DK976＋428，DK976＋810，DK976＋850，DK977＋580，DK977＋692，DK977＋864，如图 9-33 所示。

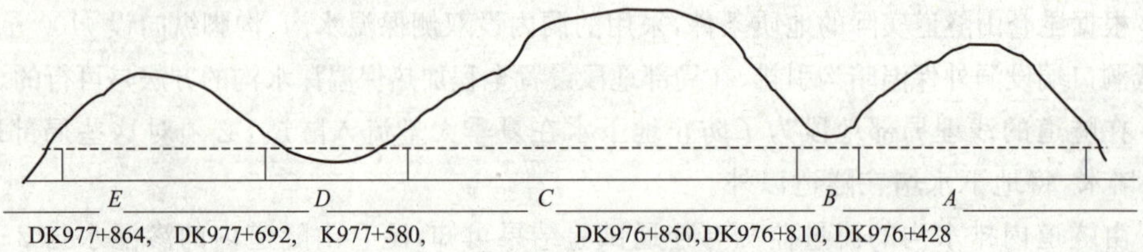

图 9-33 椭圆最高点与冻土上限的交点示意图

(2)计算说明

隧洞内温度采用 5.6 ℃，地表为 −2 ℃，地下 100 m 处为 0 ℃，两者之间地层温度逐渐增加。

根据以上计算，在夏天洞内气温最高时(13.34 ℃)，以多年冻土上限(地表以下 10.5 m)为根据，隧道最大涌水主要来自 A、C、E 段的围岩溶化冰与所含水量，其总量为：

$$Q_{\max}=127.66\times(382+730+172)=163\,914.75\ \text{m}^3$$

以上所计算的隧道涌水量为隧道建成以后隧道内气温长期保持在 13.34 ℃不变的最大极限总涌水量，当这些水量被排走后将不会有后续的涌水。将这些涌水量平均分配到 86 年，则平均天涌水量为：$163\,914.75\text{m}^3\div(86\times365\ 天)=5.22\ \text{m}^3/\text{d}$。当然，要长期保持 13.34 ℃的洞内气温与原始计算条件不变是不可能的，洞内气温应该是在最高气温与最低气温之间变化，且在冬季又有冻结过程的发生，要达到计算的影响范围几乎是不可能的，所以，隧道的涌水量应该远小于这个极限最大涌水量。

然而，在 B、D 段，由于隧道的溶化线已经与地表相通，这两段的涌水量则需要考虑地表水的补充。当多年冻土上限为地表以下 3.5 m 时，计算结果如下：

其交点为 DK976＋413，DK976＋819，DK976＋844，DK977＋587，DK977＋686，DK977＋871；

$$Q_{max}=127.66\times(406+743+185)=170\ 298.44\ \text{m}^3;$$

86 年的平均涌水量：170 298.44 m^3÷(86×365 天)＝5.43 m^3/d。

因此，隧道的排水措施应分段考虑，在溶化区(如 B、D 段)排水措施要考虑地表水的补给，而在 A、C、E 段则只需考虑最大涌水量的排水即可。

根据昆仑山隧道的实际情况，考虑到夏季、冬季的气候变化，在开挖 30 d 后施作初衬，再过 90 d 施作二衬，施作二衬后一年的时间，隧道围岩的融化的影响范围仅 6.52 m，此时的涌水量计算公式为：

$$\frac{x^2}{10.72^2}+\frac{y^2}{11.42^2}=1 \tag{9-4}$$

此时所影响的围岩体积为：$\pi\times10.72\times11.42-67.7=316.71\ \text{m}^3$；

每沿米总的含水量为：316.71×4.78%＝15.14 m^3。

当多年冻土上限为地表以下 3.5 m 时，计算结果如下：

其交点为 DK976＋292，DK977＋612，DK977＋656，DK977＋925；

$$Q_{max}=15.14\times(1\ 420+269)=25\ 571.46\ \text{m}^3;$$

则每天的涌水量为：25 571.46m^3÷(365＋30＋90)天＝53.83 m^3/d。

故昆仑山隧道多年冻土段的平均涌水量在 53.83 m^3/d 以下。

最大多年冻土隧道涌水量 Q_{max} 的估算公式为：

$$\frac{x^2}{(A+a)^2}+\frac{y^2}{(B+b)^2}=1 \tag{9-5}$$

式中：A，B 分别为隧道宽、高的一半，a，b 是与所用保温材料、围岩、衬砌导热系数有关的参数，一般情况下为隧道多年冻土在宽、高方向的融化深度。

$$V=\pi\times(A+a)\times(B+b)-C \tag{9-6}$$

式中 V——单位长度内受温度影响的围岩体积；

C——隧道开挖的面积。

$$Q_{max}=\omega\times V\times\sum_{i=1}^{n}L_i \tag{9-7}$$

式中 ω——隧道围岩的含水量；

L_i——隧道中第 i 段受到影响的长度；

n——隧道受到影响的段数。

此时计算的隧道涌水量是在冻土融化圈范围内的最大涌水量，而隧道实际的涌水量要小于该数值。如果隧道的融化圈与多年冻土的上限交叉，则需考虑地表水和地下水的影响。

9.7 最大多年冻土隧道涌水量 Q_{max} 的估算自编软件运行过程

1. 开始启动 ansys5.71 后，按以下菜单路径进行操作：File Read Input from ⟶启动界面如下所示。

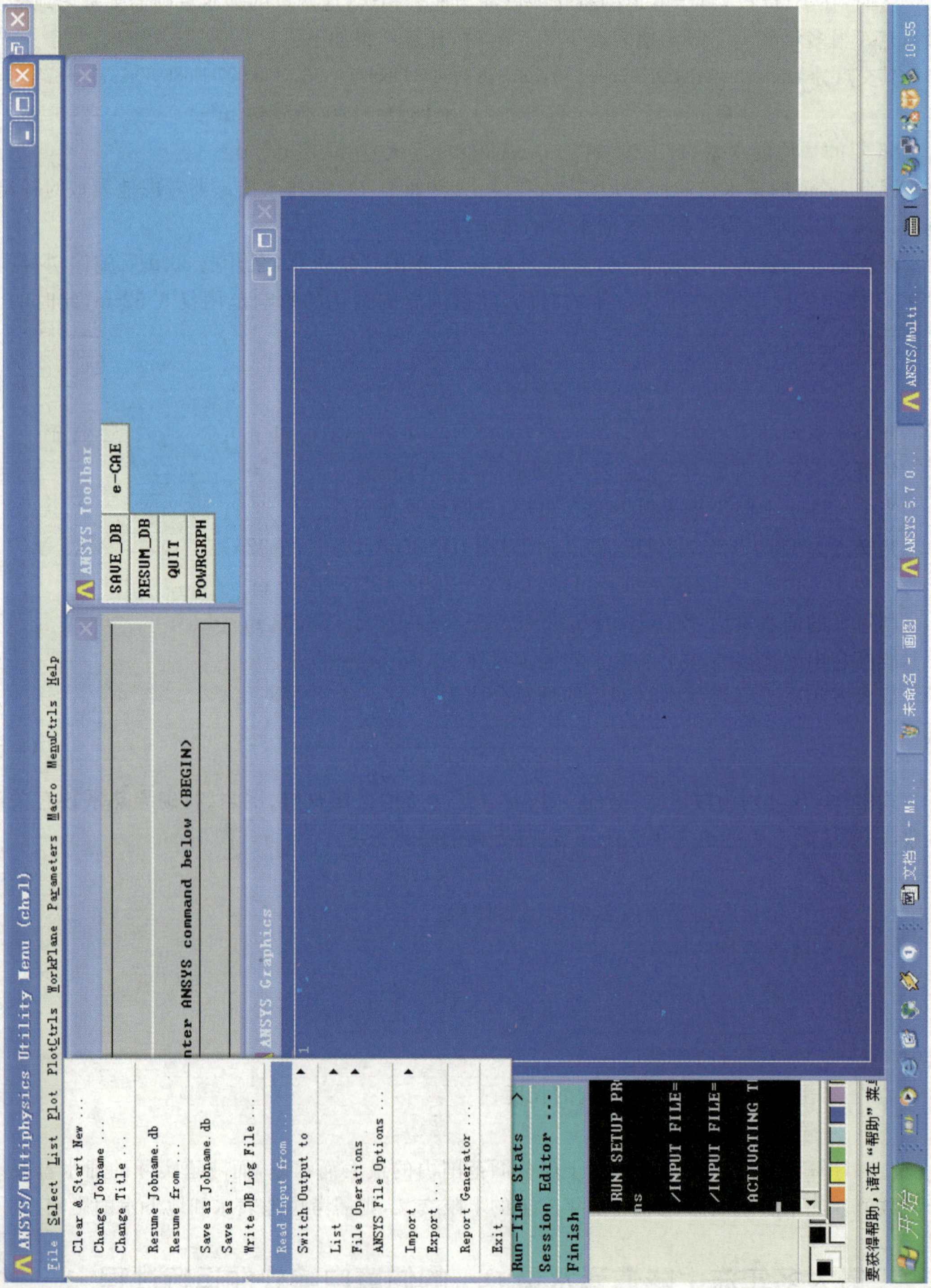

ANSYS/Multiphysics Utility Menu (chwl)
File Select List Plot PlotCtrls WorkPlane Parameters Macro MenuCtrls Help
Clear & Start New ...
Change Jobname ...
Change Title ...
Resume Jobname.db
Resume from ...
Save as Jobname.db
Save as ...
Write DB Log File ...
Read Input from ...
Switch Output to
List
File Operations
ANSYS File Options ...
Import
Export ...
Report Generator ...
Exit ...
ANSYS Toolbar
SAVE_DB
RESUM_DB
QUIT
POWRGRPH
e-CAE
nter ANSYS command below <BEGIN>
ANSYS Graphics
Run-Time Stats
Session Editor ...
Finish
RUN SETUP PR
/INPUT FILE=
/INPUT FILE=
ACTIVATING T
开始
文档 1 - Mi...
未命名 - 画图
ANSYS 5.7 0...
ANSYS/Multi...
10:55
要获得帮助，请在“帮助”菜

2. 之后出现如下界面,以输入命令文件。

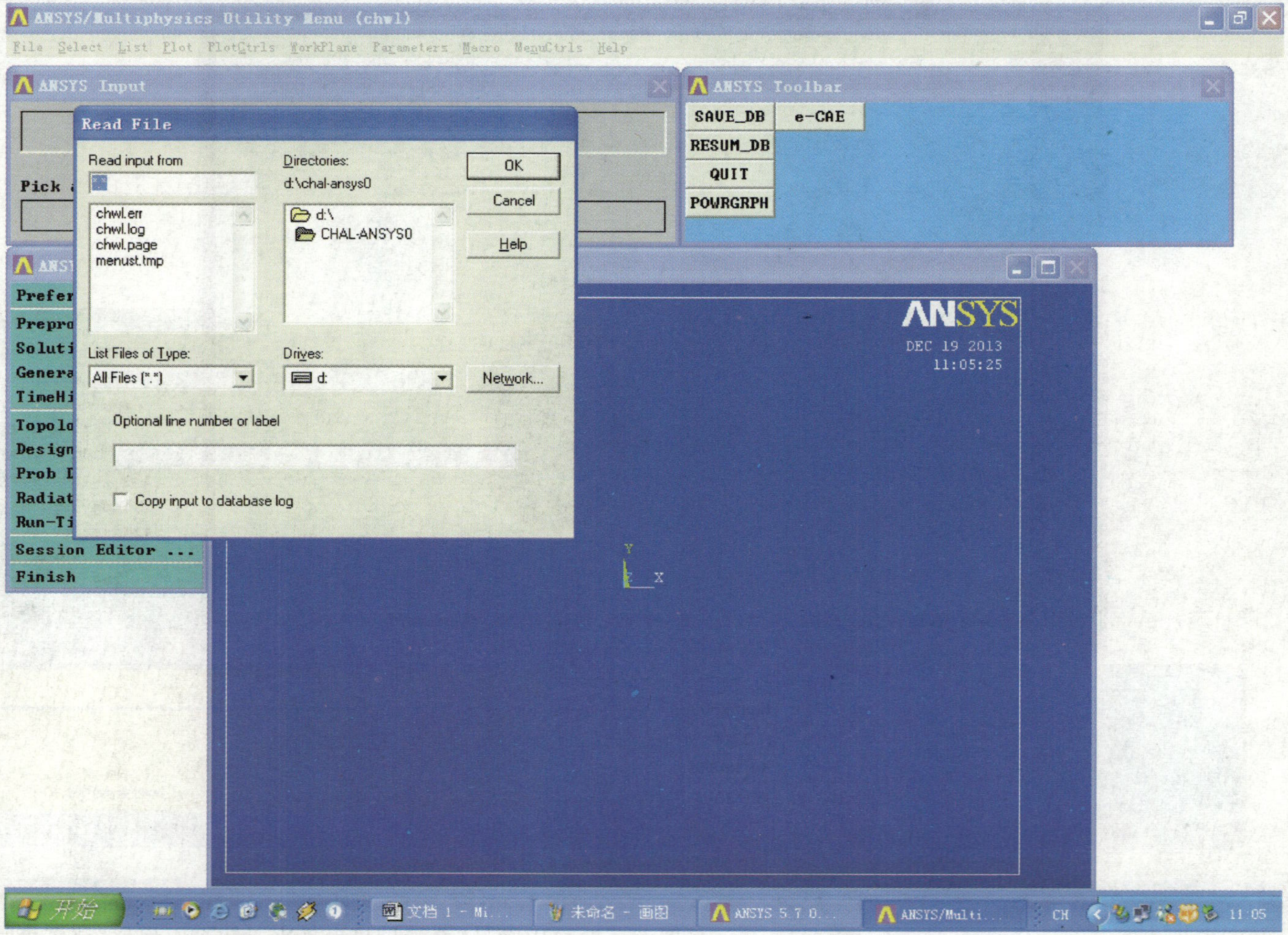

按以上界面的指示找到要输入的命令流文件(该文件即为所研究的自编软件一部分)。

3. 进行确定之后，对所出现的提示直接进行确定，直到出现如下界面。

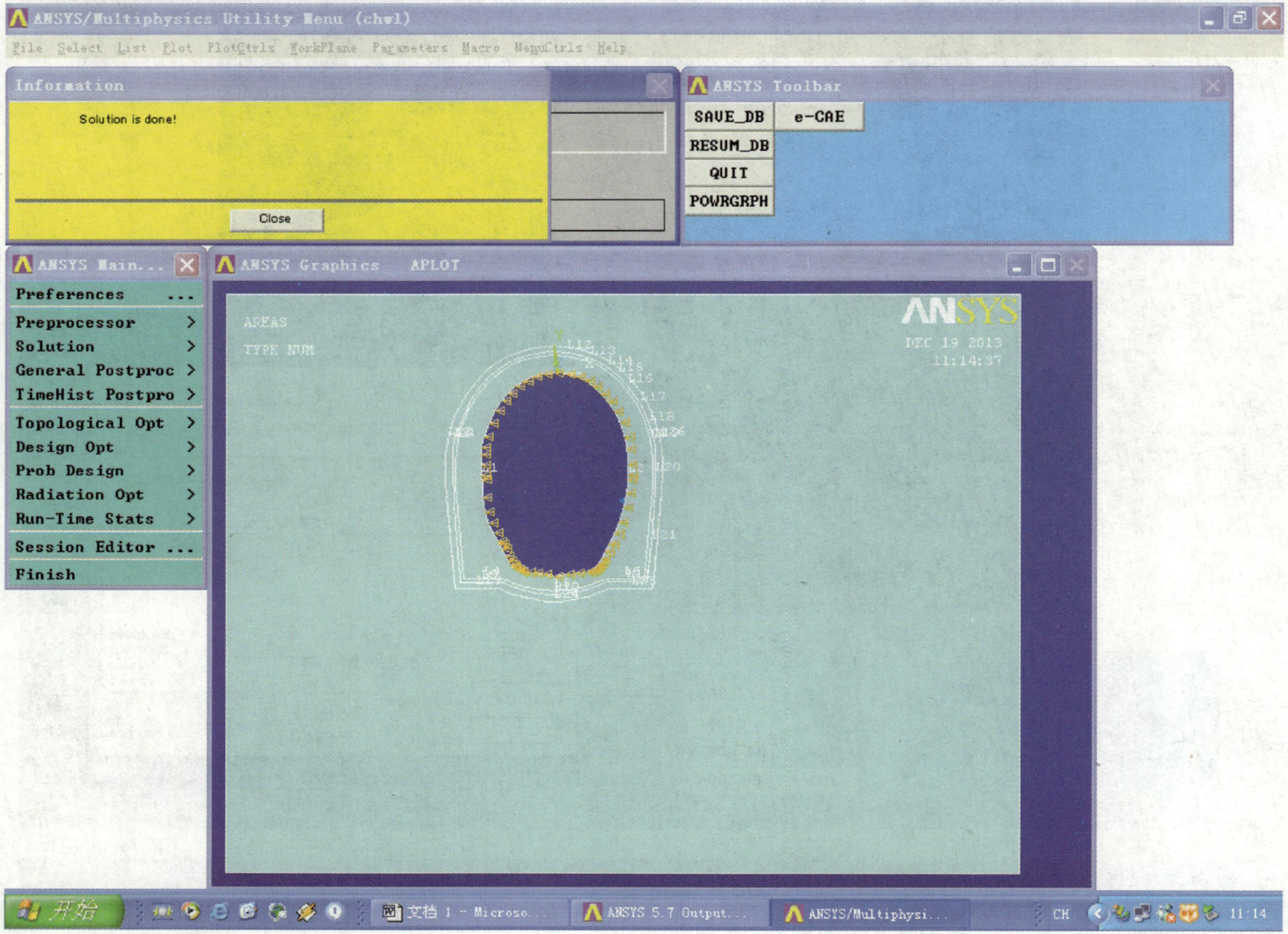

4. 按确定按钮，软件进行自己所需的后处理操作。
5. 进行后处理的云图操作，点击以下菜单：ANSYS Main ⟶General Postproc ⟶Read Results/Last Set。
6. 点击 General Postproc 下 Plot Results，其界面如下所示。

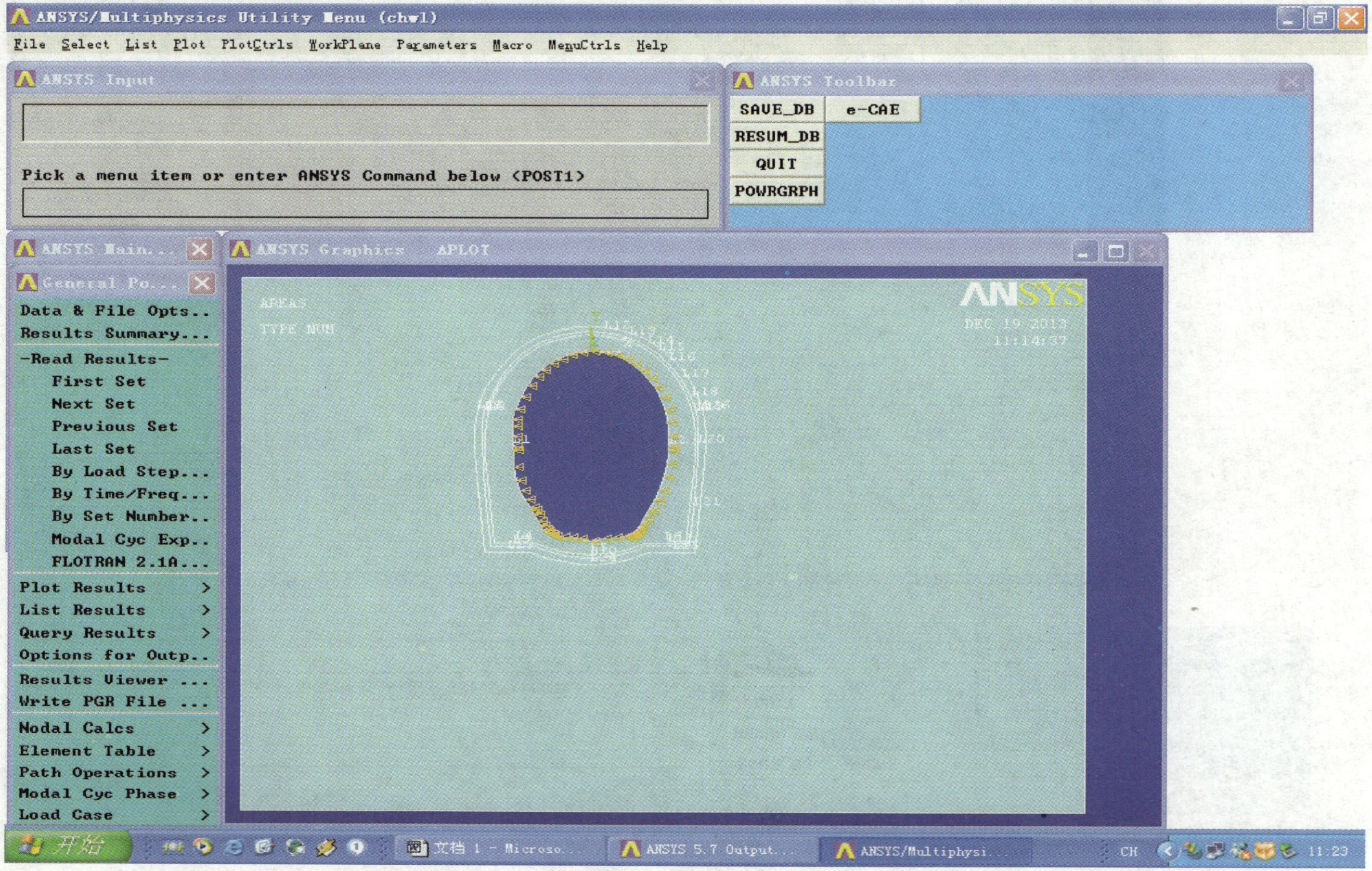

7. 出现下一界面，点击其中的 Contour Plot/Nodal Solu，操作如下。

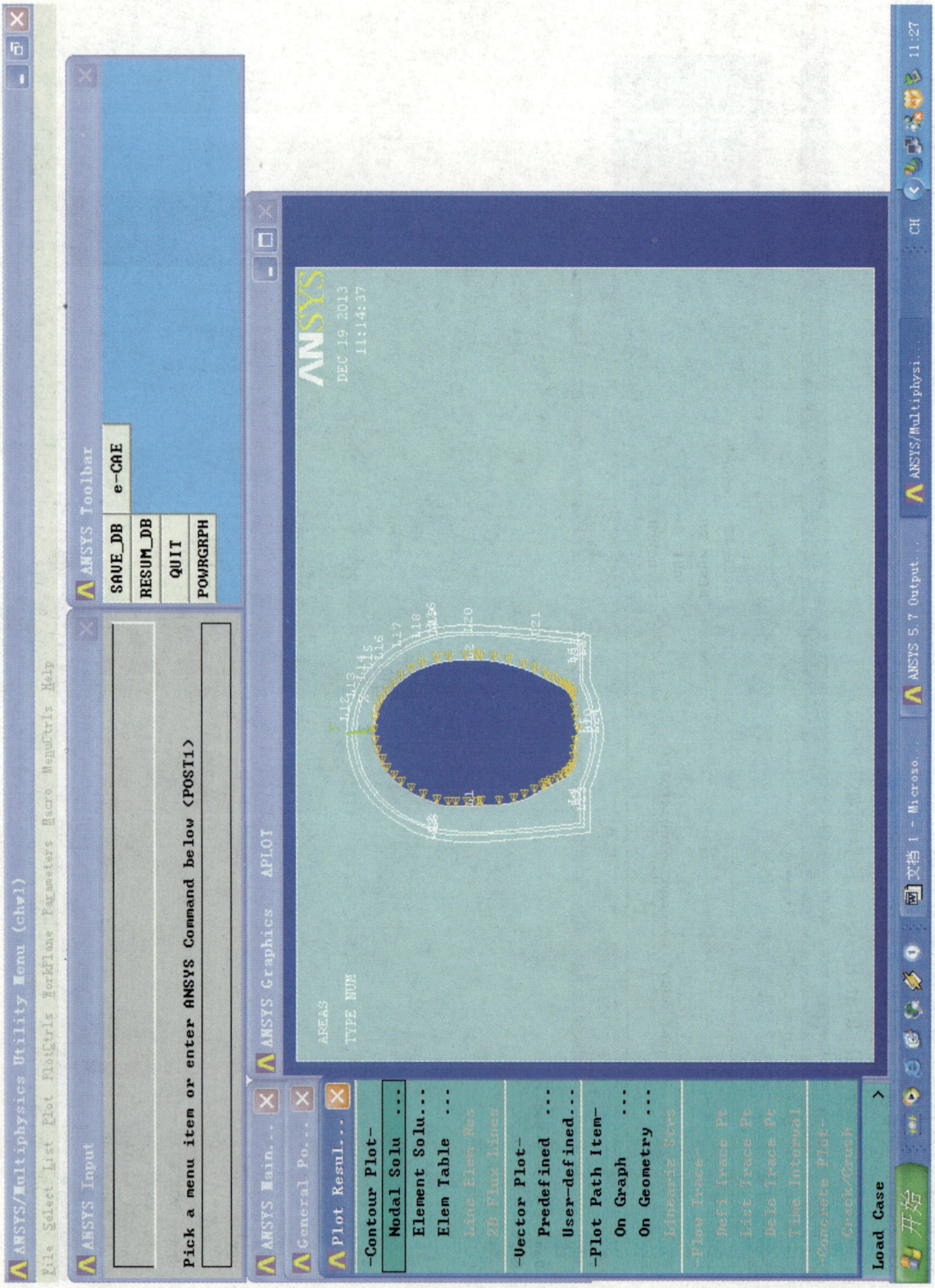

软件自动进行计算,然后出现以下界面。

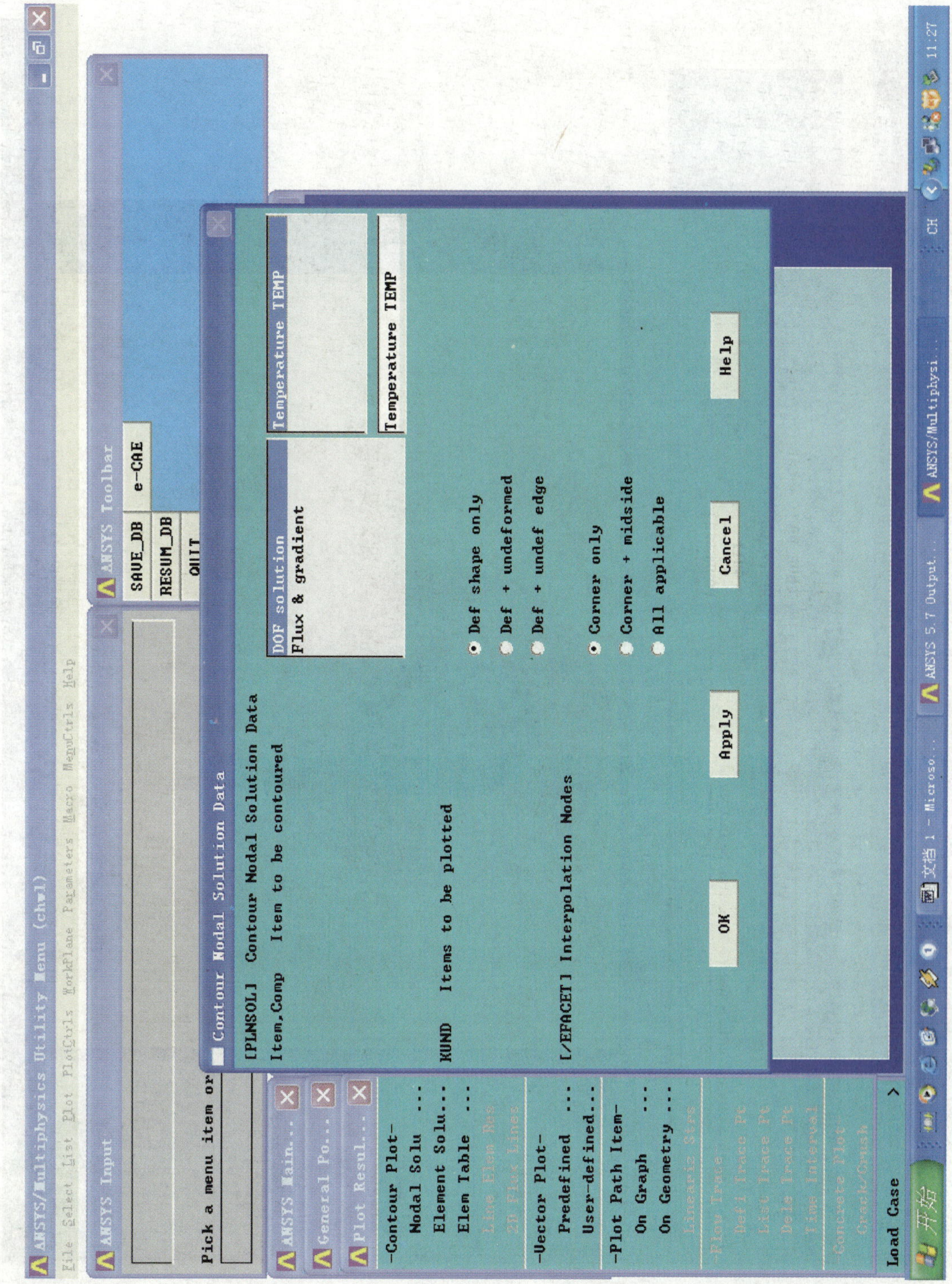
ANSYS/Multiphysics Utility Menu (chwl)
File Select List Plot PlotCtrls WorkPlane Parameters Macro MenuCtrls Help
ANSYS Input
Pick a menu item or
ANSYS Toolbar
SAVE_DB
RESUM_DB
QUIT
e-CAE
Contour Nodal Solution Data
[PLNSOL] Contour Nodal Solution Data
Item,Comp Item to be contoured
DOF solution
Flux & gradient
Temperature TEMP
Temperature TEMP
KUND Items to be plotted
Def shape only
Def + undeformed
Def + undef edge
[/EFACET] Interpolation Nodes
Corner only
Corner + midside
All applicable
OK
Apply
Cancel
Help
-Contour Plot-
Nodal Solu ...
Element Solu...
Elem Table ...
-Vector Plot-
Predefined ...
User-defined...
-Plot Path Item-
On Graph ...
On Geometry ...
Load Case
开始
ANSYS 5.7 Output...
ANSYS/Multiphysi...
11:27

计算完成后,按 OK 按钮即出现云图。

8. 将云图放缩至适当大小和位置。先按下图中的菜单路径 PlotCtrl ——→Pan，Zoom，Rotate，出现下图右边的路径操作条。按其中的方位、放缩键（右边框中有上下左右四个箭头及两个一大一小的圆点，箭头表示向哪个方位移图，大小点表放大缩小功能）调至适当大小位置，出现如下第二个图。

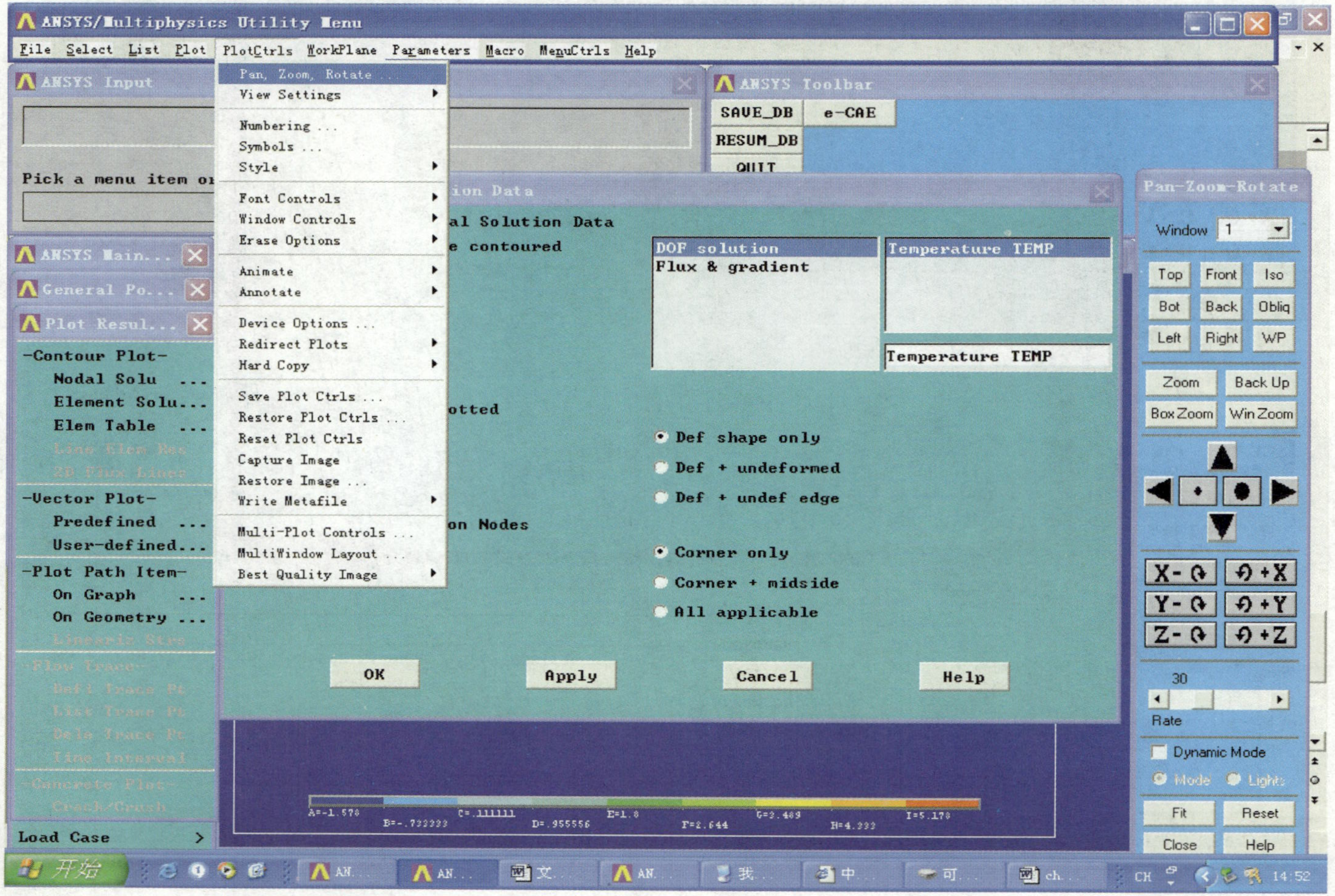

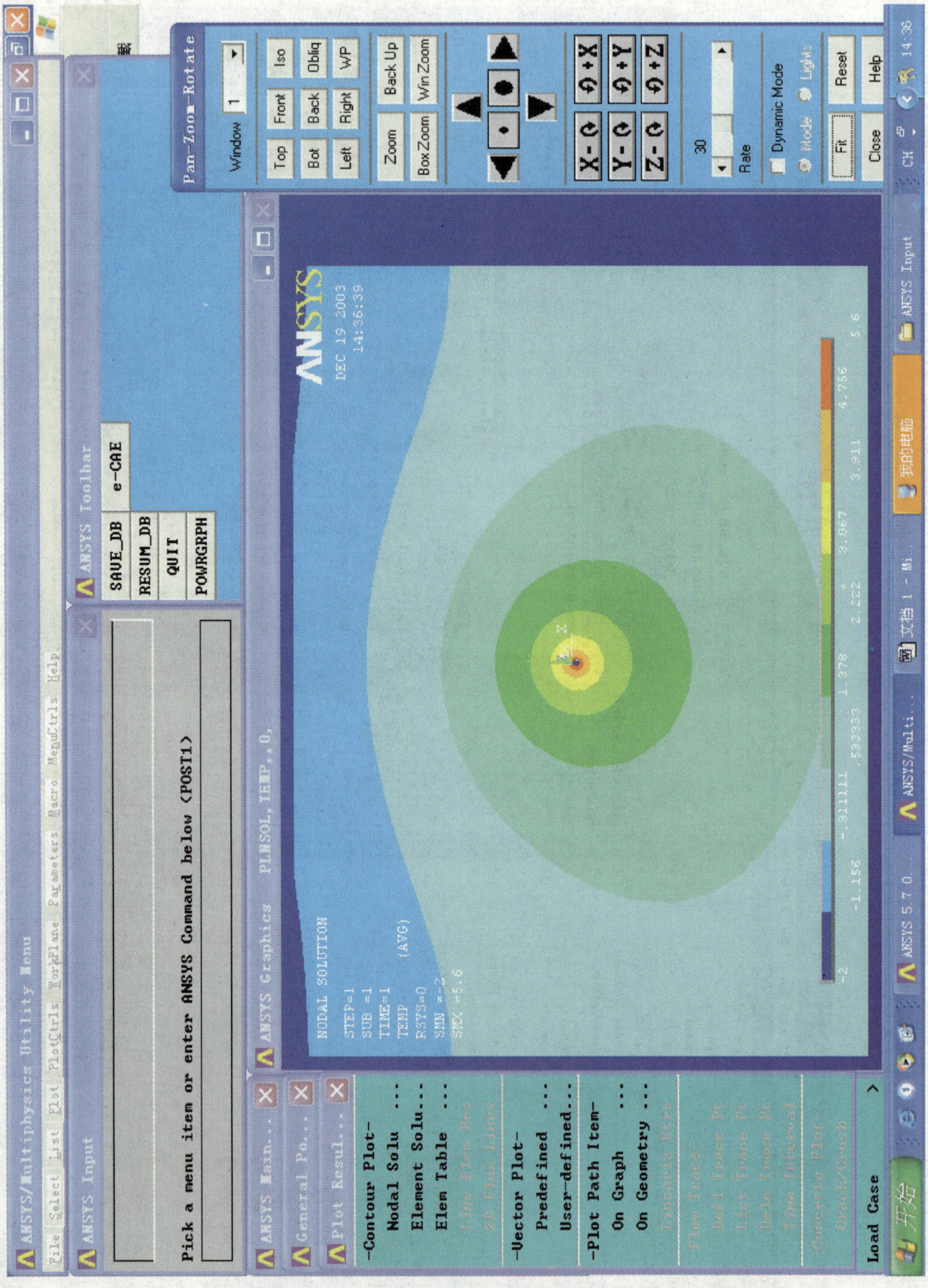
ANSYS/Multiphysics Utility Menu
File Select List Plot PlotCtrls WorkPlane Parameters Macro MenuCtrls Help
ANSYS Input
Pick a menu item or enter ANSYS Command below (POST1)
ANSYS Toolbar
SAVE_DB
RESUM_DB
QUIT
POWRGRPH
e-CAE
ANSYS Main...
General Po...
Plot Resul...
-Contour Plot-
Nodal Solu ...
Element Solu...
Elem Table ...
-Vector Plot-
Predefined ...
User-defined...
-Plot Path Item-
On Graph ...
On Geometry ...
Load Case
ANSYS Graphics PLNSOL, TEMP,, 0,
NODAL SOLUTION
STEP=1
SUB =1
TIME=1
TEMP (AVG)
RSYS=0
SMN =-2
SMX =5.6
ANSYS
DEC 19 2003
14:36:39
-2
-1.156
-.311111
.533333
1.378
2.222
3.067
3.911
4.756
5.6
Pan-Zoom-Rotate
Window
Top
Front
Iso
Bot
Back
Obliq
Left
Right
WP
Zoom
Back Up
Box Zoom
Win Zoom
Rate
Dynamic Mode
Fit
Reset
Close
Help
开始
我的电脑
14:36

9. 操作至出现等值线包络图。按下列菜单操作。首先 PlotCtrls→Device Options(如下图所示),出现下示第二个图界面。

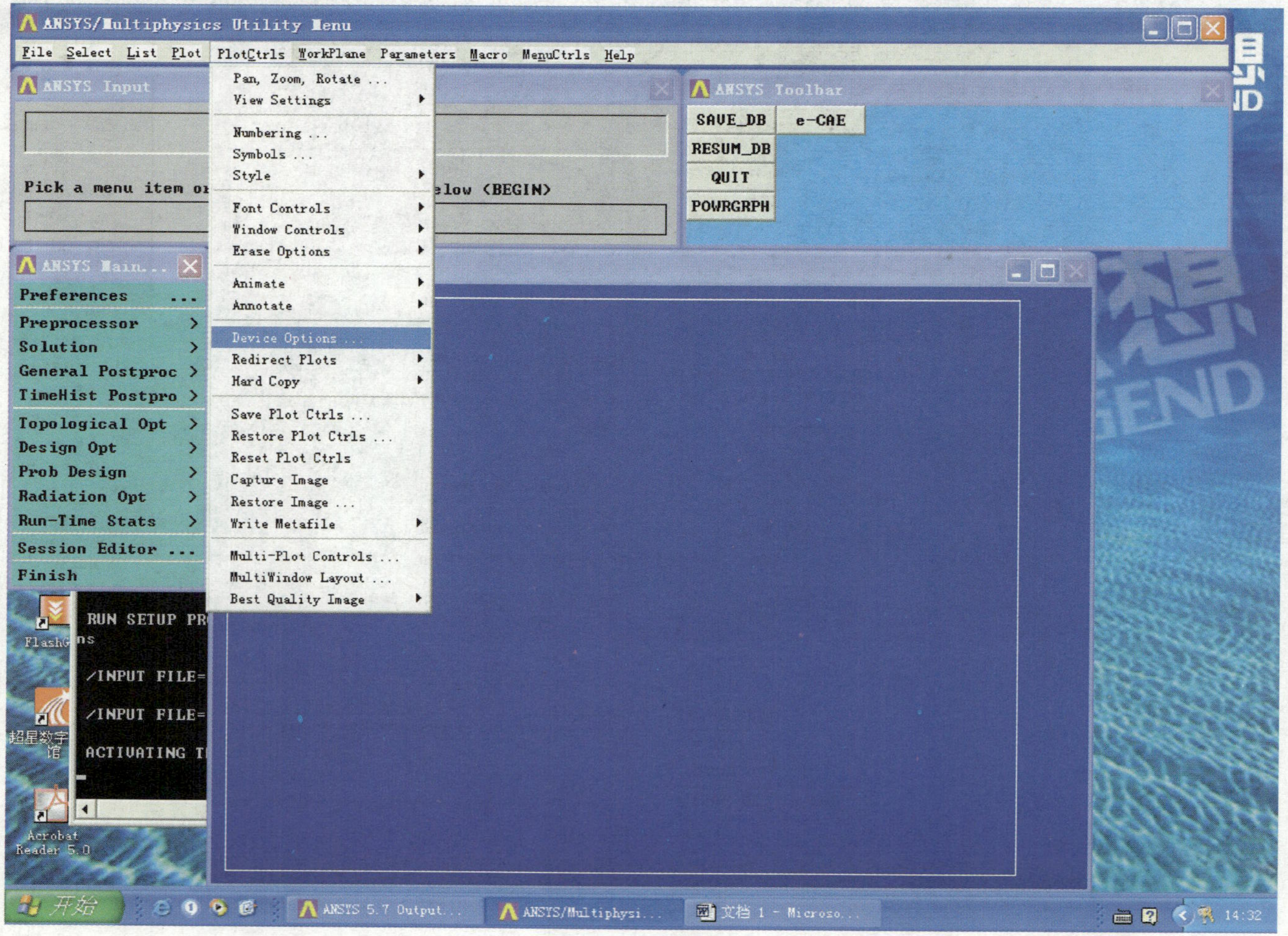

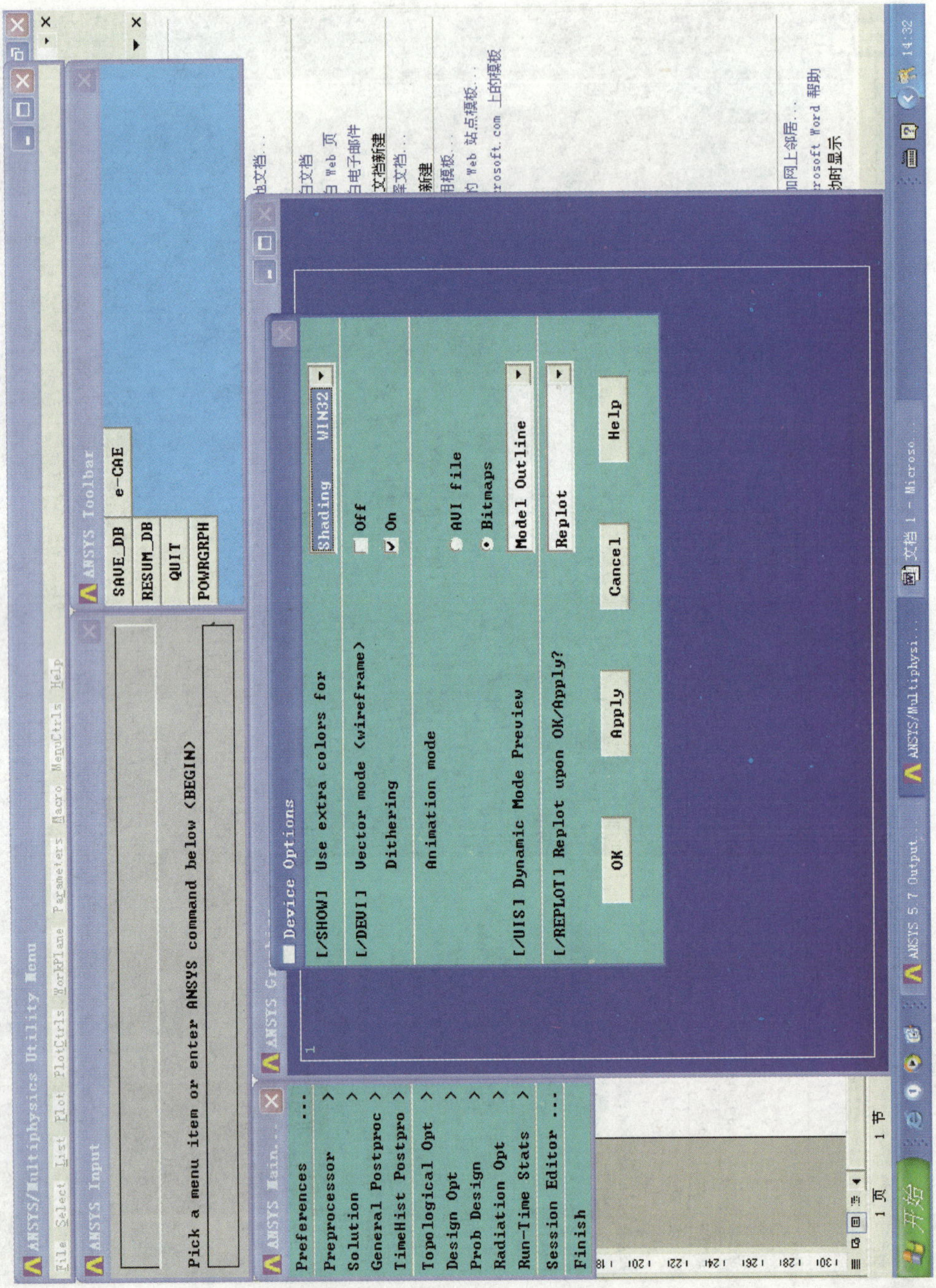
ANSYS/Multiphysics Utility Menu
File Select List Plot PlotCtrls WorkPlane Parameters Macro MenuCtrls Help
ANSYS Toolbar
SAVE_DB
RESUM_DB
QUIT
POWRGRPH
e-CAE
ANSYS Input
Pick a menu item or enter ANSYS command below (BEGIN)
ANSYS Main Menu
Preferences
Preprocessor
Solution
General Postproc
TimeHist Postpro
Topological Opt
Design Opt
Prob Design
Radiation Opt
Run-Time Stats
Session Editor
Finish
Device Options
[/SHOW] Use extra colors for
Shading WIN32
[/DEVI] Vector mode (wireframe)
Off
Dithering
On
Animation mode
AVI file
Bitmaps
[/UIS] Dynamic Mode Preview
Model Outline
[/REPLOT] Replot upon OK/Apply?
Replot
OK
Apply
Cancel
Help
ANSYS 5.7 Output
ANSYS/Multiphysi...
文档 1 - Microso...
14:32

将出现在对话框中的 Vector node 后可选框点选，然后按 OK，出现如下等值线包络图，其中线上的字母对应于下面彩色条中的值。

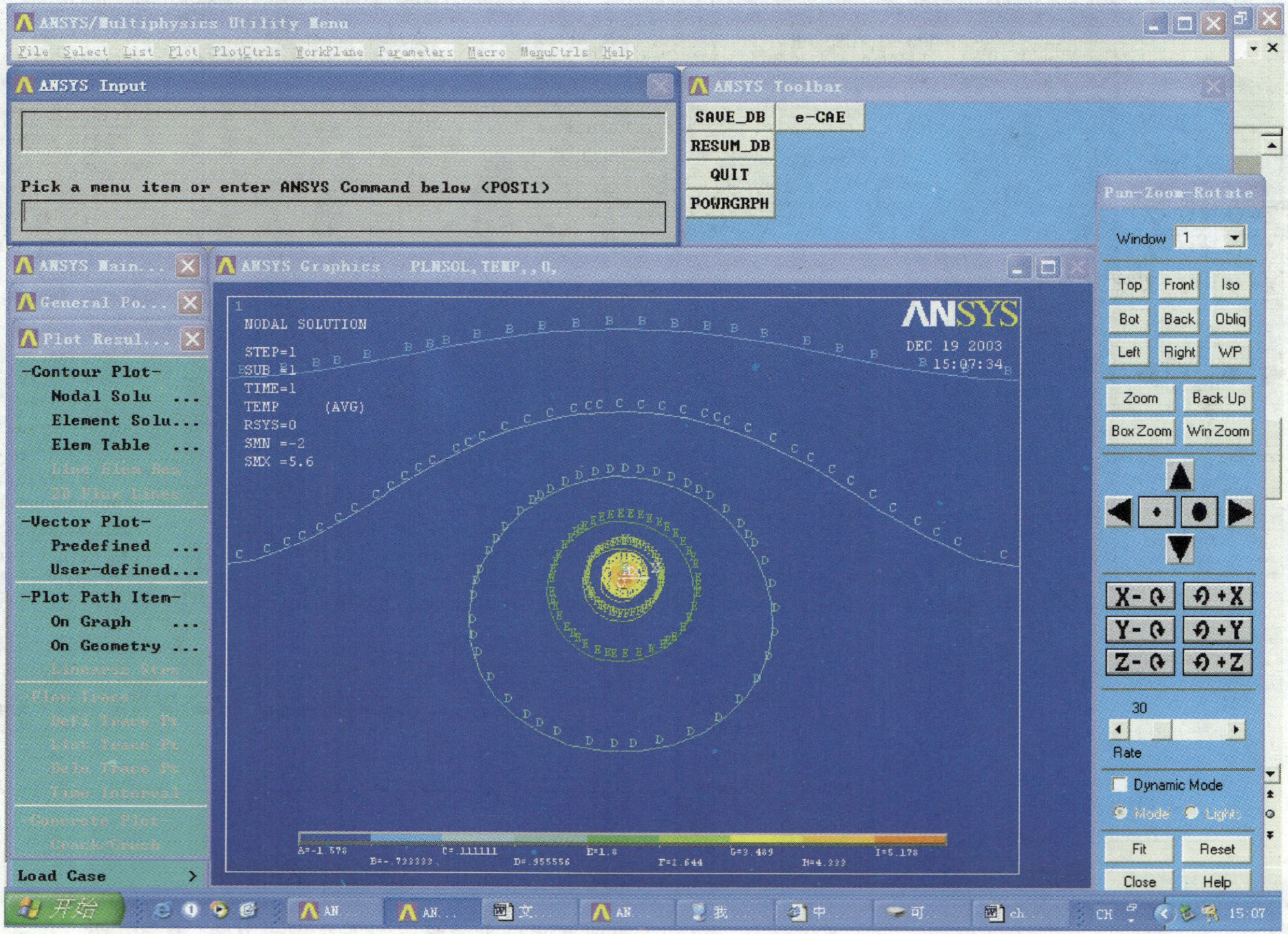

10. 对于各个点的具体值的显示，按以下操作进行。General Postproc→List Results→Nodal Solution，其操作界面如下图所示。最后

显示如下第三个图。按 OK 键,将在记事本文件出现各个点的对应值。

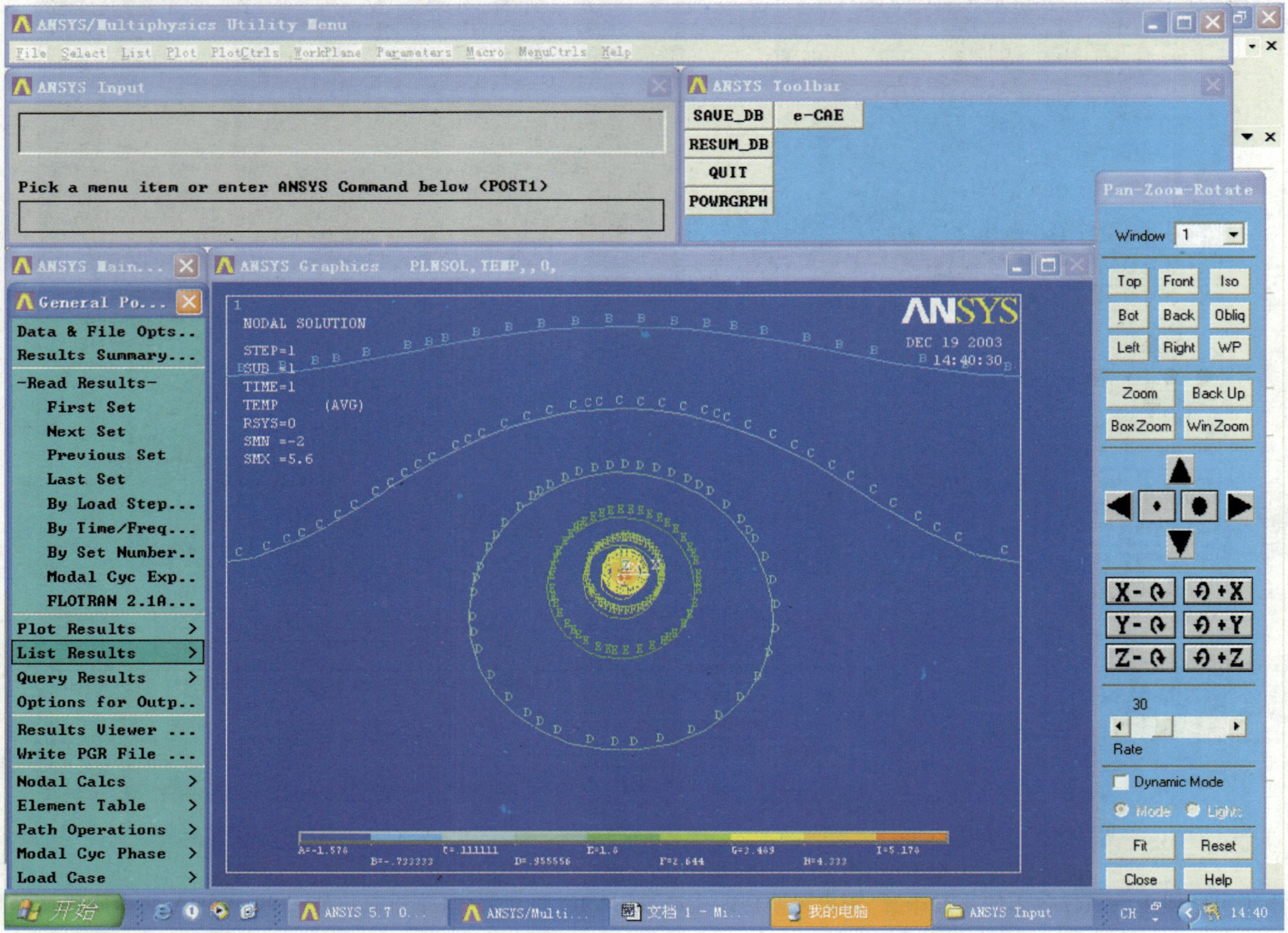

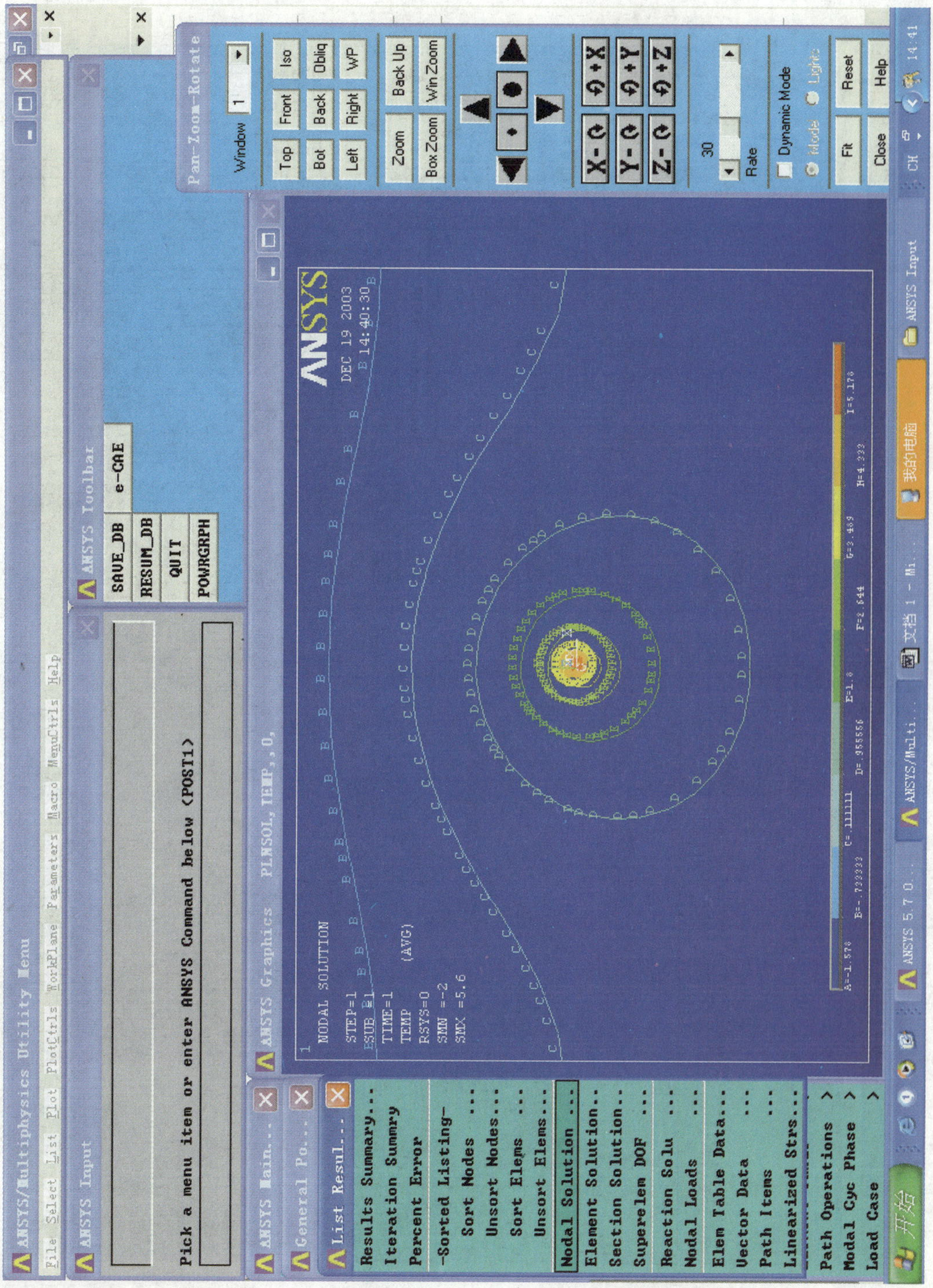
ANSYS/Multiphysics Utility Menu
File Select List Plot PlotCtrls WorkPlane Parameters Macro MenuCtrls Help
ANSYS Input
Pick a menu item or enter ANSYS Command below (POST1)
ANSYS Toolbar
SAVE_DB
RESUM_DB
QUIT
POWRGRPH
e-CAE
ANSYS Graphics PLNSOL, TEMP,, 0,
NODAL SOLUTION
STEP=1
SUB =1
TIME=1
TEMP (AVG)
RSYS=0
SMN =-2
SMX =5.6
ANSYS
DEC 19 2003
14:40:30
Pan-Zoom-Rotate
Window 1
Top Front Iso
Bot Back Obliq
Left Right WP
Zoom Back Up
Box Zoom Win Zoom
Rate
Dynamic Mode
Fit Reset
Close Help
List Results
Results Summary...
Iteration Summry
Percent Error
-Sorted Listing-
Sort Nodes
Unsort Nodes...
Sort Elems
Unsort Elems...
Nodal Solution ...
Element Solution...
Section Solution...
Superelem DOF
Reaction Solu
Nodal Loads
Elem Table Data...
Vector Data
Path Items
Linearized Strs...
Path Operations
Modal Cyc Phase
Load Case
开始
我的电脑
ANSYS Input

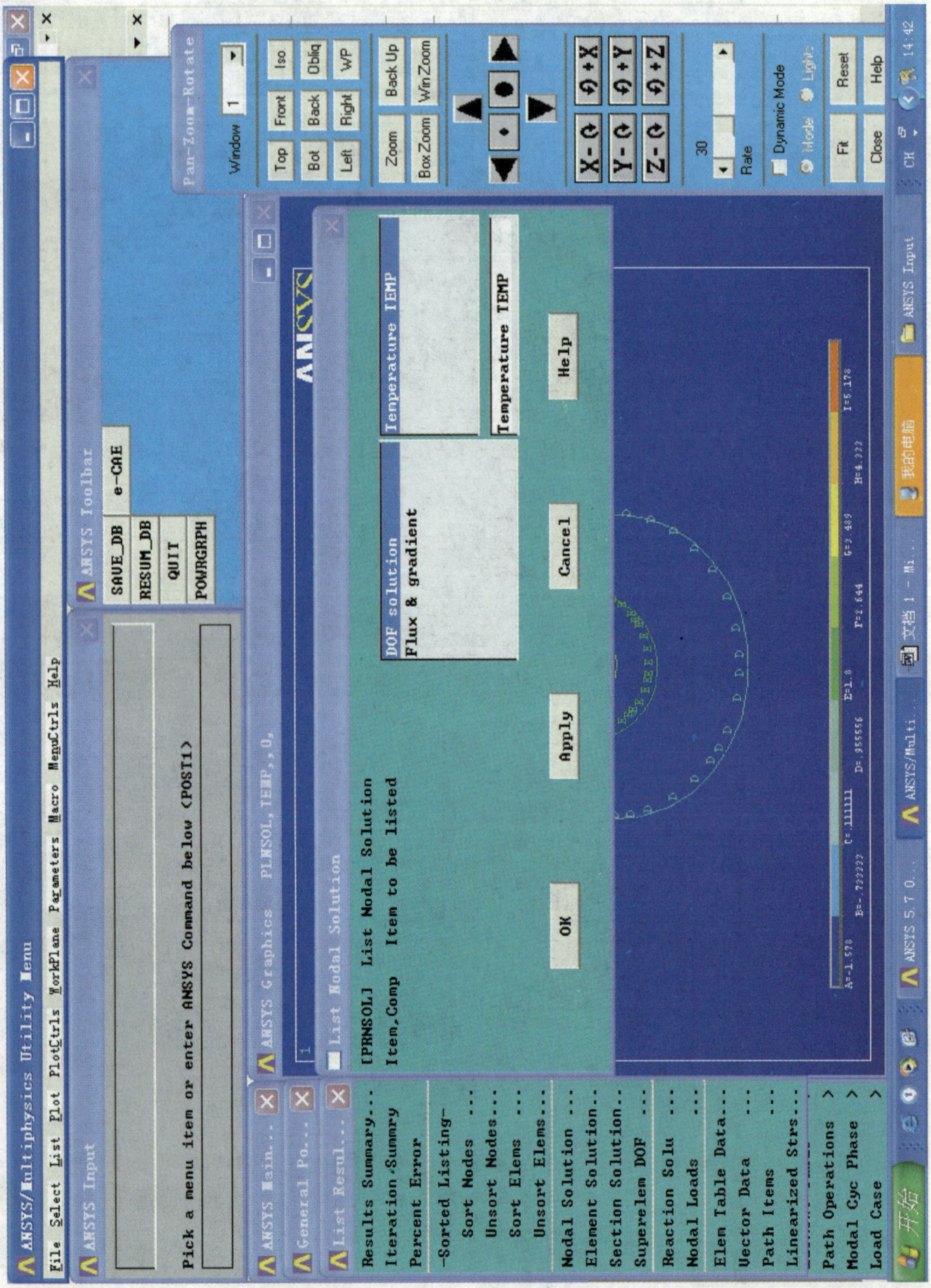
ANSYS/Multiphysics Utility Menu
File Select List Plot PlotCtrls WorkPlane Parameters Macro MenuCtrls Help
ANSYS Input
Pick a menu item or enter ANSYS Command below (POST1)
ANSYS Toolbar
SAVE_DB
RESUM_DB
QUIT
POWRGRPH
e-CAE
ANSYS Graphics PLNSOL,TEMP,,0,
List Nodal Solution
[PRNSOL] List Nodal Solution
Item,Comp Item to be listed
DOF solution
Flux & gradient
Temperature TEMP
Temperature TEMP
OK
Apply
Cancel
Help
Pan-Zoom-Rotate
Window
Top
Front
Iso
Bot
Back
Obliq
Left
Right
WP
Zoom
Back Up
Box Zoom
Win Zoom
Rate
Dynamic Mode
Model
Lights
Fit
Reset
Close
Help
Results Summary...
Iteration Summry
Percent Error
-Sorted Listing-
Sort Nodes
Unsort Nodes...
Sort Elems
Unsort Elems...
Nodal Solution
Element Solution...
Section Solution...
Superelem DOF
Reaction Solu
Nodal Loads
Elem Table Data...
Vector Data
Path Items
Linearized Strs...
Path Operations
Modal Cyc Phase
Load Case
开始
ANSYS/Multi...
文档 1 - Mi...
我的电脑
ANSYS Input

然后根据计算结果就可以估算出隧道最大涌水量。

本项目所研究的多年冻土地区隧道最大涌水量估算公式有一定的理论价值和工程实际意义,该式简单,计算方便,但仍需通过实践的检验,对隧道涌水量进行较长时间的观测,以验证公式的正确性。

9.8 昆仑山隧道渗漏水特征

根据昆仑山隧道流量监测资料不难看出,隧道渗漏水主要分布在位于 2 号冲沟下的 DK977＋550～DK977＋800 段、1 号冲沟下的 DK976＋780～DK796＋800 段和隧道进口段 DK976＋255～DK976＋310。隧道的进口位于一个山脊中间,洞口两侧各有一条冲沟(见图 9-34)。

图 9-34 昆仑山隧道进口地形特征

从隧道渗漏水位置与地形特征看,这三段都一个共同的特点,即在隧道的横纵断面上,渗漏水位置均位于沟谷底部附近,这说明昆仑山隧道渗漏水与地形的沟谷有关,即昆仑山隧道上方的沟谷是导致隧道渗漏水的原因。昆仑山隧道渗漏水位置分布与地形特征的对应关系如图 9-35 所示。

连通试验结果表明,昆仑山隧道浅埋段 2 号冲沟地表水与隧道内 DK977＋573 左侧避车

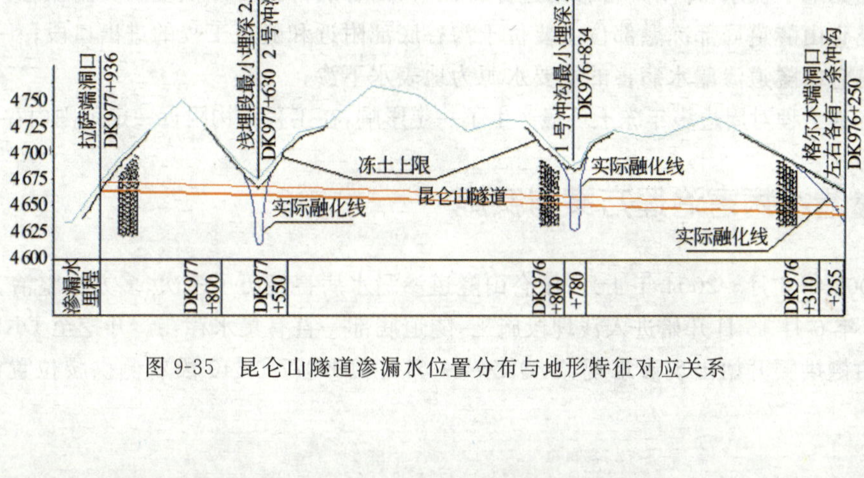

图 9-35 昆仑山隧道渗漏水位置分布与地形特征对应关系

洞的渗涌水是直接连通的，且地表水下渗路径比从地表观测点到 DK977＋573 左侧避车洞涌水点更长，地表水下渗速度至少为 840 m/d；1 号冲沟的地表水与 DK976＋793 左侧避车洞是连通的，地表水下渗速度大于 46 m/d。该试验证实了 1 号和 2 号冲沟的地表水是隧道渗漏水的主要水源，同时进一步证明了 1 号和 2 号冲沟形成隧道渗漏水的水流路径的存在。

2003 年 10～11 月深孔注浆观测资料表明，注浆孔中的水位曲线、孔温曲线和注浆量的变化都具有较好的吻合性，它们充分证明了：昆仑山隧道 2 号冲沟沟底地下水的渗流通道明显优于两侧山坡，阳坡的孔隙率高于阴坡，阳坡温度较高，阴坡温度较低，孔温的峰值特征基本相同；在 DK977＋620～＋625 之间具有较好的地下水通道；昆仑山隧道 2 号冲沟沟心纵断面位置附近存在至少一条未被冻结的地下水通道，且该通道的埋置深度可达 17～30 m；2 号冲沟地下与地表存在较为畅通的水流通道；昆仑山隧道浅埋段隧道中心线左右至少 7 m 范围内为融化区，融区深度在 17～30 m 或以上；在本次注浆止水范围的两端仍属正温区，即存在地下水。

2004 年 3～5 月地温测试资料表明，昆仑山隧道地区年平均地温值小于－1.5 ℃，地温的变化较气温变化明显滞后，地下 2 m 处滞后约半个月，地下 4 m 约 1～2 个月，地下 6 m 滞后则达 2～3 个月，而地下 10 m 以下地温受气温影响较小，即滞后期随深度的加深而延长，正是这两种温度变化不同步的存在导致了昆仑山隧道的局部冻胀。昆仑山隧道多年冻土上限一般为 2～4 m，其地层以少冰冻土和多冰冻土为主，多年冻土厚度大约 100～110 m；沿昆仑山隧道 2 号冲沟沟心纵断面方向有至少一条未被冻结的通道，隧道在此冲沟处穿过这个通道，昆仑山隧道实际上是位于多年冻土区且存在局部冻融的隧道；隧道施工对隧道周边多年冻土产生了一定影响，导致浅埋段隧道周边的多年冻土工程地质条件发生了较大变化，沿隧道纵断面方向在此处已经形成了较大融区。

2003 年 10～11 月的注浆孔水位及孔温观测资料和 2004 年 3～5 月的地温及水文观测资料充分证实了昆仑山隧道 2 号冲沟处地下水水流路径的存在及路径位置，且地表水与地下水有很好的连通通道，即在 2 号冲沟沟底附近沿纵断面方向存在至少一条未被冻结的通道，同时还证明了隧道工程对周边多年冻土环境具有一定的影响。

移动边界特征分析表明，昆仑山隧道之上沟谷（1 号、2 号和进口段左右冲沟）处的多年冻土（岩石地层）具有移动边界特征，经过一个暖季的流水作用，昆仑山隧道在 1 号和 2 号冲沟处的融化深度至少可达 36 m。综上所述，昆仑山隧道具有以下特征：

(1)位于多年冻土区的昆仑山隧道实际上是位于多年冻土区且存在局部冻融的隧道；

(2)昆仑山隧道之上的沟谷具有移动边界特征，在沟谷底部附近的融化深度至少可达 36 m，即位于沟谷底部沿其纵断面方向存在至少一条地下水流通道；

(3)在无地下流水，即不具备移动边界特征时，沟谷底部仍可以恢复到负温状态；

(4)昆仑山隧道局部冻融部位主要位于沟谷底部附近和隧道工程的进出口段；

(5)昆仑山隧道渗漏水病害的主要水源为地表水下渗；

(6)隧道工程对周边多年冻土环境产生了一定影响，在工程结构附近一定范围内存在融区。

9.9 渗漏水病害治理方案与实施

从 2002 年 6 月～2004 年 4 月，昆仑山隧道渗漏水病害经历了多次、多方案整治。

2002 年 6 月 15 日开始进入浅埋段施工，隧道底部一直有集水存在。开挖至 DK977＋610 时，隧道右侧拱腰开始出现渗水现象，DK977＋614～DK977＋640 段右侧拱腰位置出现大面积涌漏水，右侧起拱线呈涌水及面状流水。2002 年 7 月 18 日开挖至 DK977＋629.5～DK977＋631 时(至＋629.5 前一衬拱部已施工)发生冒顶，冒顶直径约 2.0～3.0 m，此处隧道埋深 2.0 m，DK977＋630 正好位于 2 号冲沟沟心，地表水由坍孔流入隧道。为了减少地表水进入隧道，在隧道中心线上游约 16 m 处修筑截水坝，用水管将水引过隧道，浅埋段开挖于 9 月 4 日通过，本段一次衬砌施工于 2002 年 11 月 16 日结束，施工结束时 DK977＋614～DK977＋640 段仍渗漏水不断。2002 年 11 月 8 日开始注浆止水施工，采用 R32N 自进式锚杆全断面注浆堵水，拱墙部分锚杆长 3.5 m，间距 1.0 m×1.0 m 呈梅花形布置，仰拱部分锚杆长 4 m，间距 0.8 m×0.8 m 呈梅花形布置。注浆分两次进行，第一次注水泥浆液，第二次注 GRM 水泥基浆液，GRM 水泥基浆液在水泥浆液初凝后进行，2002 年 11 月 30 日完成洞内注浆止水工作。注浆后止水情况良好，整个浅埋段隧道一次衬砌表面干燥无水，拱墙无潮湿现象，然后开始施做防水板及隔热保温层，并于 2002 年 12 月底完成二次衬砌。

2003 年 5 月 22 日～2003 年 8 月，自 DK977＋620 施工缝拱腰处首次发生突然涌水后，浅埋段的施工缝和避车洞多处相继发生不同程度的渗漏水。经参建各方协商，形成以下初步处理方案：①继续按原设计施做 2 号冲沟地表铺砌(渗漏水时沟床上游地表铺砌有 22 m 尚未完成)，并加深、加宽上游垂裙，以防止地表水在上游铺砌末端下渗；②在线路上游侧(距隧道右边墙约 3 m)地表进行深孔注浆，形成一道止水墙，以防止地下水大量涌入隧道。初步处理措施完成后，DK977＋620、＋638 拱腰施工缝的涌水逐渐减小、消失，除个别施工缝和避车洞有小的渗水外，未发现大的出水点，但随着气温的变暖，洞内施工缝渗漏水的范围又逐渐扩大。

2003 年 9 月 13～15 日，有关部门主持召开了国内专家昆仑山隧道渗漏水缺陷专题研讨会，与会专家从恢复冻土的角度出发，提出了 2 号冲沟地表注浆及沟床填筑碎石抬高冻土上限等措施。沿隧道纵向在浅埋段 DK977＋610～DK977＋655 长 45 m 范围内，于线路中线两侧各 6 m 以外进行深孔注浆，形成注浆堵水帷幕墙，2003 年 11 月 5 日完成深孔帷幕注浆。在地表注浆实施的过程中，洞内出水点逐渐减少，在 11 月 6 日的洞内调查时，仅发现 DK977＋573 处避车洞集中出水，水量约 30 m^3/d，其余段落均未发现出水点。但进入寒季后的 2003 年 12 月 28 日现场调查时发现，DK977＋280～＋420 段及 DK977＋683 前后道床积冰比较严重(2003 年 12 月 23 日，洞内出水点基本冻死)。2004 年 1 月 5 日～11 日，2 号横洞内靠近正洞处发现渗漏水，并形成积冰，可能与 2 号横洞内人为活动及发电机散热等因素有关。上游沟床未发现地表水，在已施工的端头墙(上 0＋70 m)前后有大量的积冰。

2004 年 5 月 11～14 日，有关部门再度主持召开了国内专家昆仑山隧道渗漏水问题专题研讨会，形成了昆仑山隧道渗漏水治理遵循“彻底治理、保护冻土、不留后患，地表截、排、降结合，洞内堵、排结合，综合治理”的原则，主要措施如下。

1. 于 2 号冲沟隧道上游设降水井，以截断地下水的下渗途径，并降低沟床水位；拆除 2 号冲沟上游 70 m 处端头墙露出地面的部分，以便上下游沟床顺接及地表水排泄通畅。2004 年 10 月前完成施工。

2. 洞内水沟采暖措施。考虑到寒季洞内水沟排水不畅导致道床积冰，在洞内水沟设加热电缆进行沿程加热，确保寒季水沟不冻结、道床不积冰，洞内排水顺畅。截至 2005 年 3 月，本方案尚未实施。

3. 洞内压浆以增强衬砌结构自身的防水能力。考虑到一、二次衬砌在拱部局部范围可能存在一定的空隙，为填充空隙、堵塞地下水沿两层衬砌间迁移的可能通道，在二次衬砌拱部打孔进行一、二次衬砌间的回填压浆。2004 年 10 月完成施工。

4. 洞内薄弱环节堵漏、修补措施。洞内薄弱环节主要为渗漏水地段的环向施工缝、墙脚部位纵向施工缝及洞内集中出水点。对渗漏水地段的环向、纵向施工缝采取凿槽注浆的措施,对集中出水点采取衬砌凿除、注浆、恢复防排水系统及衬砌等处理措施,以消除洞内渗漏水的薄弱环节,恢复隧道结构防排水功能。2004 年 10 月完成施工。

详细的设计方案见附件 A。

9.10 渗漏水治理效果初步评估

截止 2004 年 10 月底,2 号冲沟隧道上游的降水井截断了主要地下水的下渗途径,并降低了沟床水位,极大地改善了昆仑山隧道洞身周边水文环境,隧道内渗漏水点明显减少,渗漏水量急剧下降。洞内回填压浆和洞身薄弱环节补强后,隧道正洞及避车洞内渗漏现象基本消失,隧道侧沟和进口端左、右两侧集水井内无积水,直观的治水效果较好,但是,多年冻土工程措施效果尚需要若干年验证。

附件 A

昆仑山隧道渗漏水治理方案

A1　2 号冲沟地表处理

A1.1　拆除 2 号冲沟上游 70 m 处端头墙露出地面的部分，以便上下游沟床顺接及地表水排泄通畅

A1.2　实现上游沟床与已施做的地表铺砌顺接，对端头墙上游沟床进行换填黏土处理

A2　2 号冲沟沟床降水

A2.1　降水竖井设计

为降低、疏干 2 号冲沟隧道两侧沟床融化范围的地下水，在 DK977＋630 线路左右侧15 m 的沟床各设一座降水竖井，上游井底位置沿隧道纵向前后各设 10 m 的泄水洞，泄水洞内净空为 2.4 m×2.6 m(宽×高)的拱形断面。

1. 降水竖井位置

DK977＋630 左、右侧 15 m 处 2 号冲沟沟床井口露出地表不小于 1.0 m，上游竖井底距隧道轨面的垂直距离为 7.15 m，下游竖井底距隧道轨面的垂直距离为 8.65 m。

2. 降水竖井断面

降水竖井断面是内直径为 4 m 的圆形。上游竖井：沿隧道方向两侧各设 D80 水平集水管 8 根(长 20 m，竖向间距 2 m)，垂直于隧道、向沟床上游设 D80 水平集水管 3 根(长 20 m，竖向间距 5 m)。下游竖井：沿隧道方向两侧各设 D80 水平集水管 8 根(长 20 m，竖向间距 2 m)。竖井周边埋设花管预留泄水孔。

3. 支护衬砌

竖井开挖采用喷、锚、网及钢架联合支护，喷混凝土厚度为 15 cm，锚杆长度为 2.5 m，间距 1.0 m×1.0 m 呈梅花形布置；衬砌采用 C30 钢筋混凝土衬砌，厚度为 50 cm。

4. 降水竖井排水

降水竖井内设潜污泵 2 台(一用一备)。潜污泵定期扬水排出，以防止排出口产生冻结。降水竖井、扬水管路及排出口均设保温及加热设施。

A3　洞内水沟采暖

A3.1　水沟保温设计

对两侧排水沟进行保温处理，具体保温措施如附图 A.1 所示。水沟沟壁及沟底由外向内设 1 cm 沥青涂层、2 cm 聚氨酯(或聚苯乙烯)保温板、1 cm 沥青涂层。最外层设沥青涂层的目的在于保证保温材料与隧道排水沟壁之间不留透水空隙并对排水沟找平。内层设沥青涂层的目的在于保证保温材料的保温效果。

A3.2　水沟采暖设计

为实现寒季保温水沟内不冻结、洞内排水顺畅的目的，关键在于保温水沟内的局部温度能

够保持在原水的相变临界温度之上。本次设计采取的措施为对洞内水沟进行沿程加热，加热设施选用可置于水中的加热电缆。

经过初步计算，对排水沟沟底及沟壁进行保温后，当洞外环境温度达到极限的－27.7 ℃时，保持水沟内温度平衡的发热量为 70 W/m，因此本次设计选用最大发热量为 70 W/m 的加热电缆，并将其铺设于保温水沟内底、靠近隧道外壁的一侧。

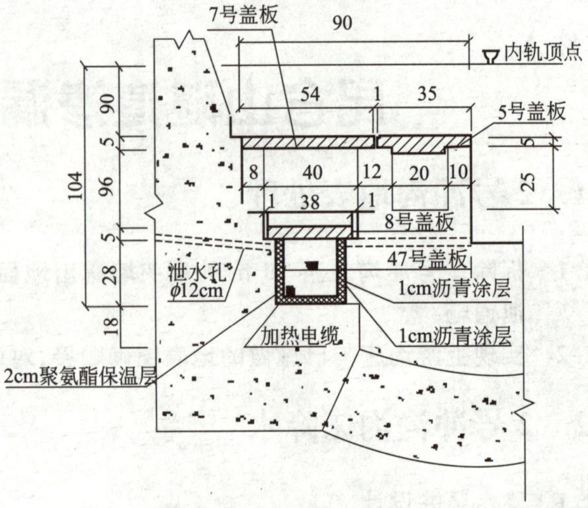

附图 A.1 水沟及电缆槽 单位：cm

A3.3 加热设施的节能措施

由于水沟采暖设计中的加热量计算为极端不利情况下的热损失，因此正常的寒季运营过程中要求的发热量均小于 70 W/m。本次设计通过对加热电缆的供电电压进行调节来减少电缆的发热量。

沿隧道洞口向内不同的深度要求的电缆发热功率及加热时间均有所不同，因而选用相同的加热时间及加热功率非常不经济。本次设计根据洞内温度的变化规律，沿隧道方向将加热电缆初步分成 14 段，各段电缆的加热时间、加热功率均根据现场情况进行自动调配。为实现自动加热的目的，本次设计选用自动控制设备 2 套、自动测温元器件 56 组。

A3.4 出水口保温及排水设计

隧道洞口处设保温集水井一座，集水井、排出口均设保温及加热设施。

A4 洞内回填压浆

A4.1 压浆范围

主要为 2003 年 8 月现场调查的渗漏水地段，分别为：进口段 DK976＋250～＋380、1 号冲沟段 DK976＋743～＋843 及 2 号冲沟段 DK977＋500～＋800。

A4.2 压浆部位

一、二次衬砌间的空隙。

A4.3 压浆目的

由于二次衬砌施工时拱部难以回填密实，拱部一定范围存在薄月牙形空隙，形成衬砌背后积水和迁移的通道，因此通过回填压浆填充空隙，来防止水流沿两层衬砌间的空隙迁移。

A4.4 压浆参数

1. 压浆材料：水泥砂浆加 HEA 抗裂膨胀剂；
2. 压浆终压：0.3MPa；

3. 压浆管布置：拱顶部位沿隧道纵向布置一排，间距为 3 m，注浆管长度 80 cm；

4. 压浆孔深度：穿透二次衬砌拱顶，不破坏衬砌背后的防水板及隔热层；

5. 浆液初凝时间：20～30min；

6. 浆液浓度(W/C)：0.6∶1～0.8∶1。

A4.5 压浆工艺

1. 压浆前先进行压浆试验，根据试验结果调整压浆参数，并完成实施性压浆设计。

2. 为避免压浆打孔时破坏二次衬砌背后的防水板及隔热保温层，建议采用小型冲击钻，并严格控制钻孔深度。

3. 回填压浆时，对渗漏水量较大地段，宜在一、二次衬砌间采用定量重复压浆法分段回填并压浆密实。

4. 回填压浆采用隔孔压浆的顺序。

5. 当压浆过程中发生衬砌变形、堵塞排水系统、串浆等异常情况时，应立即停止压浆，并研究处理措施。

A5 洞内薄弱环节堵漏、修补措施

根据现场调查情况，渗漏水段落部分施工缝处于不同程度的张开状态，导致施工缝防水失效；墙脚水平施工缝有不同程度的渗水、潮湿现象，集中出水点衬砌已出现表层酥碎、强度降低等病害。为恢复以上薄弱环节处结构的防水功能，分别对渗漏水地段的环向施工缝、全隧道的纵向水平施工缝及集中出水点进行堵漏、修补处理。

A5.1 环向施工缝处理

1. 处理段落

环向施工缝的处理段落主要为 2003 年 8 月份现场调查的渗漏水地段，分别为：进口段 DK976＋250～＋380、1 号冲沟段 DK976＋743～＋843 及 2 号冲沟段 DK977＋500～＋800。施工中应根据现场施工缝的调查进行局部调整。

2. 处理措施

对渗漏水的施工缝及张开宽度超过 4 mm 的施工缝，沿隧道环向进行全环注浆处理。拱墙没有渗漏水痕迹的施工缝，仅在墙脚至墙脚上 2 m 的范围内进行注浆处理，其余部位采用堵漏防水剂弥合处理。

3. 注浆参数

(1)注浆材料：水溶性聚氨酯；

(2)固定注浆管材料：R-1 型堵漏防水剂；

(3)注浆终压：0.3 MPa；

(4)注浆管长度：20 cm；

(5)注浆孔间距：100 cm；

(6)浆液凝结时间：20～30 min；

(7)凿槽尺寸：5 cm×5 cm×5 cm(长×宽×深)；

(8)凿槽范围：渗漏水施工缝为环向拱墙，其他施工缝为墙脚 2 m 范围。

4. 注浆工艺

(1)凿槽后一米一孔，槽体要求为U形，宽深均为5 cm；未凿槽的施工缝采用R-2型堵漏防水剂封堵。

(2)埋设浆管，首先将槽体清理干净，不能有脏物及碎渣，注浆管直径为10 mm，用R-1性材料固结注浆管，封管材料配比为1∶0.25(重量比)。

(3)封管时要注意R-1型料浆与槽体边缘充分接触，用铁抹子或手压实为宜，料浆表层用抹子抹平，并注浆后用清水养护，在低温环境下可不用养护。

(4)注浆泵可采用TJ-1型手动注浆泵。注浆泵应具有很好的密封性、耐用性，采用人工加力时流量、压力易于控制，对各种施工条件具有适应性强、操作简单、使用灵活、拆装自如、便于携带等特点。灌注浆料较大时，可采用机械注浆机。

(5)通过注浆泵由管线送浆液至注浆管进行注浆，注浆压力不大于0.3 MPa，速度可根据材料凝结时间灵活掌握。

(6)注浆完成后，剔除注浆管，并用R-1型材料补孔。

(7)在所处理过的部位涂刮R-1型材料和R-2型胶(比例1∶1)，厚度为2 mm。

A5.2 纵向施工缝处理

1. 处理段落

DK976+250～DK977+936沿隧道全长墙脚部位的纵向施工缝。

2. 处理措施

沿隧道纵向墙脚部位施工缝水平凿槽，埋设注浆管后沿纵向施工缝注浆，填充新旧混凝土接茬部位的孔隙。

3. 注浆参数

(1)注浆材料：水溶性聚氨酯；

(2)固定注浆管及抹面封口材料：R-1、R-2型堵漏防水剂；

(3)注浆终压：0.3 MPa；

(4)注浆管长度：20 cm；

(5)注浆孔间距：100 cm；

(6)浆液凝结时间：20～30 min；

(7)凿槽尺寸：5 cm×5 cm×5 cm(长×宽×深)；

(8)凿槽范围：隧道纵向墙脚部位水平施工缝。

4. 注浆工艺

(1)首先用平铲将纵向施工缝处的渗出杂物清理干净，然后采用液化气喷枪将基面吹干找出渗漏水点；采用混凝土切割机对渗漏水处切槽，用凿槽工具将混凝土凿出，槽宽、嘴深均为5 cm；将加工好的注浆嘴放入凿好的槽中，注浆嘴底部要对准渗水处，采用R-1堵漏防水剂封槽。

(2)对没有明显渗漏水的地方，按纵向间距1m凿槽，埋设注浆嘴，防止以后渗漏水。

(3)用抹子或刮板上第一层涂料，待涂料层硬化喷水湿养护后再上第二层料。上料时，稍用力使涂层密实，并注意搭接，待涂料层达到硬化时要注意养护2～3 d。

(4)待堵漏团(与孔洞大小相近)手感表面发热发硬时，迅速将团料塞于孔中，用木棒挤紧砸实，并用抹面料封口。抹面料采用R-2型堵漏防水剂。

(5)注浆要求与环向施工缝处理相同，注浆过程中当发生衬砌变形、冒浆等异常情况时，可降低注浆压力或采取间隙注浆，直到停止注浆。

A5.3 渗漏水避车洞及集中出水点处理

1. 渗漏水避车洞处理

(1)凿开渗漏水避车洞出水面衬砌，找到围岩出水点或衬砌背后的出水通道。

(2)对避车洞衬砌背后的围岩采用打注浆管进行注浆封堵的处理措施，注浆材料采用GRM超早强灌浆料。

(3)避车洞背后的水通过盲管引至水沟，并恢复其防水、保温及排水设施。

(4)重新施做避车洞衬砌，并作好新旧混凝土接茬的处理。

2. 墙脚集中出水点处理

(1)凿开墙脚出水面部分衬砌，找到衬砌出水点或出水通道。

(2)对衬砌出水点凿槽并埋设注浆管，压注GRM超早强灌浆料，注浆工艺与环向施工缝的处理相同。

(3)恢复二次衬砌的防水、保温及排水设施。

(4)重新施做隧道衬砌，并作好新旧混凝土接茬的处理。

A6 供电方案

A6.1 负荷容量及分布

1. 隧道内排水沟保温负荷：主要负荷为隧道内两侧排水沟保温的电加热负荷及隧道进口处的排水井用电负荷，共计265.5 kW。其中排水沟保温的电加热负荷为隧道内两侧排水沟内设置的70 W/m的加热电缆(共计236 kW)，负荷分布如附图A.2所示；隧道进口处的排水井用电负荷总功率为29.5 kW，其中水泵7.5 kW、管道保温10 kW、排水井保温12 kW。

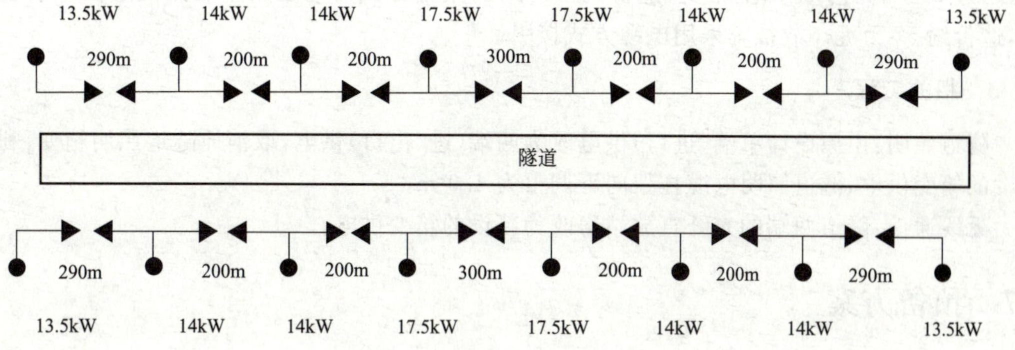

附图 A.2 加热电缆负荷分布图

2. 2号冲沟的集排水用电负荷：2号冲沟处设两座集水井，总功率55 kW，每处功率27.5 kW，其中水泵7.5 kW、管道保温10 kW、集水井保温10 kW。

A6.2 供电方案

所有用电负荷均由35 kV电力贯通线供电。

1. 隧道排水沟保温供电:在隧道进、出口处设 35/0.4 kV 箱式变电站两座,变压器容量均为 160 kVA,采用低压电缆引至隧道内排水沟电加热供电点和隧道进口处的排水井供电点;隧道内低压电缆采用阻燃铜芯电缆沿左侧隧道壁电缆挂架敷设,隧道外低压电缆采用粗钢丝铠装铜芯电缆直埋敷设,电缆过轨穿钢管保护;对箱式变电站实施低压电源监控及远程计费。供电示意如附图 A.3 所示。

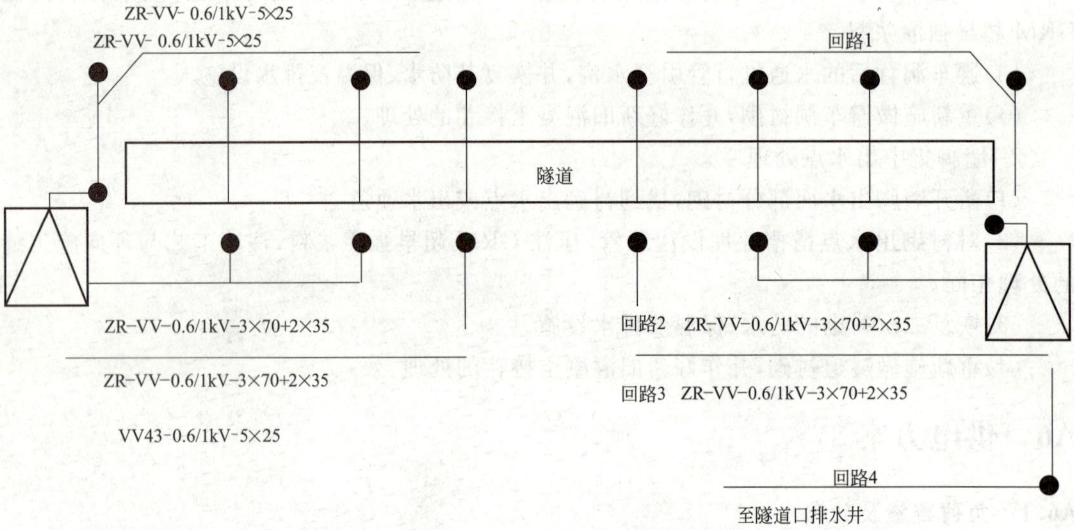

附图 A.3 供电示意图

2. 2 号冲沟的集排水供电:在 2 号冲沟的集水井处设 35/0.4 kV 箱式变电站一座,变压器容量 80 kVA,采用低压电缆引至 2 号冲沟的两座集水井供电点,低压电缆采用粗钢丝铠装铜芯电缆直埋敷设;对箱式变电站实施低压电源监控及远程计费。

35 kV 电源可采用电缆或架空方式接引,电缆方式为高压电缆由隧道出口箱变接引,经隧道、通过 2 号横洞引至山上箱变,造价约 30 万元;架空方式为高压架空线路翻越山顶引至箱变,造价约 57 万元。故推荐采用电缆方式接引。

A6.3 相关工程

隧道照明:由原设计单端(进口)供电改为两端(进、出口)供电,取消原隧道照明箱变,利用新设的箱变供电,隧道照明电缆挂架向下调整为 4.0 m。

无线通信:隧道两端的光纤直放站房改为新设的箱变供电。

A7 预备方案

上述治理措施实施以后,如果洞内仍存在渗漏水点(段),则在实施方案的基础上,进一步采取预备方案。预备方案的主要措施为:在 2 号冲沟设泄水洞截排及引水洞引排;除已实施的渗水段外,在隧道其余段落的两层衬砌间回填压浆;在洞内渗漏水地段拱墙位置进行围岩注浆;对 1 号横洞进行地表换填处理。设计内容如下。

A7.1 泄水洞措施

1. 泄水洞位置及长度

在已实施上下游降水竖井的基础上，通过竖井在线路上、下游 15 m 处沿隧道施做 80 m 的泄水洞，DK977＋630 处泄水洞底与竖井底齐平。

2. 引水洞设计

上、下游泄水洞在 DK977＋630 处通过隧底横向连通，并通过引水洞引排到洞外。引水洞长 230 m，除出口段 40 m 采取明挖施工，其余段落均采取暗挖施工。

3. 泄水洞、引水洞断面设计

考虑泄水洞内 ZL40 型装载机出渣，支护后的内净空为 3.2 m×3.2 m(宽×高)的拱形断面，衬砌后的内净空为 2.4 m×2.6 m(宽×高)的拱形断面。

4. 支护衬砌设计

泄水洞、引水洞开挖采用喷、锚、网及钢架联合支护，局部地段采用 ϕ42 超前小导管进行预支护。喷混凝土厚度为 10 cm，锚杆长度为 1.5 m，间距 1.0 m×1.0 m 呈梅花形布置；衬砌采用 C30 钢筋混凝土，一般断面厚度为 40 cm，隧道底部加强断面厚度为 50 cm。

5. 出水口保温设施

出水口设在背风、向阳处，地形形成跌水。出水口处设一处保温棚，保温棚外表面敷设吸热材料。

6. 公路防冲刷、防积冰影响的措施

出水口下临青藏公路，为防止暖季出水冲刷山坡土石影响公路，从出水口处开始设一道排水沟与公路排水系统衔接；为防止寒季坡面积冰影响公路安全，在坡脚设一道挡冰墙。

A7.2 洞内其他段落一、二次衬砌间围岩压浆

除了进口段 DK976＋250～＋380、1 号冲沟段 DK976＋743～＋843 及 2 号冲沟段 DK977＋500～＋800 外，洞内其余段落的压浆作为预备方案，压浆参数及施工工艺同以上三段。

A7.3 洞内其他段落的环向施工缝处理

除了进口段 DK976＋250～＋380、1 号冲沟段 DK976＋743～＋843 及 2 号冲沟段 DK977＋500～＋800 外，洞内其余段落的环向施工缝处理作为预备方案，处理措施及施工工艺同以上三段。

A7.4 洞内围岩注浆

根据 2004 年暖季出水情况，对洞内渗漏水地段进行围岩范围注浆。采用分段注浆的方法，对段落两端断面封闭后，逐步向中间段落注浆。

1. 注浆范围

洞内渗漏水地段拱墙一次衬砌背后 2 m 范围。

2. 注浆参数

注浆材料：GRM 超早强灌浆料；

注浆终压：0.5～1.0 MPa；

注浆管长度：3.5 m；

注浆孔间距：100 cm；

注浆范围：一次衬砌背后 2 m 范围；

浆液凝结时间：20～30 min；

A7.5　1号冲沟地表处理

(1)清除地表松散物质；

(2)平整后首先夯填1 m厚的黏土，其上铺防水板加土工布，然后铺砌C20混凝土作为过水断面，范围为线路上游冲沟50 m、下游30 m。

(3)地表铺砌与上、下游沟床顺接，在铺砌末端各设垂裙一处，垂裙深度≤1.0 m，其外侧端头处均换填黏土，以防地表水沿垂裙下渗。

参考文献

[1]徐恒盛．俄罗斯第 2 条西伯利亚铁路建设概况及技术措施．铁路建筑技术，2001(6)：55-58.

[2]郑启浦．多年冻土地区铁路工程建筑与环境保护的关系．铁路标准设计，1996(12)：43-46.

[3]吴青柏，刘永智，童长江，等．高原多年冻土地区公路工程地质研究．公路，2000(2)：1-4.

[4]李祝龙，章金钊．高原多年冻土地区波纹管涵应用技术研究．公路，2000(2)：28-31.

[5]焦臣，章金钊．青藏公路桥涵破坏特点及防治对策．西安公路交通大学学报，1996，16(4)：63-65.

[6]温树国，乔刚．关于采用冻结带法整治嫩林线 602 km 基床热融下沉的探讨．哈尔滨铁道科技，1999(2)：29-30.

[7]杨琼，孙林海，杜崇超．浅谈东北多年冻土地区公路冻害的成因及防治．森林工程，1999，15(3)：55-56.

[8]窦明健，胡长顺，多吉罗布，等．青藏公路路面病害成因分析．冰川冻土，2003，25(4)：439-444.

[9]M. Yavuz Corapcioglu，Sorab Panday. Multiphase Approach to Thaw Subsidence of Unsaturated Frozen Soils：Equation Development. Journal of Engineering Mechanics，1995，121(3)：448-459.

[10]原喜忠．大兴安岭北部多年冻土地区路基沉陷研究．冰川冻土，1999，21(2)：155-158.

[11]原喜忠，王辉．大兴安岭北部高含冰量冻土地段路基沉陷防治．黑龙江交通科技，1999(81)：155-158.

[12]侯仰慕，安春英，董洁滨，等．冻土地区公路的病害特征及防治措施．内蒙古公路与运输，2003(2)：18-19.

[13]王绍令，赵林，李述训，等．青藏公路多年冻土段沥青路面热量平衡及路基稳定性研究．冰川冻土，2001，23(2)：111-118.

[14]吴青柏，米海珍．青藏公路多年冻土路段冻土过程的变化和控制建议．水文地质工程地质，2000(2)：14-17.

[15]贾云翔，许贵，李显伟．青藏铁路多年冻土区段地质灾害危险性评估方法探讨．甘肃科学学报，2003(15)：50-54.

[16]李述训，程国栋，刘继民．兰州黄土在冻融过程中水热输运试验研究．冰川冻土，1996，18(4)：319-324.

[17]赵林，程国栋，李述训，等．青藏高原五道梁附近多年冻土活动层冻结和融化过程．科学通报，2000，45(11)：1205-1211.

[18]程国栋．冻土力学与工程的国际研究新进展．地球科学进展，2001，16(3)：293-299.

[19]Wei Zhou，S. L. Huang. Modeling Impacts of Thaw Lakes to Ground Thermal Regime in Northern Alaska. Journal of Cold Regions Engineering，2004，18(2)：70-87.

[20]Matti Seppälä. Piping causing thermokarst in permafrost，Ungava Peninsula，Quebec，Canada. Geomorphology，1997，20(3-4)：313-319.

[21]Julian B，Murton. Thermokarst sediments and sedimentary structures，Tuktoyaktuk Coastlands，western Arctic Canada. Global and Planetary Change，1999，28(2001)：175-192.

[22]尹喜霖．大兴安岭东北坡多年冻土分布及冻结层水特征．勘察科学技术，1999(3)：45-51.

[23]章金钊，李祝龙，武民．冻土路基稳定性主要影响因素探讨. 公路，2000(2)：17-20.

[24]Shiklomanov. N. I，Nelson. F. E. Analytic representation of the active layer thickness field，Kuparuk River Basin，Alaska. Ecological Modelling，1999，123(2-3)：105 -125.

[25]Ott. K. O. Global warming and the greenhouse effect. Progress in Nuclear Energy，1995(29)：81-88.

[26]Qingbai Wu，Yongzhi Liu. Ground temperature monitoring and its recent change in Qinghai-Tibet Plateau. Cold Regions Science and Technology，2004，38(2-3)：85-92.

[27]Liu Jingshi，Hayakawa，Norio，et al. Hydrological and geocryological response of winter stream flow to cli-

mate warming in Northeast China. Cold Regions Science and Technology,2003,37(1):15-24.

[28]Khrustalel,L. N. On the need to take into account the possibility of global climate warming in the design of buildings constructed in permafrost soil. Geomechanics Abstracts,1997,1997(2):102.

[29]Jin Huijun;Li Shuxun;Cheng Guodong,et al. Permafrost and climatic change in China. Global and Planetary Change,2000,26(4):387-404.

[30]Qingbai Wu, Yongzhi Liu. Ground temperature monitoring and its recent change in Qinghai-Tibet Plateau. Cold Regions Science and Technology,2004,38(2-3):85-92.

[31]Qingbai,Wu,Yuanlin Zhu,Yonzhi Liu. Evaluation model of permafrost thermal stability and thawing sensibility under engineering activity. Cold Regions Science and Technology,2002,34(1):19-30.

[32]Fortier,R. Climatic limitations and engineering problems during the construction of the Qinghai-Xizang Highway,China. International Journal of Rock Mechanics and Mining Sciences & Geomechanics Abstracts,1996,33(7):293A.

[33] Dowdeswell. J. A, Siegert. M. J. Ice-sheet numerical modeling and marine geophysical measurements of glacier-derived sedimentation on the Eurasian Arctic continental margins. Geological Society of America Bulletin,1999:1080-1097.

[34]Hahne. J,Melles. M. Late- and post-glacial vegetation and climate history of the south-western Taymyr Peninsula,central Siberia,as revealed by pollen analyses of a core from Lake Lama. Vegetation History and Archaeobotany,1997:1-8.

[35]Hahne. J,Melles M. ,Kassens. H,et al. Land-Ocean Systems in the Siberian Arctic: Dynamics and History,Springer,Berlin,1999.

[36]Siegert. M. J,Marsiat. I. Numerical reconstructions of LGM climate across the Eurasian Arctic. Quaternary Science Reviews,2001:1595-1605.

[37]Siegert. M. J,Dowdeswell. J. A,Hald. M,et al. Modelling the Eurasian Ice Sheet through a full (Weichselian) glacial cycle. Global and Planetary Change,2001:367-385 .

[38]Ryabets. N,Kirzhner. F. Weakening of frozen soils by means of ultra-high frequency energy. Cold Regions Science and Technology,2003,36(1-3):115-128.

[39]Hubberten,Hans. W,Andreev,et al. The periglacial climate and environment in northern Eurasia during the Last Glaciation. Quaternary Science Reviews,2004,23(11-13):1333-1357.

[40]Garagula,L. S. Forecasting Evaluation Method of Frozen Soil Conditions Changed by Human Activity, Gansu Science and Technical Press,Lanzhou,(1984).

[41]金会军,李述训,王绍令,等．气候变化对中国多年冻土和寒区环境的影响．地理学报,2000,55(2):161-173.

[42]王根绪,李琪,程国栋,等．40a来江河源区的气候变化特征及其生态环境效应．冰川冻土,2001,23(4):346-352.

[43]李述训,程国栋,郭东信．气候持续变暖条件下青藏高原多年冻土变化趋势数值模拟．中国科学,1996,26(4):342-347.

[44]吴青柏,李新,李文君．全球气候变化下青藏公路沿线冻土变化响应模型的研究．冰川冻土,2001,23(1):1-6.

[45]吴青柏,朱元林,刘永智．人类工程活动下多年冻土热融蚀敏感性评价模型．岩土工程学报,2001,23(6):731-735.

[46]吴青柏,刘永智,童长江．寒区冻土环境与工程环境间的相互作用．工程地质学报,2000,8(3):281-287.

[47]胡志耘．藏北高原冻土工程地质特性浅析．西部探矿工程,2003(86):49-51.

[48]张建明,刘永智,吴青柏,等．公路工程冻土类型划分研究．西安公路交通大学学报,2001,21(3):1-5.

[49]程国栋．局地因素对多年冻土分布的影响及其对青藏铁路设计的启示．中国科学,2003,33(6):602-

607.

[50]张鲁新．青藏铁路高原冻土区地温变化规律及其对路基稳定性影响．中国铁道科学，2000，21(1)：37-47.

[51]石剑，王育光，杜春英，等．黑龙江省季节冻土形成发育规律及特征．黑龙江气象，2003(3)：35-38.

[52]Liu Jiankun，Tian，Yahu. Numerical studies for the thermal regime of a roadbed with insulation on permafrost. Cold Regions Science and Technology，2002，35(1)：1-13.

[53]Lai Yuanminga，Zhang Shujuana，Zhang Luxina，et al. Adjusting temperature distribution under the south and north slopes of embankment in permafrost regions by the ripped-rock revetment. Cold Regions Science and Technology，2004，39(1)：67-79.

[54]Wu Qingbaia，Shi Bina，Fang Hsai-Yang. Engineering geological characteristics and processes of permafrost along the Qinghai-Xizang (Tibet) Highway. Engineering Geology，2003，68(3-4)：387-396.

[55]Foriero. A，Ladanyi. B，Dallimore. S. R. Modeling of deep seated hill slope creep in permafrost[J]. Canadian Geotechnical Journal，1998，35(4)：560-578.

[56]Stevens. H. W. The response of frozen soils to vibratory loads. U. S. Army Cold Red. Res. Eng. Lab. Techn. Rep. 265，Hanover，NH. 1975.

[57]李祝龙，章金钊，武民．冻土路基热学计算研究．公路，2000(2)：9-12．

[58]李东庆，魏春玲，吴紫汪．边坡渗流对冻土地区路基稳定性的影响分析．兰州大学学报自然科学版，2000，36(3)：175-179.

[59]李宁，程国栋，徐学祖，等．冻土力学的研究与思考．力学进展，2001，31(1)：95-102.

[60]赖远明，刘松玉，吴紫汪．寒区挡土墙温度场、渗流场和应力场耦合问题的非线性分析．土木工程学报，2003，36(6)：88-95.

[61]冯文杰，李东庆，马巍，等．不同边界条件对多年冻土上限影响的模型试验研究．冰川冻土，2001，23(4)：353-359.

[62]Andrew G. ，Heydinger. Piles in Permafrost. Journal of Cold Regions Engineering，1987，1(2)：59-75.

[63]张学富，赖远明，喻文兵．寒区涵洞现浇混凝土基础水化热的影响分析．公路，2003(2)：50-56.

[64]Scott Lin Huang，Nolan. B. Aughenbaugh，Ming-Chee Wu. Stability Study of CRREL Permafrost Tunnel. Journal of Geotechnical Engineering，1986，112(8)：777-790.

[65]何春雄，吴紫汪，朱林楠．严寒地区隧道围岩冻融状态分析的导热与对流换热模型．中国科学，1999，29(1)：1-7.

[66]赖远明，吴紫汪，张淑娟．寒区隧道保温效果的现场观察研究．铁道学报，2003，25(1)：81-86.

[67]赖远明，吴紫汪，朱元林，等．寒区隧道地震响应的弹粘塑性分析．铁道科学，2000，22(6)：84-89.

[68]赖远明，喻文兵，吴紫汪．寒区圆形截面隧道温度场的解析解．冰川冻土，2001，23(2)：126-130.

[69]赖远明，吴紫汪，朱元林，等．寒区隧道温度场、渗流场和应力场耦合问题的非线性分析．岩土工程学报，1999，21(5)：529-533.

[70]张德华，王梦恕，谭忠盛．风火山隧道围岩冻胀对支护结构体系的影响．岩土工程学报，2003，25(5)：571-573.

[71]Cheng G，Tong B，Luo X. Professional Papers on Permafrost Studies of Qinghai-Xizang Plateau. 北京：科学出版社，1982.

[72]Dunayeva. Ye. N，Gavrilov. A. V. Proceedings of 4th International Conference on Permafrost. Washington DC：National Academy Press，1983 (2)．

[73]Goodrich. L. E. The influence of snow cover on the ground thermal regime. Canadian Geotechnical Journal，1982：421-432．

[74]Zhi Wena，Yu Shenga，Wei Maa. Evaluation of EPS application to embankment of Qinghai-Tibetan railway. Cold Regions Science and Technology，2005，41(3)：235-247.

[75]Burn. C. R, Smith. C. A. S. Observations of the "thermal offset" in near-surface mean annual ground temperatures at several sites near Mayo, Yukon Territory, Canada. Arctic, 1988:99-104.

[76]Sego. D. C, Robertson. P. K, Sasitharan. S. Ground freezing and sampling of foundation soils at Duncan Dam. International Journal of Rock Mechanics and Mining Sciences & Geomechanics Abstracts, 1995, 32 (6):281A.

[77]Grave. N. A. Proceedings of 4th International Conference on Permafrost. Washington DC: National Academy Press, 1983.

[78]Harris. S. A. Permafrost distribution, zonation and stability along the Eastern Ranges of the Cordillera of North American. Arctic, 1986:28-29.

[79]Kovakov. V. P. , Shvetsov. P. F. Proceedings of 5th International Conference on Permafrost. Trondheim, Norway: Tapir Publishers, 1988.

[80]Kudelyacev. B. A. Fundamentals of Frost Forecasting in Geological Engineering Investigations. 兰州:兰州大学出版社,1974.

[81]Liu Y, Wu Q, Zhang J. Site testing and research on ground temperature of highway subgrade in plateau regions with permafrost. Highway, 2000:5-8.

[82]Romanovsky V. E. , Osterkamp T. E. Interannual variations of the thermal regime of the active layer and near-surface permafrost in Northern Alaska. Permafrost and Periglacial Processes, 1995:1-22.

[83]Wang S. Proceedings of the Fifth Chinese Conference on Glaciology and Geocryology. 兰州:甘肃文化出版社,1996.

[84] Smith C. A. S. Proceedings of 7th International Conference on Permafrost. Nordicana, Quebec: Yellowknife, 1998.

[85]Romanovsky. V. E, Osterkamp. T. E. Thawing of the active layer on the Coastal Plain of the Alaskan Arctic. Permafrost and Periglacial Processes, 1997:1-22.

[86]Tong C, Wu Q. The effect of climate warming on Qinghai-Tibet Highway, China. Cold Regions Science and Technology, 1996:221-223.

[87]Wu Q, Tong C. Permafrost change and stability of the Qinghai-Xizang Plateau. Journal of Glaciology and Geocryology, 1995:350-355.

[88]Wu Q, Zhu Y, Liu Y. Proceedings of the International Symposium on Ground Freezing and Frost Action in Soils, Louvan-la-Neuve, Belgium, A. A. Balkema, Rotterdam, 2000.

[89]Wu Q, Liu Y, Tong C. Research on highway engineering geology in plateau regions with permafrost. Highway, 2000:1-5.

[90]Xu X, Deng Y. Experimental Study on Water Migration in Freezing and Frozen Soil. 北京:科学出版社,1991.

[91]Xu X, Oliphant. J. L, Tice. A. R. Soil-water potential, unfrozen water content and temperature. Journal of Glaciology and Geocryology, 1985:1-14.

[92]Zhang T, Zhou Y. Proceedings of the 3rd Chinese Conference on Permafrost. 北京:科学出版社,1989.

[93]Zhigarew. L. A, Parmuzina. O. Yu. Proceedings of the 4th International Conference on Permafrost. Washington DC: National Academy Press, 1983.

[94]Zhou Y. Environmental protection of permafrost regions. Journal of Engineering and Frozen Soil, 1985:87-91 .

[95]Zhou Y, Cheng G. , Guo D, et al. Proceedings of 4th National Conference on Glaciology and Geocryology. 北京:科学出版社,1990.

[96]Li Dongqing, Wu Ziwang, Fang Jianhong, et al. Heat stability analysis of embankment on the degrading permafrost district in the East of the Tibetan Plateau, China. Cold Regions Science and Technology, 1998,

28(3):183-188.

[97]Yu Wenbing, Lai Yuanming, Zhang Xuefu, et al. Laboratory investigation on cooling effect of coarse rock layer and fine rock layer in permafrost regions. Cold Regions Science and Technology, 2004, 38(1):31-42.

[98]Cheng Guodong, Zhang Jianming, Sheng Yu, et al. Principle of thermal insulation for permafrost protection. Cold Regions Science and Technology, 2004, 40(1-2):71-79.

[99]Wu Tonghua, Li Shuxun, Cheng, Guodong, et al. Using ground-penetrating radar to detect permafrost degradation in the northern limit of permafrost on the Tibetan Plateau. Cold Regions Science and Technology, 2005, 41(3):211-219.

[100]Lai Yuanming, Wang Qiusheng, Niu Fujun, et al. Three-dimensional nonlinear analysis for temperature characteristic of ventilated embankment in permafrost regions. Cold Regions Science and Technology, 2004, 38(2-3):165-184.

[101]Goering, Douglas. J, Kumar, et, al. Winter-time convection in open-graded embankments. Cold Regions Science and Technology, 1996, 24(1):57-74.

[102]周虎利．多年冻土地区铁路工程地质选线．铁道工程学报,2001(4):112-115.

[103]程国栋,何平．多年冻土地区线性工程建设．冰川冻土,2001,23(3):213-217.

[104]Wei Ma, Guodong Cheng, Qingbai Wu. Application on idea of dynamic design in Qinghai-Tibet Railway construction. Cold Regions Science and Technology, 2004, 41 (2005): 165-173.

[105]盛煜,刘永智,张建明,等．青藏公路下伏多年冻土的融化分析．冰川冻土,2003,25(1):43-48.

[106]王铁行,窦明健,胡长顺．多年冻土地区路基临界高度研究．土木工程学报,2003,36(4):94-98.

[107]窦明健,胡长顺．多年冻土地区路基设计原则及其应用．冰川冻土,2001,23(4):402-406.

[108]章金钊,武敬民,李祝龙．高原多年冻土地区公路修筑技术研究的回顾与展望．冰川冻土,1999,21(2):187-191.

[109]彭华,高亮．高原多年冻土地区路基施工及其质量控制．铁路建筑技术,2001(6):23-26.

[110]孟凡松,刘建平,刘永智．黑北公路冻土路基设计原则及病害特征．冰川冻土,2001,23(3):307-311.

[111]李东庆,吴紫汪,朱林楠．花石峡连续多年冻土区湿润性地段路基稳定性模拟分析．岩土工程学报,1999,21(1):17-20.

[112]汪双杰,吴青柏,刘永智．沥青路面下冻土热稳定性和热融敏感性的变化．公路交通科技,2003,20(4):20-22.

[113]黄小铭．论高原冻土区铁路路基的设计原则及其应用．中国铁道科技,2001,22(1):23-31.

[114]丁靖康,赫贵生．年平均气温临界值——设计青藏高原多年冻土区路堤临界高度的一个重要因素．冰川冻土,2000,22(4):333-339.

[115]孙祥柱,李昶,李旭．浅谈多年岛状冻土路基施工．黑龙江交通科技,2003(2):24-25.

[116]康巍,李庆军,吉红梅．浅谈公路多年冻土地区路基施工．黑龙江交通科技,2001(2):1-2.

[117]章金钊,李祝龙,武民．青藏公路冻土路基设计研究．公路,2000(2):13-17.

[118]王永义．青藏铁路昆仑山口高含冰量冻土区路堑爆破施工工艺研究．冰川冻土,2003,25(1):100-105.

[119]章金钊,姚翠琴．多年冻土地区隔热层路基研究．公路,1996(1):46-48.

[120]汪双杰,李祝龙,武民．多年冻土地区公路筑路技术研究现状与新课题．冰川冻土,2003,25(4):471-476.

[121]程淞．拼装式骨架护坡在青藏铁路路基边坡防护中的应用．铁道建筑,2003(10):69-71.

[122]赖远明,张鲁新,张淑娟,等．气候变暖条件下青藏铁路抛石路基的降温效果．科学通报,2003,48(3):292-297.

[123]胡力学,杨成永．青藏铁路安多至那曲岛状多年冻土特征及对策．西部探矿工程,2003(8).

[124]陈昌龙,刘建坤,房建宏．多年冻土区保温护坡路基的效果模拟．岩土工程界,2003,6(6):70-72.

[125]令锋．多年冻土区路基热状况动态特征数值模拟研究的意义．西江大学学报,2000(2):1-6.

[126]李祝龙,武民,章金钊. 青藏公路钢纤维水泥混凝土路面的热学效应. 2000,3(3):264-269.
[127]潘卫东,赵肃菖,徐伟泽. 热棒技术加强高原冻土区路基热稳定性的应用研究. 冰川冻土,2003,25(4):432-438.
[128]冯文杰,马巍,张鲁新,等. 遮阳棚在寒区道路工程中的应用研究. 岩土工程学报,2003,25(5):567-570.
[129]章金钊. 高原多年冻土地区涵洞工程研究. 公路,2000(2):25-28.
[130]章金钊. 高原多年冻土地区桥涵设计与施工研究. 中国铁道科学,2001,22(4):40-46.
[131]吴群慧. 青藏铁路高原多年冻土地区桥涵施工技术研究. 铁道建筑技术,2001(3):50-53.
[132]王晓黎,陈频志,吴少海. 青藏铁路桩基础形式的研究及应用. 中国铁路,2003(1):66-68.
[133]王引生,李永强. 青藏高原多年冻土区桩基回冻时间的监测. 甘肃科技,2003,19(5):66-68.
[134]童武. 多年冻土对输电线路杆塔基础的影响及处理措施. 青海电力,2001(4):38-39.
[135]乜凤鸣. 寒冷地区铁路隧道排水沟的防冻问题//第二界全国冻土学术会议论文选集. 兰州:甘肃人民出版社,1983:405-411.
[136]A. ТРУЧЬМЦКОВ. 苏联山岭铁路隧道的设计与施工经验. 隧道译丛,1990(10).
[137]Nils. I. Johansen, Scott. L. Huang, Nolan B. Aughenbaugh. Alaska's CRREL permafrost tunnel. Tunnelling and Underground Space Technology, 1988, 3(1):19-24.
[138]乜凤鸣. 寒冷地区铁路隧道气温状态. 冰川冻土,1988,10(4).
[139]乜凤鸣,刘德福. 多年冻土中隧道泄水洞热动态分析. 低温建筑技术,2001(3):37-38.
[140]黄双林,刘小刚. 青藏铁路昆仑山隧道设计. 中国铁路,2003(2):48-50.
[141]Xuefu Zhang, Yuanming Lai, Wenbing Yu, et al. Forecast analysis for the re-frozen of Feng Huoshan permafrost tunnel on Qing-Zang railway. Tunnelling and Underground Space Technology, 2003, 19(2004):45-56.
[142]贾翔军,翟大勤. 高海拔寒冷地区隧道施工防冻胀技术. 国外公路,1999,19(6):51-55.
[143]吴应明. 高原多年冻土隧道施工技术. 铁路标准设计,2003(1):5-9.
[144]周晋筑. 昆仑山隧道洞内防排水及衬砌隔热保温层施工技术. 冰川冻土,2003,25(1):106-111.
[145]江亦元,王星华. 昆仑山隧道施工技术. 中国铁道科学,2003,24(3):13-16.
[146]任少强. 青藏铁路风火山隧道的施工. 铁道建筑,2003(8):32-33.
[147]齐康平,胡种新. 青藏铁路昆仑山隧道综合施工技术. 现代隧道技,2003,40(4):41-45.
[148]张德华,王梦恕. 世界第一高隧青藏铁路风火山隧道施工新技术. 工程地质学报,2003,11(2):213-216.
[149]任少强,王永顺. 以施工科技创新攻克世界第一高隧——青藏铁路风火山隧道. 中国铁路,2003(9):50-52.
[150]李方政,杨林生,王圣公. 拉格朗日元法在地铁联络通道施工中的应用. 煤炭科学技术,2000,28(10):16-19.
[151]乔卫国,李大勇,吴祥祖. 地铁联络通道冻结监测分析. 岩土力学,2003,24(4):666-669.
[152]周晓敏,苏立凡,贺长俊,等. 北京地铁隧道冻结法施工. 岩土工程学报,1999,21(3):319-322.
[153]马玉峰,苏立凡,徐兵壮,等. 地铁隧道联络通道和泵站的水平冻结施工. 建井技术,2000,21(3):39-41.
[154]郭晓江. 冻结法在广州地铁二号线暗挖隧道中的应用. 煤炭工程,2001(12):27-29.
[155]汪崇鲜,楼根达,马玉峰. 繁华市区含水地层水平冻结及暗挖法施工. 冰川冻土,2000,22(2):278-281.
[156]赵建军,韩文峰,徐学祖,等. 人工冻结法施工的冻土壁温度场数学模型. 天津城市建设学院学报,1999,5(1):30-34.
[157]臧桂茂,谭杰. 谈巨野煤田冻结法凿井技术问题. 建井技术,2001,22(4):1-4.
[158]周国庆. 间歇冻结抑制人工冻土冻胀机理分析. 中国矿业大学学报,1999,28(5):413-416.

[159]张克俊．昆仑山隧道冻土围岩稳定性因素分析．中国铁路,2003(2):51-54.
[160]Osterkamp, T. E. Freezing And Thawing Of Soils And Permafrost Containing Unfrozen Water Or Brine. Water Resources Research,1987,23(12):2279-2285.
[161]Reid. R. L, Tennant. J. S, Childs. K. W. Modeling Of A Thermosyphon Type Permafrost Protection Device. American Society of Mechanical Engineers,1974,74(46):9.
[162]Volynets. A. Z, Ershov. E. D, Komarov. I. A, et al. Sublimation Of Ice In Coarsely Dispersed Rocks Subject To Quasiisothermal Conditions. Journal of Engineering Physics (English Translation of Inzhenerno-Fizicheskii Zhurnal),1976,30(4): 415-419.
[163]Baker. G. C, Osterkamp. T. E. Implications Of Salt Fingering Processes For Salt Movement In Thawed Coarse-Grained Subsea Permafrost. Cold Regions Science and Technology,1988,15(1):45-52.
[164]Sevon. Douglass. W, Gunn. Robert. D, Krantz. William. B, et al. Rayleigh Convection In Permafrost Soils: The Origins Of Polygonal Stone Nets. Annual Meeting - American Institute of Chemical Engineers,1985, 39G,32p.
[165]公路隧道设计规范．中华人民共和国交通部．北京:人民交通出版社,2004.
[166]铁路隧道设计规范．中华人民共和国铁道部．北京:中国铁道出版社,2002.
[167]地铁设计规范．中华人民共和国建设部．北京:中国计划出版社,2003.
[168]徐学祖,王家澄,张立新．冻土物理学．北京:科学出版社,2001:86-86.
[169]关宝树．隧道工程设计要点集．北京:人民交通出版社,2003:16-30.
[170]青藏铁路高原多年冻土区工程施工暂行规定．铁道部建设管理司．2003.
[171]孙钧．城市地下工程活动的环境土工问题及施工变形预测与控制的智能方法．地质与勘探,2003,39(增刊):1-11.
[172]周幼吾,等．中国冻土．北京:科学出版社,2000.
[173]喻文兵．青藏铁路多年冻土区特殊结构路基研究．中国科学院研究生院,2003.
[174]李述训,等．冻融土中的水热运输问题．兰州:兰州大学出版社,1995.
[175]铁道部第三勘测设计院．冻土工程．北京,中国铁道出版社,1994.
[176]赵云龙．路基冻害与防治．1984.
[177]Ladanyi. B. Tunnel lining design in a creeping rock. Design and Performance of underground excavations [A], In: Design Design and Performance of underground excavations[C], ISRM/BGS, Cambridge. 1984: 19-26.
[178]Ladanyi. B. Direct determination of ground pressure on tunnel lining in a non-linear viscoelastic rock[A]. In Proceedings of 13th Canadian Rock Mechanics Symposium[C], Toronto, CIM spec. 1980(22):126-132.
[179]Sandegren. E. Insulation against ice railroad tunnels[J]. Transpor- tation Research Record. 1150,43-4.
[180]仇文革,等．青藏铁路试验工程科研项目阶段成果报告—冻融作用对隧道结构影响分析．兰州,2003.
[181]赖远明,等．寒区隧道保温效果的现场观察研究．铁道学报,2003,25(1):81-86.
[182]伍晓军,等．青藏铁路试验工程科研项目阶段成果报告—洞内外气温对围岩冻融圈的影响．兰州,2003.
[183]张祉道,王联．高海拔及严寒地区隧道防冻设计探讨．现代隧道设计,2004,41(3):1-6.
[184]乜凤鸣．通过多年冻土区的铁路隧道冻害整治方法．隧道译丛,1990(1).
[185]Johansen. N. I, Huang S L, Aughenbaugh. N. B. Alaska,s CRREL Permafrost Tunnel [J]. Tunneling and Underground Space Technology,1988,3(1):19-24.
[186]赖涤泉,朱永全,江亦元,等．青藏铁路试验工程科研项目阶段成果报告——隧道施工通风技术及施工温度场研究．兰州,2003.
[187]赖涤泉,朱永全,江亦元,等．青藏铁路试验工程科研项目阶段成果报告——隧道施工机械性能及配套技术．兰州,2003.

[188]伍晓军,江亦元,等．青藏铁路试验工程科研项目阶段成果报告——隧道防排水技术试验研究．兰州,2003.

[189]伍晓军,江亦元,等．青藏铁路试验工程科研项目阶段成果报告——隧道支护技术及工艺试验研究．兰州,2003.

[190]B. D. kay, E. Perfect. Heat and mass transfer in freezing soils. 5th Inter. Symposium on Ground Freezing, 1988.

[191]M. S. Sodha, A. K. Sharma, R. L. Sawhney. Optimun Length of Underground Tunnel and Corresponding Annual Heating/Cooling Potentials. Inter. Journal of Energy Research, 1990(14).

[192]N. K. Bansal, M. S. Sodha, S. S. Bharadwaj. Performance of Earth Air Tunnels, Energy Research, 1983(7).

[193]Scott Lin Huang, Nolan B. Aughenhaugh, Mingche Wu. Stability Study of CRRL Permafrost Tunnel. Journal of Geotechnical Engineering, Vol. 112, No. 8, 1986, 112(8).

[194]John P. Zarling, W. Alan Braley, Clarke Pely. The Modified Berggren Method-A Review, Cold Regions Engineering, Proceedings of the Fifth International conference, 1988.

[195]Nils. I. Johansen, Scott. L. Huang, Nolan B. Aughenbangh. Alaska's CRRL Permafrost Tunnel, Tunnel and Underground Space Technology, 1988, 3(1).

[196]Harlan R. L, Nixon, J. F. Ground Thermal Regime, Geotech. Engineering, 1986, 112(8).

[197]Mi Haizheng, Chen Xiaobai, Wang Yaqing. A numerical simulation on the Forecast of freezing-thawing processes surrouding a mountion tunnel.

[198]Virgil. J. Lunardini. Heat Transfer In Cold Climates. Van Nostrand Reinhold Company, 1986.

[199]Jin Huijun, Li Shuxu, et al. Permafrost and Climatic Change in China[J]. Global and Planetary Change, 2000(26): 387-404.

[200]Kondratjev. V. G. Strengthening railroad bass constucted on icy perma- frost soil [A]. Proceedings of the Eighth International Conference on Cold Region Engineering [C]. Fairbanks: 1966: 688-699.

[201]Lai. F. C, Kulacki. F. A. Coupled heat and mass transfer by natural convection from vertical surface in porous media. Int. J. Heat Mass Transfer, 1991, 34(4): 1189-1194.

[202]Lee. K. B, Howell. J. R. Theoretical and experimental heat and massTransfer, 1991, 34(8): 2123-2132.

[203]Li Haipeng, Zhu Yuanlin, He Ping. Experimental study on the dynamic creep strength of frozen soil under dynamic loading with confining pressure. Ground freezing 2000. Jean-Francois Thimus. Rotterdam. 131-135.

[204]Nield. D. A, Bejan. A. Convection in Porous Media. 2ed ed. Springer, New York, 1999.

[205]Neld. D. A. Estimating of the stagnant thermal conductivity of saturated porous media. Int. J. Heat Mass Transfer, 1991, 34(6): 1575-1576.

[206]Poulikakos. D, Bejan. A. Penetrative convection in porous medium bounded by a horizontal wall with hot and cold spots. International Journal of Heat and Mass Transfer, 1984, 27(10): 1749-1757.

[207]Poulikakos. D, Bejan. A. Natural convection in a porous layer heated and cooled along one vertical side. International Journal of Heat and Mass Transfer, 1984, 27(10): 1879-1891.

[208]Qin. D. H. The Comprehensive Evaluating Report on the Environment Evolvement in West China. 北京：科学出版社,2002:57-58.

[209]Riley. D. S. Steady two-dimensional thermal convection in a vertical porous slot with spatially periodic boundary imperfections. International Journal of Heat and Mass Transfer, 1988, 31(11): 2365-2380.

[210]Royer. J. J, Flores. L. Two-dimentional natural convection in an anisotropic and heterogeneous porous medium with internal heat generation. Int. J. Heat Mass Transfer, 1994, 37(9): 1387-1399.

[211]Shankar. V. Hagentoft. C. E. Numerical investigation of natural convection in horizontal porous media

heated from below-comparisons with experiments. Journal of Thermal Envelope and Building Science, 2000, 23(4): 318-338.

[212]Stuart. A, Harris. The Permafrost Environment. Barnes&Noble Books. Totowa, New Jersey, 1986.

[213]Tamma, Kumar K., Namburu, Raju R., Recent Advances, Trends and New Perspectives Via Enthalpy-Based Finite Element Formulations for Applications to Solidification Problems. International Journal for Numerical Methods in Engineering, 1990(30): 803-8.

[214]Afify. R. I, Berbish. N. S. Experimental investigation of forced con- vection heat transfer over a horizontal flat plate in a porous medium. Journal of Engineering and Applied Science, 1999, 46(4): 693-710.

[215] Antos. M, Caltagirone. J. P, Fabrie. P. Natural convection in a porous medium at high Rayleigh numbers. Proceedings of Heat Tranfer Measurements, Analysis, and Flow Visualization, ASME, Philade-phia, PA, USA, 1989(112): 109-114.

[216]Bauer. T. H. A general analytical approach toward the thermal conductivity of porous media. Int. J. Heat Mass Transfer, 1993, 36 (17): 4181- 4191.

[217]Bonacina. C, Comini. G, Fasano, et al. Numerical solution of phase- change problems. International Journal of Heat and Mass Transfer, 1973(16).

[218]Bradean. R, Ingham. D. B, Heggs. P. J, et al. Buoyancy-induced flow adjacent to a periodically heated and cooled horzontal surface in porous media. International Journal of Heat and Mass Transfer, 1996, 39(3): 615-630.

[219]Cai Zhongmin, Nie Zifeng. A visco-elastic-plastic damage model for frozon silt. Proc. of CJCR91, Beijing, 1991.

[220]Caltagirone. J. P, Bories. S. Solutions and stability criteria of natural convective flow in an inclined porous layer. Journal of Fluid Mechanics, 1985(155): 267-287.

[221] Caltagirone. J. P. Natural convection appearance in a horizontal porous layer with timewise periodic boundary conditions. Progress in Refrigeration Science and Technology, Proceedings of the 15th International Congress of Refrigeration, 1980: 663-669.

[222]Caltagirone. J. P. Thermoconvective instabilities in a horizontal porous layer. Journal of Fluid Mechanics, 1975, 72(2): 269-287.

[223]Charrier-Mojtabi. M. C, Mojtabi. A, Caltagirone. J. P. Numerical solu- tion of a flow due to natural convection in horizontal cylindrical annulus. Journal of Heat Transfer, Transactions ASME, 1979, 101(1): 171-173.

[224]Chen Xiaobai, Wang Yaqing. A new model of forst heave predition for clayey soil. CRST, 1991, (19): 213-234.

[225]Chen Xiaobai, Wang Yaqing. Forst heave prediction for clayey soil. CRST, 1998(15): 233-238.

[226]Chhuon. B, Caltagirone. J. P. Stability of a horizontal porous layer with timewise periodic boundary conditions. Journal of Heat Transfer, Transactions ASME, 1979, 101(2): 244-248.

[227]Goreing. D. J. Experimental investigation of air convection embankments forpermafrost- resistance roadway desion. Proceedings of 7th International Conference on Permafrost, Yellowknife, Canada, Nordicana, Qquebec, 1998(1): 545-550.

[228]Goreing. D. J, Instanes. A, Knudsen. S. Winter convection in open graded embankments. Cold Regions Science and Technology, 1996(24): 57-74.

[229] Goreing. D. J, Kumar. P. Convective heat transfer in railway embank- ment ballast. Ground Freezing 2000, Rotterdam: Balkema, 2000: 31-36.

[230]He Guisheng, Zhang Luxin, Li Dongqing, et al. Analysis on Climate Change and Thermal Stability of Experimental Railway Embankment in Fenghuoshan Region of Qinghai-Tibet Plateau[J]. Journal of Glaciol-

ogy and Geocryology,2000(22):20-25.

[231] Jerome. B, Francoise. B, Jean-Claude, et al. Thermal behavior of porous plates subjected to air blowing. Journal of Thermophysics and Heat Transfer 2000,14(4):523-532.

[232]中铁五局(集团)有限公司．青藏铁路高原多年冻土区工程施工技术论文集．兰州:兰州大学出版社,2003.

[233]铁道部第二工程局．铁道工程施工技术手册——隧道．北京:中国铁道出版社,1995.

[234]项玉璞,曹继文,等．冬期施工手册．北京:中国建筑工业出版社,1999.

[235]苏联科学院西伯利亚分院冻土研究所．普通冻土学．郭东信,等,译．北京:科学出版社,1988.

[236]A. R 蟒米斯基．道路工程中的冻涤问题．翁朝庆,等,译．北京:人民交通出版社,1959.

[237]A. 特鲁布依柯夫．前苏联山岭铁路隧道的设计与施工经验．隧道译丛,1990(10).

[238]B. A. 库德里雅采夫．工程地质研究中的冻土预报原理．郭东信,等,译．兰州:兰州大学出版社,1992.

[239]Gillges. 公路隧道的防水防冻设计．隧道译丛,1990(1).

[240]J. F. Jaby. 采用设置防水层和喷混凝土维修隧道．隧道译丛,1989(6).

[241]J. F. Jaby. 用于隧道的防水和隔热衬砌．隧道译丛,1990(7).

[242]Mikeev. 公路隧道的防水防冻设计．隧道译丛,1990(11).

[243]杨其新,等．隧道及地下工程喷膜防水技术．铁道学报,2002(2):253-259.

[244]中国．中国及毗邻地区冰川冻土文献目录(1820-1982).1984.

[245]邵福元．大坂山隧道保温防寒系统的施工技术．铁道建筑,1999(10):67-72.

[246]刘国玉．高海拔高寒隧道施工技术．中国铁道科学,2001(4):47-53.

[247]王有科．高海拔寒冷地区隧道修筑技术．西部探矿工程,2000(4):97-104.

[248]臧恩穆,等．大坂山公路隧道的防排水系统．公路,1998(3):57-63.

[249]江亦元,王星华．昆仑山隧道施工技术．中国铁道科学,2003,24(3):12-16.

[250]李苍松,等．昆仑山隧道渗漏水连通试验报告．中铁西南科学研究院．

[251]谷炼平．青藏铁路高原冻土区低(负)温早强高性能混凝土的质量控制．铁道工程学报,2004,81(1):34-38.

[252]王建宇,等．对青藏线昆仑山隧道渗漏水问题的治理意见．铁道部建设司组织．

[253]铁道第一勘察设计院．青藏铁路多年冻土隧道设计综述.2003.

[254]青藏铁路有限责任公司．青藏铁路高原多年冻土区隧道工程施工技术细则.2002.

[255]武志萍．高寒地区隧道防排水施工技术．山西建筑,2002(1):125-130.

[256]Okada. 隧道衬砌防冰柱冻害的绝热处理．隧道译丛,1990(11).

[257]F. M. 费里德曼．冻土温度状况计算方法．徐学祖,等,译．北京:科学出版社,1982.

[258]W. M. 凯斯．对流传热的传能传质．北京:科学出版社,1982.

[259]北川修三,川上义辉．寒冷地区的隧道变形与围岩冻胀性．隧道译丛,1987(3).

[260]立石俊一．山岭隧道的防水技术．隧道译丛,1990(12).

[261]黑川希范．隧道防治工作的现状与课题．隧道译丛,1984(1).

[262]乜凤鸣．寒冻地区铁路隧道气温状态．冰川冻土,1988,10(4).

[263]天津大学、同济大学、西安冶金建筑学院,编．传热学．北京:中国建筑工业出版社,1980.

[264]清华大学、北京大学计算方法编写组．计算方法．北京:科学出版社,1981.

[265]徐学祖,邓友生．冻土中水分迁移的试验研究．北京:科学出版社,1991.

[266]张鲁新．青藏铁路高原冻土区冻土及环境保护基础//青藏铁路高原多年冻土区施工技术基础培训教材.2002.

[267]程国栋．厚层地下冰的形成过程．中国科学:B辑,1982(3).

[268]铁道部科技教育司,等．国外铁路冻土技术文献汇编.2001.

[269]中国地理学会,等．第二届全国冻土学术会议论文选集．兰州,甘肃人民出版社,1983.

[270]潘卫东,等．青藏高原多年冻土区的气温变化及其对青藏铁路建设的影响∥青藏铁路学术研讨会论文集．2001.
[271]蒋富强．青藏铁路高原多年冻土的工程地质特征∥青藏铁路学术研讨会论文集．2001.
[272]章金钊,等．工业隔热材料在多年冻土区的应用研究∥第一届全国寒区环境与工程青年学术会议论文集．兰州:兰州大学出版社,1994.
[273]崔托维奇．冻土力学．北京:科学出版社,1985.
[274]中国科学院兰州冰川冻土研究所．冻土．北京:科学出版社,1975.
[275]孙玉科,等．第三届全国环境工程地质学会学术研讨会论文综述:水文地质工程地质．1996(2):25-28.
[276]朱林楠,等．青藏高原东部的冻土退化．冰川冻土,1995,17(2):120-124.
[277]吴青柏,等．气候转暖对多年冻土区工程建筑物稳定性和持久性影响∥第五届全国冰川冻土学大会论文集:上．兰州:甘肃文化出版社,1996,373-376.
[278]吴紫旺．青藏公路沿线多年冻土区地下水特征．青藏公路沿线冻土考察．北京:科学出版社,1965,61-72.
[279]吴紫旺．多年冻土的工程分类．冰川冻土,1979,2(2):52-60.
[280]吴紫旺．冻土工程分类．冰川冻土,1982,4(4):43-48.
[281]张廷军,等．青藏高原风火山地区多年冻土的变化∥第三届全国冰川冻土大会论文集,1989:48-53.
[282]周幼吾,等．我国多年冻土的主要特征．冰川冻土,1982,4(1):1-19.
[283]周幼吾．风火山的冻土条件．青藏公路沿线冻土考察,1965,31-43.
[284]周幼吾．多年冻土区的环境保护．工程与冻土,1985:87-91.
[285]胡海涛,等．第二届全国环境工程地质学术会议大会论文综述:工程地质信息．1990(1):3-9.
[286]郭东信．地质构造对多年冻土的影响．地理科学,1985,5(2):98-105.
[287]顾钟炜,等．气候变暖的人为扰动对大兴安岭北坡多年冻土的影响．地理学报,1994,49(2):182-187.
[288]程国栋．中国青藏高原多年冻土与加拿大北部多年冻土的一些差别．冰川冻土,1979,1(2):39-43.
[289]童长江,等．西大滩至唐古拉山段地质(雷达)勘察报告∥青藏公路整治工程科研设计文献汇编．1996.
[290]童伯良．昆仑山垭口至西大滩地段的冻土分区及其特征∥青藏公路沿线冻土考察．1965:20-30.
[291]樊溶河,等．青藏高原多年冻土区的水文地质特征∥青藏高原地质文集(5)．北京:地质出版社,1982:58-67.
[292]陈仲颐,等．土力学．北京:清华大学出版社,2000.
[293]崔广心．深土冻土力学-冻土力学发展的新领域．冰川冻土,1998,20(2):97-99.
[294]范锡朋．青海高原东部的多年冻土．地理,1963.
[295]龚晓南．高等土力学．杭州:浙江大学出版社,1996.
[296]郭东信．中国的冻土．兰州:甘肃教育出版社,1990.
[297]郭东信,等．东北大小兴安岭多年冻土分区．冰川冻土,1981,3(3).
[298]郭宽良,等．计算传热学．合肥:中国科学技术大学出版社,1989.
[299]黄以职,等．我国多年冻土调查中的物探方法∥第二届全国冰川冻土学大会论文集．兰州:甘肃文化出版社,1983:170-180.
[300]金会军,等．气候变化对中国多年冻土和寒区环境的影响．地理学报,2000,55(2):161-173.
[301]康世昌,等．青藏高原近50年来的气候变化研究．冰川冻土,1998,20(4):281-288.
[302]库德里亚夫采夫．工程地质研究中的冻土预报原理．郭东信,等,译．兰州:兰州大学出版社,1992.
[303]李洪升,等．冻土断裂力学．北京:海洋出版社,2001.
[304]李述训．气候持续变暖条件下青藏高原多年冻土热状况变化特征近似分析[A]∥第五届全国冰川冻土学大会论文集(上)．兰州:甘肃文化出版社,1996:27-34.
[305]马巍,等．冻土的强度与屈服准则．冰川冻土,1993,15(1):129-133.
[306]马巍,等．冻土的蠕变及蠕变强度．冰川冻土,1994,16(2):113-118.

[307]木下城一．冻土物理学．王异，等，译．长春：吉林科学出版社，1985.
[308]程国栋，何平．多年冻土地区线性工程建设．冰川冻土，2001(3)：156-161.
[309]邱国庆，等．冻土学词典．兰州：甘肃科学技术出版社，1994.
[310]施雅风．中国冰雪冻土图．北京：中国地图出版社，1988.
[311]前苏联科学院西伯利亚分院冻土研究所．普通冻土学．郭东信，等，译．北京：科学出版社，1988.
[312]童长江，等．土地冻胀与建筑物冻害的防治．北京：水利电力出版社，1985：38-40.
[313]王绍令，等．青藏高原多年冻土区地温监测结果分析．冰川冻土，1999，21(2)：159-163.
[314]王绍令，等．青藏高原冻土对气候变化的响应．冰川冻土，1996(1)(增刊)：157-165.
[315]杨润田，等．多年冻土区的水文地质及工程地质学．哈尔滨：东北林业大学出版社，1986.
[316]余同希．塑性力学．北京：高等教育出版社，1991.
[317]臧恩穆，等．多年冻土退化与道路工程．兰州：兰州大学出版社，1999.
[318]中国科学院地理研究所冰川冻土室．青藏公路沿线冻土考察论文集．北京：科学出版社，1965.
[319]中国科学院兰州冰川冻土研究所．冻土的温度水分应力及其相互作用．兰州：兰州大学出版社，1990.
[320]周幼吾，等．青藏高原冻土初步考察．科学通报，1963.
[321]周幼吾．多年冻土．中国自然地理．北京：科学出版社，1980.
[322]冯乃谦，等．实用混凝土大全．北京：科学出版社，2001.
[323]周幼吾，等．我国多年冻土的主要特征．冰川冻土，1982，4(1)：1-19.
[324]米海珍．大坂山隧道围岩冻融过程预报及冻害防治．中国科学院，1996.
[325]王国尚．青藏公路沿线冻土区环境工程地质条件分析、预测和评价．中国科学院，1997.
[326]金乃翠，等．保温板防冰冻技术．冰川冻土，1994(1)：125-130.
[327]中国铁道学会铁道工程分会．青藏铁路工程技术论文专辑．铁道工程学报增刊，2003(8)：1-219.
[328]余文忠．风火山隧道施工技术．铁道建筑技术，2002(4)：7-11.
[329]铁道部建设管理司．青藏铁路混凝土耐久性检验评定暂行标准．2003.